Dr. 양의 미국 대입전략 케이스 스터디 50

미국 대학
입학 길라잡이

미국 대학 입학 길라잡이

2009년 8월 10일 초판 1쇄 발행
2012년 3월 1일 초판 2쇄 발행

지은이 | 양   민
펴낸이 | 김우연, 계명훈
기획 | LA중앙일보(이종호)
편집 | 손일수
마케팅 | 함송이, 강소연
인쇄 | 미래프린팅
펴낸곳 | forbook
주소 | 서울시 마포구 공덕동 105-219 정화빌딩 3층
등록 | 2005년 8월 5일 제2-4209호
판매 문의 | 02-753-2700(에디터)

값 | 18,000원
ISBN | 978-89-93418-24-8 (13740)

본 저작물은 'forbook'에서 저작권자와의 계약에 따라 발행한 것이므로
본사의 허락 없이는 어떠한 형태나 수단으로도 이용하지 못합니다.
※ 파본이나 잘못된 책은 교환해 드립니다.

Dr. 양의 미국 대입전략 케이스 스터디 50

미국 대학
입학 길라잡이

맞춤형 진학 컨설팅으로
미국 명문대 입학의 꿈을 이룬 50명의 성공 스토리

교육컨설턴트 양민_지음

for book

일러두기

1. 각 사례에 등장하는 학생들의 이름은 개인 정보 보호를 위해 실명이 아닌 가명을 사용하였습니다.
2. 저자가 미국 현지에서 활동하고 있는 관계로 대입 관련 용어와 고교 학과목 등은 현지에서 사용되는 한글과 영문으로 표기하였습니다. 또한 일반 가정과 학교에서 혼용되고 있는 명칭('Honor'와 'Honors' 등)은 설명하는 상황에 따라 달리 표기하였습니다.

추천의 글

흔히 교육은 '백년지대계'라고 합니다. 오늘날 한국이 세계 10위권의 경제 강국이 된 것도 100년을 내다 본 우리 부모님들의 뜨거운 교육열 덕분이었습니다. 그런 교육 환경에서 자란 저였지만 이민 1세대 부모로서 미국에서 아이들을 키우는 데는 여러 가지로 힘든 것이 많았습니다. 미국 교육에 대한 지식도 모자라고 경험도 부족했기 때문입니다. 그럴 때마다 양민 박사님의 글과 조언은 구체적이고 실질적인 힘이 되었던 것을 저는 기억합니다.

미국 한인 사회에 널리 알려진 그대로 양민 박사님은 지난 20여 년 동안 교육 사업에 헌신하면서 미국 교육 당국의 끊임없는 입시 정책 변화와 대학 진학 경향 등을 소개해 한인들에게 큰 도움을 주신 분입니다. 하지만 그는 단순히 지식을 전하는 사람이 아니라 언어와 환경, 문화가 다른 미국 땅에서 우리 자녀들이 부모 세대와 어떻게 융화하며 자라야 하는 지를 먼저 가르친 교육자였습니다.

저는 평소 신문에 실리는 박사님의 글을 보면서 언젠가 '이 글들이 하나로 묶여진다면 우리 한인 커뮤니티의 큰 자산이 되겠구나' 하는 생각을 해 왔습니다. 그런데 마침 이번에 구체적인 진학 상담 사례를 모은 책이 출간된다고 하니 반갑기 그지없습니다.

이 책에는 여러 가지 형편에서 각기 다른 배경을 가진 50명의 학생들에 관한 진솔한 이야기와 그에 따른 실제적인 상담 사례가 실린다고 들었습니다. 또한 박사님의 글은 이미 「LA중앙일보」에 연재되면서 많은 이들의 호평을 받고 있는 것으로 알고 있습니다.

모쪼록 박사님의 책이 미주 한인 학부모님들뿐만 아니라 한국에서 미국 대학 진학을 준비하는 분들에게도 유용한 도구로 활용되기를 진심으로 기원합니다.

LA중앙일보 사장 고계홍

추천의 글

유에스에듀컨설팅 대표이신 양민 박사는 일찍이 미국으로 건너가 한인들을 위한 교육 사업에 헌신해 오신 분입니다. 그동안의 노력이 결실을 맺어 이 책을 출간하신 데 대하여 진심으로 축하의 인사를 드립니다.

세계 그 어느 나라 국민들보다 교육열이 강한 한국인으로서 미국에 정착한 한국인 부모님들은 낯선 문화와 교육 환경 속에서 자녀들 교육과 대학 진학 문제로 마음고생이 컸을 것입니다. 양민 박사는 그러한 어려움에 처한 미주 한인 부모와 자녀들을 위해 20여 년 전부터 오늘까지 진학 지도 컨설팅을 해 오셨습니다.

양민 박사가 지도했던 학생들 중에서 50명의 대표적인 성공 사례를 수록한 이 책에는 그의 땀과 노력이 고스란히 녹아 있습니다. 여러분은 이 책을 읽는 동안, 그가 단순한 진학 지도 컨설턴트로서가 아니라 서로 다른 가정환경과 배경 속에서 성장해 온 학생들에게 진정어린 마음으로 다가갔음을 알게 될 것입니다. 또한 학생들이 미국 대학에 입학하기까지의 과정을 생생하게 경험하실 수 있습니다.

그리고 이 책은 우리들에게 특별한 의미가 있다는 점을 말씀드리고 싶습니다. 오늘날 우리나라의 교육 환경은 '교육은 백년지대계'라는 말이 무색할 정도로 혼란스럽기만 합니다. 교육 정책은 해마다 바뀌고, 그러한 혼란의 틈바구니에서 아이들의 창의성과 미래의 비전은 사라져 가고 있습니다. 이러한 점에서 이 책은 우리나라의 교육 정책과 진학 지도, 교육 시스템 전반에 대한 문제점들을 돌아보게 합니다.

이 책에 수록된 각 사례들은 세계 최강국인 미국의 교육 시스템과 대입 제도 전반, 교육 정책을 들여다볼 수 있는 기회를 제공해 준다는 것입니다. 이러한 점에서 학부모들뿐만 아니라 교육 정책 입안자나 교사, 교원단체 관계자들도 읽어 볼만한 책이라고 생각됩니다.

끝으로 미국 유학을 준비하는 우리나라의 학생과 학부모들에게 이 책이 유익한 자료로 활용되길 바라며, 머나먼 미국에서 한인 학부모와 학생들을 위해 헌신하고 있는 양민 박사의 건승을 기원합니다.

메가스터디(주) 대표이사 손주은

추천의 글

신입생으로 대학에 입학해서 지금까지와는 다른 '자유'를 새롭게 발견했을 때 매우 놀랐고, 가슴 벅차도록 기뻤습니다. 물론 그 자유는 책임과 노력을 수반한 자유이지만, 대학 경험이 주는 심오한 체득, 예를 든다면 미묘한 자기시간 관리법 같은 것들을 얻기 위해서는 당연히 치러야만 하는 상대적으로 쉬운 대가라는 생각이 듭니다.

또한 대학은 그 무엇과도 비교될 수 없는 기관이라는 것을 발견합니다. 대학은 세상을 배우고자 하는 우리의 갈증을 풀 수 있고, 그 세상 안에서 어떻게 살 것인지를 배울 수 있는 곳이거든요. 대학 커뮤니티는 각각의 역동적인 정치적, 사회적, 지적, 예술적 조직들이 함께 어우러져 짜인 양탄자이며, 각양각색의 다양하고 독특한 지성들이 모여 서로 도전하고 배양하는 시너지가 있는 곳이에요.

학점이나 학위, 또는 끝도 모르는 목표들에 휩싸여 돌아가는 오늘날의 경쟁 사회에서 자유롭게 탐구하는 것은 쉽지 않은 일이긴 해요. 하지만 행복을 숫자에서 찾으려는 것만큼 무의미한 일은 없는 것 같아요. 그래서 나는 대학에 들어오려는 새내기 학생들에게 자신의 열정과 꿈을 가능한 자유롭고 창조적으로 발견하고 계발시키는 대학 생활을 보내라고 당부하고 싶어요. 전공 필수 이외에도 자신을 흥미롭게 하고 호기심을 유발할 수 있는 수업을 선택해 보세요. 이력서를 멋지게 장식하는 것만을 좇지 말고, 자신의 가장 고귀한 본성과 통할 수 있는 아이디어(생각)와 학과목들을 좇으세요. 아직 진로가 정해지지 않았다면, 진짜 '자신'을 발견할 때까지 이것저것 시도해 보세요. 가장 중요한 것은 자기 인생에서 가장 중요한 '인간관계'가 될 그런 관계를 대학에서 만들겠다는 생각으로 관계에 투자하면 좋겠습니다.

양민 박사님의 열망은 이러한 탐구가 필요한 때에 젊은 사람들을 세심하게 준비시키고자 하는 것임을 알고 있습니다. 젊은 학생들이 진정으로 자신을 알고, 숨겨진 재능을 꺼내 발전시키고, 장점들이 꿈으로 실현되는 연금술적인 과정에 불을 붙이는 것들 말입니다. 양민 박사님은 학생들에게 대학 생활을 통해 어떻게 하면 자신의 잠재적인 능력을 극대화할 수 있는지를 돕고자 합니다.

또한 어려운 진학 문제로 고민하고 있는 부모님들에게는 자신이 20년 이상 쌓아 온 노하우와 직관으로 자녀들을 정확하고 맑은 눈으로 바라볼 수 있도록 도와주십니다. 저는 다음 세대를 위해 최선을 다하시는 양민 박사님의 열정에 박수를 보냅니다. 성공으로 나아가는 길을 찾으려는 학생들이 이 책을 읽는다면, 자신에게 꼭 필요한 지혜를 발견하시리라 믿어 의심치 않습니다.

조보현(미국명 줄리, UC Berkeley, 2013년 졸업 예정)

머리말

2009년 3월부터 「LA중앙일보」 주간 교육 섹션에 'Dr. 양의 대입전략 케이스 스터디'와 'Dr. 양의 대입전략 어드바이스'라는 제호로 연재된 교육 칼럼을 모아 책으로 출간하게 되었습니다. 그동안 필자는 각양각색의 조건과 형편에 놓여 있는 다양한 학생들의 대학 입학 여정에 조언자로 참여하여 많은 성과를 이루어냈습니다.

이 책은 필자가 대입 준비생들의 길라잡이가 되어 함께했던 경험들 가운데, 미국 대학 입학에 성공한 50명의 학생들에 관한 아주 특별한 이야기입니다. 책으로 구성하다 보니 사례의 절반 정도는 미국에서 태어났거나 어려서부터 미국 교육을 받고 대학에 진학한 학생들입니다. 그리고 나머지 절반의 학생들은 한국에서 초, 중등교육을 받다가 미국으로 건너온 후 남은 교육 과정을 마치고 미국 대학에 진학한 학생들의 이야기입니다.

1984년에 미국으로 건너온 후 필자는 미국에 사는 한국인 부모님들이 어려운 환경 속에서도 자녀 교육을 위해 헌신하는 모습에 깊은 감동을 받았습니다. 그때 저는 그러한 부모님들의 자녀들을 돕는 것이 바로 동포를 돕는 길이라고 생각했습니다. 미국에서 자녀를 키우는 한국인 부모님들의 애환은 많았습니다. 언어와 제도, 낯선 환경과 바쁜 생활 등 여러 가지 장애를 뛰어넘기 위해 애쓰는 그분들을 돕는 것은 직접 뛰어들어 그들의 자녀들을 도와주는 것이었습니다.

이렇게 부모들의 입장에 서서 재미교포 1.5세와 2세들의 대학 진학을 위해 매진하는 것을 사명으로 삼고, 어떻게 하면 꼭 필요하고 알찬 교육 서비스를 한인들에게 보급할 수 있을까 고민하며 20여 년 가까이 교육 사업을 해왔습니다. 그러한 과정에서 교육 사업 분야를 리드하는 양질의 교육 서비스를 계발해 왔고, 항상 선구자적인 입장에서 필요한 일들을 수행해 왔습니다. 또한 지속적으로 「LA중앙일보」 등 여러 언론 매체에 교육 칼럼을 연재하면서 필요하고 시기적절한 교육 정보 제공과 바람직한 교육을 위한 계몽적 칼럼을 쓰려고 노력해 왔습니다.

각자의 개성과 적성, 그리고 능력이나 장래 희망보다는 일률적인 성공으로의 몇 가지 길만이 인정받고, 모두가 같은 길을 걸어야만 성공으로 인정받는 시대는 서서히 지나가리라고 봅니다. 최근까지 대한민국의 모든 학생과 교사, 학교에서는 같은 목표를 가지고 같은 공부를 해서 남을 이기고 올라서야만 인정받는 몰개성적 교육 환경과 시험 성적 위주의 경쟁 속에 살아왔습니다. 또한 이러한 부작용을 어떻게 해보려는 정부와 교육 당국의 끊임없는 제도 변화로 인해 진학 관련 정보가 매우 중요한 시대였습니다. 즉 누가 얼마나 빨리 좀 더 정확한 정보를 입수하느냐 하는 것이 매우 중요했습니다.

미국에 거주하는 한국인들에게는 또 다른 이유로 정보가 매우 중요했습니다. 한국의 교육을 받고 한국의 문화와 철학을 가진 부모 아래서 교육을 받는 자녀들은 그들 나름대로 새로운 환경과 언어, 다른 문화와 관습을 이겨내면서 대학 진학을 준비해야 합니다. 자녀에게 최선의 것을 제공하고 싶은 부모들은 안타깝게도 본인들이 겪고 경험하지 못한 것들에 대한 기대를 자녀에게 가져야 하므로, 확신과 자신감에 있어서는 한국의 부모들보다 더 큰 목표를 갖게 됩니다. 이때 부모들이 찾게 되는 것이 '정보'입니다. 기왕이면 자기 자녀에게 딱 들어맞는 정보면 더 좋겠지요.

요즘 한국에서는 미국에서 적용하고 있는 사정담당관제의 도입이 화두가 되고 있습니다. 그러다 보니 이제는 수능 입시 이외에 '스펙전쟁'이라는 말이 생겼습니다. 이제부터는 수능 점수와 내신 성적만 보지 않고, 학업 성적 이외의 다른 부분에서 우수한 학생들에게도 입학의 기회를 부여하겠다는 것입니다. 사정담당관제의 진정한 뜻은 스펙을 뛰어넘어서 우수한 학생을 가려내겠다는 것이지요.

하지만 많은 학생과 학부모들은 이제 해야 할 것이 한 가지 더 늘었습니다. 남들만큼 우수한 스펙을 가져야 한다는 것입니다. 그러나 진정한 의미에서 사정담당관제로의 전환은 학생 개개인을 인격체로 보겠다는 것이며, 점수 대신 그 사람의 스토리를 보겠다는 것입니다.

필자와 함께했던 50명의 학생이 대학에 진학하는 여정을 이야기로 정리하면서, 학부모님들에게 이런 말씀을 드리고 싶습니다.

대학 진학에 관한한 어느 누구도 패자가 되지 않고 승자가 되어야 합니다. 경쟁은 하되 자신의 개성과 적성, 능력과 기호에 맞는 경쟁을 해야 합니다. 학부모와 교사는 행복하고 자랑스러운 사회인이 될 수 있도록 교육하고, 학생은 자기가 잘하고 좋아하는 것을 즐길 수 있는 공부를 해야 합니다. 점수 조금 높다고 성공하는 시대는 지나가고 있습니다. 스펙이 조금 더 좋다고 성공하는 시대도, 학벌 조금 좋다고 성공하는 시대도 이제 지나갔습니다. 성공의 정의가 변하고 있는 것입니다. 즉 행복하고 자랑스러운 사람이 성공하는 시대가 우리 곁에 와 있습니다. 자신의 일을 잘하고, 좋아하고, 자랑스러워하는 이들이 성공하는 시대입니다.

미국 대학 진학에서 성공하려면, 학생과 부모는 자신의 시선을 '우수 명문대'에서 떼어내 '학생 자신'에게로 옮겨야 합니다. 또한 대입의 관점을 '성적과 스펙'에서 '자녀의 행복'으로 옮기기를 바랍니다. 이 책에서 소개하는 50명 학생들의 미국 대학 입학 성공 스토리를 읽는 것에 그칠 것이 아니라, 그것을 곧 '나의 성공 스토리'로 만드는 밑거름으로 삼아 보시기 바랍니다.

마지막으로 이 책이 출간될 수 있도록 도움을 주신 분들에게 감사를 드리려 합니다. 우선 1992년부터 저에게 지면을 내주어 독자들에게 제 칼럼을 소개해 준 「LA중앙일보」, 그리고 당시부터 교육면을 담당하셨던 기자님들께 감사를 드립니다. 특히 이 책의 원고가 된 'Dr. 양과 함께하는 대입전략 케이스 스터디', 'Dr. 양과 함께하는 대입전략 어드바이스'를 쓰도록 권유해 주신 교육 담당 김소영 부장님께 깊은 감사를 드립니다.

근 20여 년간 직간접적으로 저의 지도를 받고 대학에 진학한 수많은 학생들에게도 감사를 드립니다. 그들의 삶에 관여하여 도움을 제공할 수 있었던 교육 담당자로서 매우 영광스럽게 생각하며, 저를 믿고 자녀를 맡겨 주신 많은 학부모들께도 감사를 드립니다. 특히 이 책에 수록된 사례의 주인공들인 모든 학생들과 학부모들에게 감사를 드립니다. 모든 학생들에게 일일이 허락을 받을 수 없었던 관계로 내용의 본질을 해치지 않는 범위에서 학생의 이름과 몇몇 중요한 명칭을 바꾸었습니다.

이 책의 출간을 권유하고, 여러 모양으로 도움을 주신 이종호 논설위원님과 초고 정리 및 자료 보충을 위해 애쓰신 출판팀 정설아 씨에게도 감사를 드립니다. 또한 졸고를 출판해 주시기로 결정하신 도서출판 포북(forbook)의 계명훈 사장님, 편집 전반을 담당해 주신 손일수 주간님, 그리고 이 모든 프로세스에 참여해 주시고 애써 주신 모든 분들께 감사드립니다. 또한 저를 믿고 이 책을 추천해 주신 「LA중앙일보」·중앙방송 고계홍 사장님과 메가스터디(주) 손주은 회장님께 깊은 감사를 드립니다. 학생을 대표하여 추천의 글을 써 준 조보현(Julie BoHyun Cho) 양에게도 감사의 인사를 전합니다.

마지막으로 20여 년 동안 나와 함께 학생들을 도와주고, 궂은일을 마다않고 도맡아 준 사랑하는 아내 Sue Yang(유명숙)에게 이 책을 바칩니다.

교육컨설턴트 양민

차례

추천의 글 • 005
머리말 • 011

프롤로그 | 미국 대학 입학에 성공하려면 _ 019

1부 | 미국에서 정규 교육을 받고 진학한 사례 _ 033

1. 가정 형편으로 대학 진학이 어려웠던 리디아 • 035
2. 공부 잘하는 친구를 둔 B학점의 어중간한 성적을 보였던 피터 • 039
3. 전공을 정하지 못해 우왕좌왕했던 캐빈 • 043
4. 이렇다 할 학과 외 활동이 없어 어중간했던 비키 • 048
5. 어머니 병간호로 성적과 학과 외 활동이 어중간했던 윤희 • 052
6. 중학 시절까지 평범하기만 했던 맥스 • 056
7. 불우한 환경으로 학과 외 활동이 부족했던 수잔 • 061
8. 학비 부담을 가진 작은 교회 목사의 딸 진아 • 066
9. 성적은 좋은데 SAT 점수가 잘 안 나왔던 아름이 • 071
10. 성적이 우수하고 학과 외 활동이 많았던 모범생 데이비드 • 075
11. 지방 소도시 고등학교에 재학 중이었던 에드윈 • 079
12. 의대 진학을 원하는 부모 때문에 고민하던 애슐리 • 083
13. 싱글맘 가정에서 자란 어른스러운 조나단 • 088
14. 컴퓨터와 수학에만 집중력을 보였던 외골수 에릭 • 093
15. 타고난 엔지니어로서 성적은 평범했던 제이슨 • 098
16. 모든 면에서 두루 우수했던 모범생 에스더 • 102

17. 정규 학교 진학을 고민하던 발달 장애 학생 해리 • 107
18. C학점이 수두룩했던 톰 • 112
19. 명석하지만 열정과 끈기가 부족했던 우등생 샘 • 116
20. 즐겁게 놀다 보니 어느 덧 11학년이 된 지나 • 120
21. 끈기가 부족하고 대인관계를 기피했던 저스틴 • 124
22. 서부로 이사한 후 의욕 상실에 빠졌던 알리슨 • 128
23. 작은 사립 고등학교의 모범생이었던 데이비드 • 133
24. 부모의 상반된 의견으로 고민했던 오드리 • 138
25. 서류 미비자 신분으로 목표가 낮았던 유니스 • 142
26. 공립학교에 적응하지 못해 방황하던 데니스 • 146

2부 | 한국과 미국에서 정규 교육을 받고 진학한 사례 _ 151

1. 중학교 때 미국에 와 영어 때문에 고생했던 정호 • 153
2. 중학 1학년을 마치고 미국에 와서 영어 때문에 고생했던 지영 • 158
3. 어려운 가정 형편에 신분도 불안정했던 존 • 162
4. 한국의 명문대 진학을 포기하고 미국에 온 동철 • 167
5. 영어 부족과 낯선 학교생활에 어려움을 겪던 조기 유학생 영기 • 172
6. 조기 유학으로 10학년에 입학했지만, 모든 것이 낯설었던 한나 • 177
7. 조기 유학으로 9학년에 입학했다가 11학년 때 전학했던 준기 • 181
8. 스포츠, 연예 등 외향적 활동을 좋아했던 켈리 • 186
9. 초등학교 때 왕따였지만, 조기 유학으로 아이비리그에 합격한 슈완 • 190

10. 과학고에서 명문 보딩스쿨로 유학 후 심한 경쟁을 겪었던 유미 • 194
11. UC버클리에 합격했지만, 영주권이 없어 진학을 포기한 주디 • 200
12. 중학교 졸업 후 뒤늦게 미국 고교에 입학했던 앨리스 • 204
13. 학교 성적에 비해 SAT 점수가 크게 낮았던 조슈아 • 209
14. 서울대 낙방으로 공부 의욕을 상실했던 수재 연이 • 214
15. 오랜 외국 생활 끝에 외고에 입학한 제시카 • 218
16. 한국에서 대학을 마치고 적성이 안 맞아 고민하던 시민권자 민규 • 223
17. 공부는 잘하지만 개인 교습에 의존했던 제인 • 228
18. 영어 부족에 어중간한 성적의 조기 유학생 세원 • 233
19. 미국과 한국을 오가며 학교 적응에 실패한 지혜 • 238
20. 명문 과학고 1학년을 마치고 온 조기 유학생 지은 • 243
21. 호주로 조기 유학한 후 미국 대학에 입학하려던 진호 • 247
22. 미국 명문고 진학 후 심한 경쟁으로 힘들어했던 헤리 • 252
23. 보딩스쿨에 적응하지 못했던 필립 • 257
24. 영어 부족으로 ESL에서 헤매던 철수 • 261

3부 | 미국 유학을 위한 사전 지식 _ 267

1. 대학 입학 절차 • 269 2. 대학 선택하기 • 282 3. 진학 지도 • 294
4. 학자금 지원 • 300 5. 아이비리그 • 308
6. 한인 학부모들이 자주 묻는 질문 20가지 • 314

부록 1 | 미국 대입 관련 용어 해설 _ 329
부록 2 | 미국 주요 대학 리스트 _ 343

미국 대학 입학에
성공하려면

Prologue

1. 캐릭터 빌드업을 통한 장거리 대입 준비

대학 입학에 성공하기 위한 여정은 하루 이틀에 끝나는 단거리 경주가 아닙니다.

"언제부터 준비해야 됩니까?"

학부모들께서 가장 많이 하시는 질문입니다. 이들은 대부분 고등학생 자녀를 둔 학부모입니다. 당연하겠지요. 대입이 코앞에 닥쳐 있으니까요. 11학년 부모, 10학년 부모, 9학년 부모도 있지만, 늦게는 12학년 부모도 간혹 이런 질문을 합니다. 그러나 아쉽게도 미국 대학 지원은 12학년 첫 학기 중에 시작됩니다. 학부모들은 대학 진학 준비를 대입 지원 직전 또는 1~2년 안에 하는 것이라고 생각하지만 20년 경험으로 얻은 제 생각은 좀 다릅니다. 아이의 17년 인생이 모두 포함되는 장거리 경주라고 보는 것이지요.

이러한 장거리 경주는 항상 일찌감치 시작해야 도중에 모르는 것도 배우고, 또 실수나 실패의 경험을 만회할 기회를 얻을 수도 있습니다. 일찍 시작해야 하는 것들 중에는 일찍부터 준비하지 않고는 아예 불가능한 것들도 있다는 것을 명심해야 합니다.

제가 생각하는 대학 입학 성공의 비결은 이렇습니다.

우선 사람은 모두 다르다는 것에서 시작해야 합니다. 한 배에서 난 형제도 다르고, 쌍둥이조차 무척 다릅니다. 이렇게 저마다 다른 사람들이 가장 행복해지는 방법은 자신의 개성에 맞게 사는 것입니다. 따라서 대학 진학도 자신의 개성과 자질, 적성과 성격 등에 맞추어 가는 것이 올바른 선택입니다.

한국에서의 대학 진학 준비 과정은 오로지 대학 입학을 위해 희생해야 하는 인생의 한 과정으로 생각하는 경향이 있습니다. 그러다 보니 성인으로 성장하고, 독립된 인격체로 만들어 가는 준비 과정은 자연히 등한시되고 맙니다. 이러한 상황에서 캐릭터 빌드업은 아예 생각할 수도 없습니다.

그러나 희생해야 한다고 믿고 있는 이 시기가 청소년기의 학생에게는 인생 최고의 시기가 되어야 한다고 봅니다. 애벌레가 고치를 깨고 나비가 되기 위해 변화의 시기를 거치는 것처럼, 사람에게도 변화와 성장의 시기는 인생에서 가장 중요한 압축된 시간입니다. 따라서 청소년기는 성인으로 성장하고, 독립적인 인격체로 만들어지는 데 필요한 피와 살이 될 시간으로 만들어야 합니다. 그리고 그 여정은 어느 때보다도 행복한 과정이어야 합니다.

그런 이유로 자기가 잘하고, 하고 싶은 것을 배우기 위해서 가고 싶은 대학, 그것도 훌륭한 대학에 진학하는 것입니다. 그렇게 되기 위해서는 몇 가지 준비가 필요합니다.

자녀가 스스로 어떤 사람인지를 정확하게 파악할 수 있는 기회를 주고, 자신의 적성과 능력에 걸맞으면서 즐거운 마음으로 하고 싶은 목표를 찾아 결심할 수 있도록 도와주고, 그 꿈을 펼칠 수 있는 적합한 대학을 찾아낸 후, 그 대학에 진학하기 위한 여정을 도와주어야 합니다. 그 여정은 학업뿐만 아니라 학업 외 활동과 훌륭한 성인, 독립된 인간으로 성장할 수 있는 과정을 말하는 것입니다.

처음에는 부모가 주도적으로 아이를 이끌겠지만, 아이가 사춘기를 지나면서 부모와 아이가 함께 주도하도록 합니다. 그러다가 아이에게 조금씩 주도권을 넘겨서 종국에는 아이 스스로 주도하는 여정이 되도록 해야 합니다. 또한 대학에 대해 잘 알지 못하는 아이들은 시간을 두고 여러 대학의 정보를 얻을 수 있는 기회를 갖게 해 줌으로써, 대학을 지원할 때는 이미 정이 가는 대학이 있도록 해야 합니다.

캐릭터 빌드업

'캐릭터'를 우리말로 하면 '개성'이라고 할 수 있는데, 이를 풀어서 말하면 '멋진 인격' 또는 '매력적인 인간미'라고 할 수 있습니다. 즉 캐릭터 빌드업은 '멋진 개성을 만들어 가는 것'으로 정의할 수 있습니다.

공부만 열심히 하면 되던 시절이 있었습니다. 필자의 경우는 공부만 열심히 잘해서 대학에 입학했지만, 이런 사람들에게 가장 부족한 것이 바로 캐릭터입니다. 요즘 우수 대학들이 학생들의 학과 외 활동도 주의 깊게 살펴보고, 에세이도 관심 있게 보고, 인터뷰를 하고, 교사들의 추천서도 읽어 보는 이유는 학생들에게서 캐릭터를 발견하려는 것입니다. 그렇기 때문에 공부를 잘하는 것과 함께 일찍부터 만들어 나가야 하는 것이 바로 '멋진 개성'입니다.

특히 아이비리그를 비롯한 사립대학에 진학하기 위해서는 '캐릭터'가 학업에 버금가는 중요 요소가 됩니다. 주립대학은 가능한 한 공평하게 학생을 선발하려고 하기 때문에 학교 성적과 시험 점수에 치중하는 편이지만, 사립대학은 캐릭터에 비중을 두어 학생을 선발할 권리와 자유가 있습니다.

이런 면에서 한국의 대학은 미국의 사립대학보다는 주립대학의 입학 사정 방침과 조금 더 가깝다고 할 수 있습니다. 그러나 한국에서도 입학사정관제를 도입함에 따라 차츰 사립대학의 입학사정 방침에 가까워질 것으로 예측됩니다.

매력적인 사람

매력적인 사람은 대부분 다음과 같은 요소들을 가지고 있습니다.

우선 배려하고 포용하며, 다른 사람의 지적이나 의견, 감정을 잘 받아들이고 이해하며, 그러면서도 신념이 있고, 자신감이 있으며, 겸손하면서도 자신의 의견을 잘 표현합니다. 여기에 더해 능력과 재능을 겸비해야 진정으로 매력적인 사람이 될 수 있습니다.

경험의 소유

매력적인 사람들의 공통점은 무언가를 겪은 사람들입니다. 즉 경험이 풍부한 사람들이지요. 예를 들면, 큰 아픔을 겪었다거나 큰 시련을 극복했다거나 어려운 환경을 헤쳐 나왔다거나 다른 사람을 위해 희생을 했다거나 하는 특별한 경험이 있다는 것입니다.

이러한 경험들은 학과 공부에서도 얻지만, 캐릭터 빌드업은 주로 학과 공부에서는 얻을 수 없는 것들로 이루어집니다. 따라서 실제의 경험 (겪음)이 없는 활동들은 무의미하며, 겪음이 있는 활동들은 귀중하게 쓰입니다. 미국의 각 대학들이 학과 외 활동을 중시하는 이유가 바로 여기에 있습니다.

미국 대학을 지원할 때 제출하는 에세이 또는 Personal Statement(자기소개서)는 자신이 경험했던 내용과 관련해서 작성되어야 합니다. 그렇다고 우리 아이들에게 일부러 어려움을 겪게 할 수는 없는 일이지만, 그것에 대비되는 경험을 많이 할 수 있도록 해 주어야 합니다. 경험을 통해 성숙해진 사람의 에세이야말로 가치 있는 에세이가 될 수 있기 때문입니다.

멋진 개성

멋진 개성이란 훌륭한 개성이면서도 다른 사람들과는 구별되는 개성을 말합니다. 어떤 사람을 생각하면 떠오르는 몇 가지 훌륭한 소양들이 다른 사람과 구별될 수 있게 해 주는 것입니다.

개성을 키워 주기 위해서는 아이의 특별한 면을 일찍 발견하여 그것을 살려 주는 것이 필요합니다. 특별한 면이 바로 '튀는 면'인데, 그것을 부모가 긍정적으로 바라보고 잘 키워 주어야만 성공할 수 있습니다.

우리가 실수하는 것 중의 하나가 아이의 남다른 면을 훌륭한 개성으로 발전시키지 않고, 갖가지 이유를 들어 그것을 없애기 위해 애쓰는 경우가 많다는 것입니다. 다른 사람이 가지고 있는 능력이나 수준에 맞추기 위해서, 그리고 다른 사람보다 부족한 면을 보강시킨다는 좋은 뜻에서 정작 개성을 키울 기회를 잃는 것입니다.

개성 키우기

캐릭터 빌드업은 말 그대로 '개성 키우기'입니다. 아이의 타고난 성격, 타고난 특성, 타고난 재능을 발견해서 키우는 일입니다. 이것들을 없애거나 바꾸는 일이 아닙니다. 없는 성격, 없는 특성, 없는 재능을 주입하거나 만들어 내는 일이 결코 아닙니다. 아이의 인간됨을 발전시키는 것이라는 점을 명심해야 합니다.

아이들마다 잘하는 것이 있고 못하는 것이 있습니다. 부모나 주변의 사랑을 가장 많이 받는 아이들은 역시 공부를 잘하는 아이입니다. 이런 아이들은 이해력이 뛰어나서 우수한 성적을 받아 옵니다.

그렇다고 특별히 에너지가 많아 쉴 새 없이 움직이는 활동적인 아이에게 가만히 앉아서 공부를 하도록 활동을 막는 것은 잘못된 일입니다. 활동적인 특질을 가진 아이는 그 면을 살려서 에너지를 발산할 수 있도록 해 주어 개성을 키워 주면, 에너지를 발산한 후 차분해졌을 때는 부모가 기대하는 공부를 잘할 기회가 생길 수 있습니다.

창조적이고 예술적인 특질을 가진 아이에게는 먼저 수학이나 과학을 강요하기보다는 창조적인 에너지를 발산할 수 있도록 기회를 많이 주어 남다른 능력을 키우게 되면, 자연히 수학에도 관심을 갖는 아이가 될 수 있습니다.

독서에 관심이 많은 아이는 다른 무엇보다도 독서에 심취하게 만들고, 다른 아이들과 어울리면서 리더가 되기를 즐기는 아이는 사회성을 길러 줄 클럽 활동이나 단체에 가입시켜 자신의 능력을 십분 발휘하도록 해 주어야 합니다.

말하기를 즐기고 다른 사람들과 논쟁하는 데 열중한다면, 드라마나 토론 등의 자질을 살릴 수 있는 활동을 시킵니다. 또한 배려심이 많고 돕기를 좋아하는 아이에게는 다른 사람에 대한 애정을 많이 필요로 하는 봉사나 가르치는 일을 맡기는 것이 바람직합니다.

다중지능

하버드대학교 교수인 가드너는 30여 년 전에 이미 '다중지능multiple intelligences' 이라는 말을 사용하여 인간의 지능이 여러 가지라는 학설을 내놓은 바 있습니다. 이전부터 알려져 있는 아이큐^{IQ} 하나만으로 사람의 지능을 판단할 수는 없다는 말이지요.

여러분의 자녀는 다음 여덟 가지 중에서 어떤 지능이 우수한 사람일까요?

- 음악적 지능musical intelligence : 노래하기, 소리 알아맞히기, 음률·리듬 기억하기 등을 잘한다. 리듬, 화음, 노래, 음악과 멜로디 듣기, 악기 연주 등을 학습하면 효과적이다.
- 논리 - 수학적 지능logical-mathematical intelligence : 수학, 추리, 논리, 문제 해결, 유형화 등을 잘한다. 유형 분석, 관계 분석, 분류, 유목화, 추상적 사

고 등을 이용하여 학습하면 효과적이다.

• 공간적 지능spatial intelligence : 읽기, 지도·도표 보기, 미로 찾기, 수수께끼, 물체 상상, 영상화 등을 잘한다. 그림, 색깔, 만들기 등을 통해 학습하거나 영상과 그림을 통해 시각화하는 방법으로 학습하면 효과적이다.

• 언어적 지능linguistic intelligence : 읽기, 쓰기, 이야기하기, 날짜 기억하기 등을 잘하고 어휘 능력에 뛰어난 재능을 보인다. 어휘 공부, 읽기, 듣기, 말하기, 작문, 토론, 논쟁 등을 이용하여 학습하면 효과적이다.

• 신체-운동적 지능bodily-kinesthetic intelligence : 운동, 춤, 연극, 물건 만들기, 연장 사용하기 등을 잘한다. 접촉하기, 움직이기, 신체 감각을 통한 지식 구성 등으로 학습하면 효과적이다.

• 대인관계적 지능interpersonal intelligence : 타인 이해하기, 앞장서기, 조직, 대화, 분쟁 해결, 물건 팔기 등에 재능을 보인다. 참여하기, 비교하기, 관련시키기, 인터뷰, 협동을 통한 학습을 하면 효과적이다.

• 자기이해 지능intrapersonal intelligence : 자기이해, 자신의 장단점 파악, 목표 설정 등을 잘한다. 개별 학습을 하거나 자신의 속도에 맞춘 학습, 혼자 생각할 여유가 많고 스스로 자신의 학습을 되돌아 볼 기회가 많을수록 학습이 효과적이다.

• 자연탐구적 지능naturalist intelligence : 조사, 분석, 관찰, 종합 등에 우수한 재능을 보인다. 관찰 일기, 현장 학습 등의 활동을 통해 학습하면 효과적이다.

가드너는 이상의 여덟 가지 외에도 실존적 지능existential intelligence, 그리고 그밖의 많은 지능이 있다고 보았습니다. 그 외에 새롭게 지적되고 제안되는 지능을 살펴보면 영성spirituality, 도덕적 감수성moral sensibility, 성적 관심sexuality, 유머humor, 직관intuition, 창의성creativity, 요리능력culinary ability, 후각 능력olfactory perception, 여러 지능을 합성하는 능력an ability to synthesize the other intelligences 등이 있습니다.

누구에게나 잘하는 능력이 있을 수 있고, 자기가 가진 능력을 계발할 수 있다는 생각으로 아이들을 바라보아야 합니다. 그렇게 아이들의 개성을 능력과 지능에 맞게 키워 줄 수 있다면 금상첨화인 것입니다.

객관적인 시선

부모들은 대개 자기 자녀에 대한 애정 때문에 무조건적으로 과신하기도 하고, 그런 이유로 보고 싶은 면만을 보는 경향이 있습니다. 개성을 찾는 데에도 그러한 태도를 보이기 쉽습니다. 따라서 자녀의 개성을 발견하고자 할 때는 자녀를 객관적으로 잘 볼 수 있는 교사나 지도자 등 제 3자의 의견이 매우 중요합니다.

최적의 경로

캐릭터 빌드업을 염두에 두고 적절한 선택을 한다는 것은 대학 진학이라는 장거리 경주에서 선수가 가장 잘 뛸 수 있는 경로를 미리 선택해서 뛰는 것과 같습니다. 다른 누군가가 잘 뛸 수 있는 길이나 자신이 뛰기에는 벅찬 길이 아니라, 자기가 가장 자신 있는 등산로나 자신만이 갈 수 있는

숲속의 미로를 찾아가는 것입니다.

　이렇게 하는 것은 다른 사람과의 경쟁에서 승리하겠다는 목표를 세우는 것이 아니라, 자신만의 성공을 새롭게 정의하여 그 성공을 향해 나아가는 것입니다. 반드시 성공할 수밖에 없는 길이지요. 특히 개인과 독립성을 중시하면서 학과 외의 것도 중시하는 미국 대학에 진학하기 위해서는 반드시 필요한 과정입니다.

　이와 같은 사고로 아이를 키울 때 학업의 성공은 자연히 따라오게 됩니다. 결국 키우기도 쉽고, 아이도 행복하게 되는 것이지요.

2. 성장 과정에 따른 계획

초등학생 — 개성을 발견하고, 건강하고 행복한 아이로 키우기
중학생이 되기 전에 꼭 해야 할 일은 규칙적인 생활, 용돈 관리하기, 집안일 책임지기, 그리고 '공부'라는 이름이 붙지 않은 공부, '놀이'라는 이름의 공부, 목적 없이 시간을 보내는 교우관계가 아닌 놀면서 교육이 될 수 있는 교우관계 등이 있습니다. 이를 통해 개성을 발견해야 합니다.

　학교 공부와 관련해서는 최소한 숙제 100% 해내기, 학교에 일찍 등교하기, 자기 물건 잘 챙기기, 자기 생각 잘 표현하기, 약속 지키기, 작은 유혹 이겨내기 등이 꼭 필요합니다. 이를 통해 책임감을 키우도록 합니다.

이 시기에는 성적이 중요한 게 아니라 좋은 습관이 더 중요한데, 이후 대학 진학을 준비할 때 유용하기 때문입니다. 이 모든 일을 한 마디로 요약하면 '부모 의존도 줄여 나가기' 입니다.

중학생 – 개성을 키우고, 스스로 공부할 이유와 학구열 높이기

중학생이 되어서는 이미 발견한 개성을 키워 주기 위해 특화된 학교 교육 외의 교육지침을 마련해서 실행해야 합니다. 최소한 숙제 일찍 하기부터 시험공부를 중요하게 생각하고 스스로 가능한 모든 일을 해결하도록 해야 합니다.

고등학생 – 개성을 꽃피우고, 목표 달성을 위한 뒷받침해주기

이렇게 이야기를 풀어내다 보니 '언제부터 무엇을 어떻게 공부해야 하는가?'라는 질문에 대한 답을 얻으려는 학부모들에게 전혀 다른 이야기를 들려 준 셈이 되었습니다. 그러나 20여 년의 교육을 통해서 얻은 지혜는 학업을 공부로 시키기보다는 위와 같은 과정을 거칠 때 학업에서 더 좋은 결과를 얻을 수 있다는 확고한 믿음으로 드리는 고언이었습니다.

시기별 학업 준비

만일 초등학교에서 아이의 학업적 재능이 발견되었다면 영재교육, 자석학교(magnet school : 일부 교과목에 대해 특수반을 운영), 선행 학습을 시키도록 합니다. 만약 학업적 재능이 뒤처지면 특수교육을 고려해야 합니다. 성격에 따라서는 소규모 학교나 사립학교를 살펴보고, 좋아하는 활동(스카우트나 유소년 운동 등)을 시키도록 합니다. 음악적 재능이 보이면 음악 활동을 시작하고, 과학적 재능을 비롯해 각각의 재능에 맞추어 해당 능력을 계발시키도록 합니다.

중학교에 입학하면 두세 가지 잘하는 것을 더욱 계발시킵니다. 수학에 재능이 있으면 고교 과정을 중학교에서 이수할 수 있도록 선행 학습을 제공해야 합니다. 언어에 재능이 있으면 외국어 선행 학습을 하고, 사회적 재능이 있으면 디베이트(debate : 찬반을 나누어 특정 주제에 대해 의견을 내면서 토론하는 것)나 그룹 프로젝트에 참여시킵니다. 글쓰기나 읽기에 재능이 있으면 작문이나 독서와 관련된 적절한 프로그램에 참여하도록 하고, 운동 재능이 있으면 스포츠 팀에서 또는 개인 스포츠에서 재능을 확인하여 발전할 수 있도록 해야 합니다.

고등학교에서는 중학교 이후 지속적으로 발전할 수 있도록 조건을 만들어 주면서 앞으로 하고 싶은 일, 직업, 꿈을 선별하는 시간을 갖도록 합니다. 전공을 정하고, 목표 대학을 여러 곳 선정하여 하나씩 정을 들이도록 하면서 학교 방문 등을 통해 확인해 나가도록 합니다. 한편으로 학교별 필수 요건(필요한 과목과 필요한 성적, 필요한 SAT 점수)을 확인한 다음 그에 따라 준비합니다. 학과목 로드맵과 차선책들을 생각해 두고, 여름방학 계획을 세우면서 PSAT를 준비합니다. 또한 자신의 적성과 능력, 그리고 흥미에 맞는 학과 외 활동을 꾸준히 하여 특기를 가질 수 있도록 준비합니다.

미국에서 정규 교육을 받고 진학한 사례

Chapter | 01

1

{ 가정 형편으로
대학 진학이 어려웠던 리디아 }

— '전액 장학금'을 목표로 자신감을 갖게 하다

사전 정보

리디아의 아버지는 한국에서 대형 건설 회사에 전기 부품을 납품하는 사업체를 경영하던 중 불황으로 인해 도산한 후 미국으로 이민을 왔다. 이민 후 아버지는 타고난 성실함과 끈질긴 노력으로 미국에서 개인 사업을 시작하여 재기했고, 생활도 점차 안정을 되찾아 갔다. 그런데 리디아가 고등학교에 진학할 무렵 아버지의 사업이 다시 어려워지기 시작했고, 리디아가 대학 진학을 앞둔 시기에 이민 초기의 어려웠던 시절로 다시 돌아가게 되었다.

실업계 고등학교를 졸업한 후 나름대로 열심히 일하여 성공적인 삶을 살아온 부부에게 명문 대학 입학을 목표로 열심히 공부하는 리디아는 꿈이자 희망이었다. 리디아는 열심히 공부하면서 주말에는 교회에 나가

봉사 활동도 잘하는 모범생이었다. 집안이 곤경에 빠지기 전에도 늘 부모님이 고생하며 노력하는 것을 곁에서 지켜본 리디아는 반드시 명문대에 진학하여 부모님을 기쁘게 해드리겠다고 마음먹었었다. 하지만 갑자기 닥친 경제적 어려움은 부모에게도 리디아에게도 견디기 힘든 시련이 되었다. 특히 자신의 목표인 명문 대학 진학에 먹구름이 드리워졌다는 것을 깨닫게 된 리디아는 심리적으로 방황하게 되었다.

만나 보니

리디아는 그 어느 때보다 인생의 어두운 기간을 보내고 있었다. 표정이 어두운데다 기운도 없었으며, 공부에 대한 의욕도 꺾여 있었다. 가정 형편 때문에 명문대 진학에 대한 확신을 갖지 못하는 상황이었다. 리디아는 그 와중에도 여전히 학교 공부에 열심이었고, 성적도 좋았다. 그러나 일단 커뮤니티칼리지로 진학하여 부모님의 학비 부담을 덜어 주고자 했고, 리디아는 이 방법이 최선이라고 생각했다.

이렇게 조언했습니다

무엇보다도 리디아에게 본인의 대학 진학이 현실적으로 충분히 가능하다는 것을 인식시키는 것이 중요했다. 우선 리디아의 부모와 리디아에게 미국 대학의 종류와 학비, 학자금 지원의 실제적인 상황 등을 잘 설명했고, 대학 진학에 대한 희망을 절대로 포기해서는 안 된다고 당부했다. 그런 다음 FAFSA(연방정부 학자금 보조 신청서)를 통해 얻을 수 있는 학자금 혜택, 연방정부와 주정부, 학교와 금융기관의 협력으로 대학 학자금을 지원받을 수 있는 방법을 설명하자 리디아의 얼굴에 희망의 미소가 보이기 시작했다.

리디아에게는 최선을 다할 때 얻을 수 있는 결과들에 대해 설명하고, 열심히 노력하면 얼마든지 꿈을 펼칠 수 있다는 것을 강조했다. 그러면서 저소득 가정의 우수 학생에게 4년간 전액 장학금을 지원해 주는 'Questbridge National College Match Program'을 소개하여 구체적인 희망을 갖도록 했다. 특히 이 프로그램은 수혜 가족의 평균 소득이 3만5천 달러 이하, 최고 소득이 6만 달러 이하인 가정의 학생들에게 적용되며, 대상자의 75%는 부모가 대학 졸업자가 아닌 학생들에게 혜택이 돌아가도록 하고 있다.

이 프로그램에는 펜실베이니아대학교 University of Pennsylvania : 유펜, 예일대학교 Yale University, 컬럼비아대학교 Columbia University, 프린스턴대학교 Princeton University, 스탠퍼드대학교 Stanford University, 시카고대학교 University of Chicago, 브라운대학교 Brown University : 2010년부터 등의 아이비리그 및 동급 대학들과 캘텍 California Institute of Technology : 캘리포니아공과대학, MIT Massachusetts Institute of Technology : 매사추세츠공과대학 등 우수 공대들, 앰허스트칼리지 Amherst College, 윌리엄스칼리지 Williams College, 스와스모어칼리지 Swarthmore College, 보든칼리지 Bowdoin College, 포모나칼리지 Pomona College, 웨슬리안칼리지 Wesleyan College, 윌리암 앤 메리칼리지 College of William & Mary : 2010년부터, 트리니티칼리지 Trinity College 등의 일류 인문대학들, 그리고 라이스대학교 Rice University, 노트르담대학교 University of Notre

Dame, 오벌린칼리지^{Oberlin College}, 워싱턴대학교^{University of Washington} 등 우수 대학들 및 우수 아트스쿨인 파슨스^{Parsons} 등이 참여하고 있다.

한편 리디아에게 10학년과 11학년에는 학교에서 선택할 수 있는 과목 중 가장 어려운 과목들에 도전하도록 했고, 본인의 꿈인 의과대학 진학을 위해서 특히 자연과학 과목에 집중할 것을 권했다. 학과 외 활동은 교회의 선교부에서 진행하는 여러 선교 활동에 참여하도록 조언했다.

결과

리디아는 희망을 되찾았고, 학업에도 적극적으로 임하게 되었다. 가정 형편이 허락되지 않아 학교 공부 위주의 학습이 습관화 되었기 때문에 따로 학원에 다니지 않아도 문제될 것은 없었다. 리디아는 자신의 성적을 꾸준히 유지하여 Unweighted(비가중 평점) GPA 3.8, SAT 2,200점, 또한 학교에서 제공하는 과학과 수학 과목 등 8개의 AP 과목을 이수했다.

이에 더해 병원 봉사 300시간, 교회 미션트립 총 30일을 채웠고, 커뮤니티 튜터링(개별 지도) 프로그램에서 중학생들을 가르치는 교사, National Honor Society, National Merit Scholarship Finalist가 되었다. Questbridge National College Match Program에도 지원하여 최종 결선까지 올랐지만, 4년 전액 장학금을 받을 수 있는 단계에서 아쉽게 탈락했다. 그러나 이후 전액 장학금에 가까운 학자금 보조를 받게 되었고, 윌리엄스 대학에 당당히 합격했다.

2

{ 공부 잘하는 친구를 둔 B학점의
어중간한 성적을 보였던 피터 }

— 커뮤니티칼리지를 거쳐 명문대에 편입하다

사전 정보

킨은 중국어와 한국어에 능통한 한국계 화교다. 미국에서 태어났기 때문에 영어를 잘하며, 어느 언어를 사용해도 말이 빠르고 화술도 좋다. 한편 피터는 미국에서 태어난 한국인으로서 영어를 한국어보다는 더 잘하지만, 어느 언어를 사용해도 말주변은 별로 없는 편이다. 킨과 피터는 어려서부터 친하게 지낸 동네 친구였다. 킨은 친구들을 이끌고 다니는 리더로서 항상 일을 만들고 모임을 주도했고, 피터는 언제나 친구들을 따라다니면서 그들이 하자는 대로 군소리 없이 함께하는 성격이었다.

고등학교에 들어가면서 킨은 명문대 진학에 강한 열망을 품게 되었다. 아이비리그를 목표로 하여 합격에 필요한 조건들을 하나씩 차근차근 준비해 가기 시작했다. 반면 피터는 대학 진학에 대한 의지가 약했다.

한마디로 열심히 공부해야 하는 이유도 잘 몰랐다. 그래서인지 학습에 대한 의욕도 적었고, 대학 진학에 대한 긴장감도 별로 높지 않았다.

킨이 왜 공부를 해야 하는지에 대해 열심히 설명하면 피터는 "그래, 너는 열심히 공부해. 나는 테니스가 더 좋아. 특별한 목표도 아직 내겐 없어. 무엇을 해야 할지 깨닫게 되면 열심히 할게."라고 대답하곤 했다.

만나 보니

11학년이 되면서 두 학생은 자신의 미래에 대해 조언을 듣고자 필자를 찾았다. 열정적으로 자신의 목표와 활동에 대해 이야기하는 킨은 이미 고등학교에서 전 과목 A를 받아 1등을 하고 있었다. 또 이글스카우트, 태권도 2단을 비롯해 학생회장, 편집장 등 대학 진학에 필요한 학과 외 활동에도 열심이었다.

이에 반해 피터는 킨과 함께하는 테니스가 거의 유일한 학과 외 활동이었다. 피터는 무언가를 새로 시작하는 것에 어려움을 느끼는 편이었고, 동기 부여가 될 때까지 시간이 오래 걸리지만 한 가지에 집중하면 한눈을 팔지 않는 외골수였다. 킨과 함께하던 보이스카우트 활동과 태권도는 테니스에 빠져들면서 중단했고, 그렇게 자신이 좋아하는 테니스만 지속했다. 테니스만큼은 피터가 킨을 능가했고, 테니스를 잘하기 위해 스스로 체력 훈련까지 할 정도로 피터는 테니스광이었다.

이렇게 조언했습니다

우선 킨에게는 아이비리그 진학을 위해 필요한 SAT 점수 획득을 목표로 주말을 SAT 준비에 할애하도록 했고, 수석 졸업생이 되겠다는 의지에 걸맞게 예습을 통해 확실하게 성적 관리를 하도록 주문했다. 여름 방학에는 자신이 원하는 스크립트 라이팅(Script Writing : 영화 대본 쓰기) 전공에 대해 좀 더 확신을 가질 수 있도록 인근 대학교의 고교생을 위한 영화 시나리오 쓰기 과정에 등록하도록 했다.

피터는 평균 B학점을 유지하는 학교 성적을 감안하여 얼마 남지 않은 대입 지원 전 마지막 학기 성적 관리에 집중하도록 했고, 여름에는 SAT에 집중하여 목표 점수인 과목당 650점에 도달하기 위해 최선을 다하도록 했다. 일단 목표는 사립 인문대학 중 피터의 테니스 실력에 관심을 가질 만한 대학을 선택하기로 했다. 또한 피터는 가능하면 캘리포니아에 남기를 원했기 때문에 그의 뜻에 따라 캘리포니아에 있는 사립대와 UC에 지원해 보기로 했다. 그리고 합격한 대학의 추이를 보아 커뮤니티 칼리지를 통한 UC 계열 편입도 고려하기로 했다.

결과

12학년 마지막 SAT와 과목별 SAT에서 킨은 그동안 노력한 대가로 모든 과목에서 평균 770점을 받았고, 그가 원하는 모든 아이비리그 대학에 지원할 수 있었다. 킨은 브라운대학교와 코넬대학교Cornell University에 합격했으며, GPA 0.02 차이로 아쉽게 차석 졸업생Salutatorian이 되었다. 결국 킨은 브라운대학교에 진학하여 테니스와 태권도를 계속하면서 영문학을 전공하기로 했다.

피터는 SAT에서 평균 630점을 받아 목표 점수에 도달하지 못했고, GPA는 3.0으로 몇 개의 사립 대학교에 합격했지만 캘리포니아에 머물기 위해 UC 편입을 목표로 커뮤니티칼리지에 진학했다. 킨이 동부에서 공부하는 동안 피터는 적성에 맞는 전공을 찾아 대학 교육을 받겠다는 목표가 생기면서 GPA 3.5 이상을 목표로 정하고 열심히 공부했다. 목표 없이 공부했던 고등학교 시절에 비해 분명한 목표를 갖게 되자 열정도 생겼다. 이후 피터는 시간이 날 때 테니스를 계속했고, 킨이 방학을 맞아 집으로 돌아올 때마다 대학 생활과 미래에 대해 이야기하며 테니스를 함께 치고는 했다. 편입 지원을 할 수 있는 과목을 모두 이수했을 때 피터의 학점은 목표했던 3.5를 넘어섰고, 자신의 학창 생활 중 가장 높은 점수를 받을 수 있었다.

피터는 UC 여러 캠퍼스에 편입 지원을 하여 지원한 모든 대학에 합격했으며, 마침내 UC버클리 UC Berkeley 편입에 성공했다. 피터가 UC버클리에 들어갔다는 소식에 피터를 아는 모든 사람들이 깜짝 놀랐고, 이 일은 킨이 브라운대학교에 간 것보다 더 큰 뉴스가 되었다.

대학을 졸업한 후 킨은 할리우드로 돌아와 영화 산업에 뛰어들어 직접 제작 회사를 설립했고, 차근차근 커리어를 세워 가며 감독이 되었다. 피터는 LA에 돌아와 광고업계에 진출했고, 늦게 발견한 감성과 창조성을 발휘하여 회사의 중진으로 성장했다. 킨과 피터는 지금까지도 우정을 쌓아 가고 있다.

3

{ 전공을 정하지 못해 우왕좌왕했던 캐빈 }

— 적성검사를 통해 소질과 장점부터 찾게 하다

사전 정보

1992년 LA폭동 당시 많은 한인 가정이 피해를 입었는데, 캐빈의 집도 그 중 하나였다. 그 무렵에 태어난 캐빈은 어려운 집안 형편 때문에 어려서부터 자연스럽게 근검절약이 몸에 배어 있었다. 어려운 환경을 피하지 않고 그 안에서 새로운 삶을 개척하는 성실한 아버지의 모습을 보며 성장한 캐빈은 작은 일에 쉽게 흔들리지 않았고, 큰일이 닥쳤을 때도 두려워하지 않는 성품을 갖게 되었다.

그 이후 나름대로 재기에 성공한 아버지는 무엇보다 남자는 다른 사람들이 갖지 못한 기술을 소유해야 한다는 철학으로 캐빈이 공과대학에 진학하기를 바랐다. 그것도 가능하면 집에서 가까운 UC 계열의 대학으로 진학하기를 희망했다. 반면, 캐빈의 어머니는 아버지와 생각이 달랐다. 캐빈이 아직 자신의 미래에 대한 확신이 없으니 섣불리 전공을 정해 주기보다는 대학 생활을 하면서 자신에게 맞는 전공을 찾을 수 있도록 인문대에 진학하기를 원했다. 하지만 캐빈은 미래를 선택할 수 있는 가능성과 기회를 상대적으로 더 많이 얻을 수 있는 작은 사립대에 진학하고 싶어 했다.

만나 보니

12학년에 올라가기 직전 여름에 만나 본 캐빈은 차분하고 느긋한 성격에 자립심이 강한 학생이었다. 학업이나 여가 활동을 할 때도 다소 느긋하게 계획을 세워 무리하지 않으면서도 자신의 목표를 잃지 않으려는 성향이 강했다. 나름대로의 자율적 목표도 달성하고 있었다. 대단한 성취를 보인 것은 아니었지만, 그 정도의 자율성이 있다면 대학에서는 지금보다 훨씬 더 성장할 가능성이 높았다. 무엇보다 원하는 목표를 뚜렷하게 세우는 것을 중시하는 성격이었기 때문에, 향후 인생의 목표를 확실하게 결정할 수 있는 대학으로 진학하는 것이 중요하다고 판단했다.

적성검사 결과 캐빈은 이공계, 자연계, 의학계에 강한 자신감을 보였다. 또한 지도력과 모험심 분야에도 매우 강한 흥미를 가지고 있는 이중성이 나타났다. 특히 대학에서 ROTC 장교 생활을 경험하거나 이후 공직으로 진출하여 국가 조직에서 일하고 싶은 생각도 있음을 알게 되었다.

지금까지 캐빈은 비교적 무난한 과목을 선택하면서 학업에 무리가 가지 않도록 해 왔고, 11학년 1학기에 선택한 AP 세 과목에서 고전했던 경험 때문에 2학기에는 스스로 Honor(우수 과정) 과목과 Regular(정규 과정) 과목으로 학과 등급을 낮추기도 했었다. 12학년 때는 자신이 잘할 수 있다고 판단되는 AP 두 과목을 선택했다.

GPA는 9~11학년 공히 3.3 정도의 고른 분포를 보였고, UC GPA는 3.6이 나왔다. 11학년 6월에 치른 SAT는 Critical Reading 590점, Math 710점, Writing 600점으로 총 1,900점이었고, 과목별 SAT에서는 Math level II 670, Biology 680을 기록했다.

한마디로 캐빈은 점수를 내는 시험과는 잘 맞지 않았다. 차분하고 꼼꼼한 캐빈의 장점이 SAT 점수에는 잘 반영되지 않는 것이었다. 결국 우수 공대 진학을 위해 꼭 필요한 점수를 받지 못하고 있었기 때문에 공대보다는 인문대로 지원했을 경우의 성공 가능성이 높았다.

글쓰기 부문에서도 잘 정리된 생각과 수려한 문체로 훌륭하게 자신을 표현하는 캐빈의 글솜씨는 고작 600점인 작문 점수와는 판이했다. 이렇게 훌륭한 글쓰기 솜씨를 가진 학생은 대학 생활에서 문제가 없을 것이라는 생각이 들었다.

캐빈의 학습 수준은 UC와 같이 GPA와 SAT 점수 위주로 학생을 평가하는 주립대학에는 매우 불리하지만, 에세이를 꼼꼼히 살펴보는 작은 사립 인문대에서는 인정을 받을 수 있다고 판단했다.

이렇게 조언했습니다

캐빈은 자기 자신의 의견과 목표를 중시하는 성향이었기 때문에, 대학 선택에도 스스로 많은 생각을 할 수 있도록 2개월 정도의 조사 기간을 주었다. 먼저 캐빈의 적성과 성향, 성적 등에 적합한 학교 20여 개를 고른 후 각 학교의 장단점을 스스로 파악해 보도록 했다. 그리고 서너 번의 미팅을 통해 점차 범위를 줄여 나가도록 했다.

11월까지 캐빈은 8개 학교를 최종 지원 학교로 추려냈다. 그 학교들은 한인이 선호하는 학교와는 다소 거리가 있었는데, Reach School(합격 가능성이 높지는 않으나 꼭 가고 싶은 학교)로 옥시덴탈칼리지 Occidental College, 로체스터대학교 University of Rochester, 피처칼리지 Pitzer College를, Match School(입학 가능성이 꽤 있고, 자신에게 적합한 학교)로 노스이스턴대학교 Northeastern University, 센터칼리지 Centre College, 세인트존스대학교 Saint John's University, NY를, 그리고 Safety School(합격 가능성이 높아 안정권인 학교)로 UC어바인 UC Irvine과 UC데이비스 UC Davis를 선택했다. 따라서 사립대학 진학을 우선으로 하되, 합격이 안 되면 UC에 진학하기로 했다.

캐빈의 성적과 SAT 점수로는 UC버클리, UCLA, UC샌디에이고 UC San Diego 등 상위권 UC에 합격할 확률은 2%, 4%, 20% 정도였으나 UC어바인과 UC데이비스의 경우는 70% 정도의 합격 가능성이 있었다. 또한 예상되는 학부모부담금 EFC은 2만 달러 정도여서 UC에 진학하더라도 학비는 사립대와 큰 차이가 날 것 같지 않았다.

결과

캐빈은 여러 번의 수정 작업을 거치기는 했지만, 자신의 강점인 차분한 글쓰기 솜씨를 발휘하여 훌륭한 에세이를 썼다. 그 결과 노스이스턴대학교, 센터칼리지, 세인트존스대학교, UC어바인에 합격했다. 이 가운데 최근 순위가 올라가고 있는 200년 역사의 켄터키 명문 인문대인 상트레칼리지로 진학했다.

캐빈이 센터칼리지로 결정한 이유는 4년 내 졸업, 인턴십, 그리고 1년간의 유럽, 아시아 또는 남미에서의 유학 프로그램과 3만 달러의 학비 보조금 등을 학교에서 보증했기 때문이었다.

4

{ 이렇다 할 학과 외 활동이 없어 어중간했던 비키 }

— 공부를 '과외 활동'으로 여기고 집중하다

사전 정보

목회자 부모를 둔 비키와 동생은 어려서부터 집과 교회에서만 시간을 보냈다. 교회가 점점 커지면서 비키가 중학생이 되었을 때는 교회에서 할 일이 더욱 많아졌고, 이러한 환경에서 성장한 비키는 다른 사람을 돕고, 교회 일을 하는 것이 자연스럽게 몸에 배었다.

비키는 교회의 모든 교인들과 학생들, 그리고 학교 친구들과 원만한 관계를 유지하면서 학교 성적도 줄곧 상위권이었다. 대학은 UC버클리나 UCLA를 목표로 한 뒤 가능하면 스탠퍼드나 동부의 아이비리그 대학들도 염두에 두었다.

비키는 9학년부터 친구들보다 높은 수준의 클래스를 선택했고, 성적도 우수했다. 다만 스포츠나 예능 등 학과 외 활동에서 특별한 점이 없었다. 그렇지만 학교 합창단, 키클럽Key Club, 프레지던트, 스패니시클럽, 적십자클럽, NHS National Honor Society, 크리스천클럽, CSF California Scholarship Federation, 학생회ASB 주니어프레지던트 등의 활동을 하고 있었다.

만나 보니

비키는 자신의 생활에 만족하고 있었으며, 학교생활도 거의 완벽에 가까웠다. 학과 외 활동은 주로 학교의 클럽 활동이 중심이었고, 그 외에도 뭔가 다른 활동을 할 수 있는 여력이 있어 보였다. 일요일을 제외하고도 교회에서 보내는 시간이 1주일에 15시간 이상이었기 때문에, 방과 후의 시간을 좀 더 효율적으로 사용할 수 있는 학과 외의 활동을 찾아야 했다.

또한 비키는 어려서부터 꾸준히 즐겨온 독서 습관으로 인해 빠른 읽기 능력과 습득력, 풍부한 어휘력과 글쓰기 실력이 모든 과목에 유용하게 활용되고 있었다.

이렇게 조언했습니다

비키는 공부하는 것을 가장 큰 즐거움으로 여기는 학생이었다. 그런 비키에게 최선의 학과 외 활동은 '공부'라고 판단되었다. 정리 정돈과 일정 관리가 철저한데다 탐구심이 높았으며, 특히 시간 관리에 뛰어났기 때문이다.

우선 학교 성적에 무리가 되지 않도록 하기 위해 10학년 1학기의 성적과 학교생활 결과를 보고 2학기부터는 인근 대학에서 심리학을 선택해 듣도록 했는데, 좋은 성적으로 무난히 통과했다. 이후 매 학기마다 한 과목, 그리고 방학 중에도 한 과목을 선택하여 생리학 Physiology, 지리학 Geography, 컴퓨터공학 Computer Science, 도예 Ceramics, 미술사 Art History 등을 이수하게 되었다. 이렇게 함으로써 우수 사립대학에서 비키를 학업 우수자로 분류하여 학과 성적뿐만 아니라 학과 외 활동에서도 좋은 평가를 받을 수 있었다. 학교에서도 비키가 대학 수업에 참여하는 것을 허락했고, 인근 커뮤니티칼리지에서도 수업 허락을 받았다.

처음에는 방과 후에 시간을 맞추어 대학으로 가서 대학생들과 한 강의실에서 공부하는 것이 어색하고, 강의 방식이 달라서 긴장했지만 다행히 교수들이 비키의 학업 진행에 관심을 가지고 친절하게 도와주었다. 이후로 과목들에 점점 재미가 붙었고, 이수한 모든 과목에서 A학점을 받게 되었다.

대학에서 공부하는 데 더 많은 시간이 필요한 듯했으나 빠른 진도와 읽어야 할 많은 과제물에도 불구하고 교수가 원하는 것을 깔끔하게 해내기만 하면 성적을 받는 데 어렵지 않다고 느낀 비키는 11학년 여름에는 2개 과목을, 12학년에는 학기 중에도 2개 과목을 더 선택하여 공부했다. 그 결과 학교에서 이수할 수 있는 모든 AP 과목뿐만 아니라, 이에 더해 총 8개 과목의 칼리지 수업을 대학 지원서에 포함시킬 수 있었다.

결과

이제 비키는 어느 대학을 가더라도 충분히 성공할 수 있는 모습을 갖추게 되었다. 대학 수업을 미리 경험하면서 학업에 한층 더 자신감을 갖게 된 비키는 AP 과목 시험에서도 우수한 성적으로 모두 통과했다.

이후 비키는 미국의 명문 대학 중에서 하버드대학교, 예일대학교, 프린스턴대학교, 유펜, 다트머스칼리지^{Dartmouth College}, 스탠퍼드대학교, UC버클리와 UCLA 등에 지원서를 제출했고, 결국 어려서부터 꿈꿔 왔던 스탠퍼드대학교에 조기 합격했다. 학습 기술이 뛰어난데다 시간 관리 능력이 특출하며, 공부를 재미있어 하는 비키에게는 학업 자체가 가장 훌륭한 학과 외 활동^{Extra Curricular Activity}이 되었던 것이다.

5

{ 어머니 병간호로 성적과 학과 외
활동이 어중간했던 윤희 }

··· 진학 목표를 정한 뒤 학과 외 활동을 새로 시작하다

사전 정보

10학년에 재학 중이던 윤희를 만나게 된 시점은 2년간 암으로 투병하던 윤희의 어머니가 돌아가시고 1년여가 지났을 때였다. 초등학교를 졸업하면서부터 어머니를 도와 집안일을 하고, 동생을 돌보며 지내다가 결국 어머니를 잃는 아픔을 겪으며 3년을 보낸 윤희는 부모에게 투정 한 번 부려보지 못한 그런 아이였다.

3년간의 아픔은 아버지와 윤희, 동생까지 세 식구를 지치게 만들었고, 아버지는 이제야 비로소 윤희의 교육 문제에 신경을 쓰게 되었다. 아버지는 그동안 윤희를 내버려 둔 것에 미안한 마음을 가지고 있었기 때문에, 큰 기대를 갖기보다는 현 상황에서 윤희에게 맞는 최선의 대학을 선택해 진학할 수 있기를 희망했다.

만나 보니

윤희는 다른 학생들과 섞여 있으면 눈에 잘 띄지 않을 정도로 평범한 학생이었다. 어머니를 잃고 나서 성격이 내성적으로 변하기는 했지만 긍정적이었고, 교우 관계도 원만했지만 리더십을 발휘할 정도는 아니었다. 그리고 스포츠나 예능 쪽으로도 특별한 재능을 가지고 있지 않았다.

그런 윤희는 부모님이 신경을 쓰지 못하는 동안에도 병상의 어머니를 기쁘게 해드리겠다는 마음으로 시간이 날 때마다 책을 읽었다고 했다. 걸어서 갈 수 있는 동네 도서관에서 책을 빌려와 읽거나 외삼촌이 여러 해 전에 사주신 게임기로 동생과 함께 게임을 하는 것이 윤희의 방과 후 생활의 전부였다. 그렇게 시간을 보내다가 동생과 함께 숙제를 마치고 나서 저녁을 해먹고, 아버지의 저녁상도 직접 차려 드렸다.

윤희는 그 와중에도 성실하게 과제를 챙기면서 공부도 열심히 했다. 성적은 A와 B가 각각 50%였고, C를 받은 적은 없었다. 주로 과제와 프로젝트에서 점수를 더했고, 시험에서는 좀 깎이지만 보충 과제를 더해 가면 받게 되는 '보너스 점수 Extra Credit'로 만회하는 편이었다. 어머니가 돌아가신 후에는 아버지가 좀 더 많은 일을 하면서 늦게 들어왔기 때문에 윤희는 모든 것을 혼자 알아서 해야 했고, 학과 외 활동 등은 생각할 수도 없었다. 어머니가 아프기 전에 배웠던 바이올린, 피아노, 수영 등은 그만둔 지 오래였다.

9학년 성적은 평균 GPA 3.5를 받았고, SAT 모의고사 점수는 Critical Reading 500, Writing 530, Math 600으로 1,630점이었다.

이렇게 조언했습니다

윤희는 어머니를 잃고 나서 간호사가 되고 싶다는 희망을 갖게 되었다. 의사가 되기에는 조금 벅차다고 말했다. 현재 GPA 3.5인 성적을 10~11학년에는 좀 더 열심히 하여 3.7로 올려 보자고 했다. 10학년에 선택할 수 있는 과목을 정리해 보니 AP 과목 하나와 Honor 과목 하나를 선택할 수 있었다. 이후 11학년에 서너 개의 AP 과목, 12학년에 서너 개의 AP 과목을 선택하겠다는 목표를 세웠다. SAT는 2년간 노력해서 Critical Reading 700, Writing 730, Math 770으로 2,200점까지 올려 보기로 했고, 목표 대학은 UC샌디에이고로 정했다.

학과 외 활동으로는 예전에 배웠던 바이올린 대신 비올라를 선택하여 교회 집사님에게 정기적으로 교습을 받기로 했고, 학교 오케스트라에도 가입하도록 했다. 또한 토요일에는 정기적으로 할 수 있는 커뮤니티 서비스(지역 봉사 활동)를 찾아보기로 했다.

막연했던 자신의 대학 진학 계획을 정리하고 나니 윤희의 표정에 새로운 의욕의 빛이 돌았다. 좋은 대학으로 진학하면 돌아가신 어머니에게 의미 있는 선물이 될 것 같다고 말하는 윤희의 목소리에 남다른 결의가 느껴졌다.

결과

윤희는 비올라 교습을 시작하자마자 물 만난 고기처럼 심취했다. 선생님도 하루가 다르게 발전하는 윤희를 자랑스러워할 정도로 비올라 연주를 좋아하는 학생이 되었다. 이후 졸업할 때까지 학교 오케스트라에서 활동했고, 윤희의 공연이 있을 때는 아버지도 꼭 참석하여 딸을 격려해 주었다.

또한 자주 다니는 도서관에서 주당 5시간씩 일을 도와주어 매년 250시간 이상의 봉사 활동을 하게 되었다. 특히 도서관에 새로 들어오는 책을 가장 먼저 읽어 보는 특권을 누리게 되었고, 대학 진학 원서에는 어머니의 투병과 독서, 그리고 도서관 생활을 연계한 감동적인 에세이를 써냈다.

목표를 갖게 되자 윤희의 학교 성적도 좋아졌는데, 특히 도움이 필요할 때는 선생님에게 직접 도움을 요청하는 자신감을 갖게 되어 성적 관리에도 큰 도움이 되었다. 10학년과 11학년 말에 치른 5개의 AP 시험에서는 5점이 두 과목, 4점이 세 과목이었다. 12학년 때는 4개의 AP 과목을 더 수강하여 학과목에서는 목표를 상회하는 성과를 내었다. 10~11학년의 GPA는 3.8, UC GPA는 4.2를 기록했고, 마지막 SAT에서는 Critical Reading 690, Writing 740, Math 730으로 2,160점을 받았다.

윤희는 동생을 돌볼 수 있도록 집에서 가까운 곳에 진학하겠다면서 UCLA, USC$^{University\ of\ Southern\ California}$, UC샌디에이고, UC어바인, 페퍼다인대학교$^{Pepperdine\ University}$ 등 LA 인근 대학에 지원했고, 지원한 모든 대학에서 장학금과 함께 합격 통지를 받았다. 그 가운데 페퍼다인대학교에서 제시한 3만 달러의 장학금이 가장 컸다.

6

중학 시절까지 평범하기만 했던 맥스

— 글쓰기의 강점을 살려 하버드에 합격하다

사전 정보

맥스는 어머니, 누나와 함께 살고 있었다. 오래 전 재미교포와 결혼하여 미국에 온 어머니는 문화적 차이를 극복하지 못한 채 아버지와 헤어졌고, 이후 혼자서 맥스와 누나를 키우며 젊음을 다 바쳤다. 맥스는 집과 학교 외에 학원이나 캠프 등에 가 본 적이 없었고, 집에 텔레비전이 없어 저녁에는 늘 어머니 옆에서 책을 읽고 숙제를 하거나 MP3로 음악을 듣는 것이 전부였다.

어려서부터 숙제를 하거나 시험공부를 할 때 어머니는 전혀 관여하지 않았다. 자신의 삶을 자신에게 맞게 살아가야 한다고 생각했던 어머니는 아이들에게 잔소리도 하지 않았다. 그런 영향인지 아이들은 학교에서 내주는 과제를 하고 싶은 것만 하는 때도 있었다. 자연히 맥스는 학과목 선택을 무리하지 않는 선에서 스스로 결정했고, 성적이 그다지 나쁜 편은 아니었다.

만나 보니

맥스는 영어를 거의 하지 않는 어머니와 살면서도 한국어가 의외로 서툴렀으며, 수학이나 과학 과목보다는 영어나 사회 과목 성적이 좋았다. 맥스는 특별한 취미나 특기가 없었기 때문에, 그에 대해 좀 더 알아보기 위해 몇 개의 에세이를 써보도록 주문했다. 필자는 에세이를 통해서 맥스의 특별한 면을 발견할 수 있었다. 또래 학생들에 비해 깊이 있는 생각과 수려한 문체의 깔끔한 문장들이 쏟아져 나왔던 것이다.

그런데 맥스는 자신이 글을 잘 쓴다는 사실을 모르고 있는 것 같았다. 그 이유를 알아보니 맥스는 학교에서 좀 이상한 학생처럼 여겨지고 있었다. 맥스는 학교에서 주의가 산만하고 집중력이 부족한 학생으로 통하고 있었다. 이야기를 나누던 도중 간혹 금새 들은 이야기를 기억하지 못하는 것 같은 인상을 주곤 했던 것이다.

그러나 맥스는 주의가 산만한 게 아니라 자신의 관심 분야에만 과도하게 집중한다는 것을 알게 되었다. 맥스와 대화를 나누어 본 결과, 맥스는 일반적인 방식의 기억법이 아니라 'Photographic Memory'를 가진 것 같았다. 예를 들면, 칠판에 선생님이 적은 내용을 그림처럼 기억해 내는 식이다. 그러나 관심이 없는 것은 마치 들어 본 적도 없는 것처럼 전혀 기억하지 못했다.

맥스에게는 한 가지 특징이 있었는데, 어려서부터 거의 하루도 빠짐없이 일기를 쓰고 있었다. 맥스에게 있어서 일기 쓰기는 신앙과도 같은 것이었다. 밥 먹는 것은 걸러도 일기 쓰기를 빠뜨리는 일은 없었다. 그렇게 만들어진 훌륭한 글쓰기 능력을 자신의 일기 외에는 거의 드러낼 필요를 느끼지 않았고, 학교 공부에도 활용하지 않고 있었던 것이다.

10학년 겨울의 SAT에서는 Writing 700, Critical Reading 670, Math 520을 얻었고, 예상했던 대로 영어 분야가 매우 우수했다.

이렇게 조언했습니다

우선 맥스의 우수한 작문 실력을 일깨우기 위해 작문과 문학 분야에 집중하기로 했다. 또한 2년간 해 온 스페인어를 계속하여 외국어 4년을 채우도록 하고, 사회 과목에서 2개의 AP 과목을 선택하도록 했다.

영어에 비해 취약 과목인 수학과 과학은 가능한 천천히 가되 AP Calculus(미적분학)를 12학년에 선택하도록 했다. SAT Math는 집중 지도를 통해 최소한 600점대를 목표로 했고, Critical Reading과 Writing은 이미 고득점의 실력이었으므로 연습 시험을 통해 목표를 달성하기로 했다.

저널리즘을 선택하여 학교 신문 편집장을 맡을 수 있도록 노력하는 한편, 여러 대학에서 고등학생을 대상으로 선발하는 장학 프로그램인 'Literature Scholarship'에 지원하도록 했다. 그리고 학과 외 활동으로는 저소득층 자녀들에게 영어를 가르치는 교회 프로그램을 통해 봉사 활동을 하도록 권했다.

결과

글쓰기에 집중할 수 있도록 물꼬를 터주자 맥스는 물 만난 물고기처럼 생활에 변화를 일으켰다. 학교에서도 영어와 저널리즘 수업에 적극적으로 참여해서 활동했다. 그 결과 맥스는 예전의 집중력 부족 학생이 아니라 활동 과다 학생으로 알려지게 되었다.

또한 두 번의 여름방학, 그리고 주말의 봉사 활동을 통해 저소득층 자녀들을 위한 영어 프로그램에서 250시간의 봉사를 했고, 봉사 활동을 함께하는 학생들의 모임에도 참여했다. 또한 Literature Scholarship을 위해 작문을 제출했던 대학 중 한 곳에서 대상자로 선정되어 4천 달러의 장학금을 받고 대학에서 2주간 교육을 받은 것은 맥스의 자신감을 크게 고무시켰다.

학교 저널리즘 수업에서 두각을 나타낸 맥스는 12학년 때 편집장 Editor-in-Chief에 뽑혔다. 12학년에 치른 SAT에서는 2,190점(Critical Reading 770, Math 630, Writing 790)을 받았다. 봄에 치른 과목별 SAT에서는 US History 740, Literature에서 780을, 12학년 11월에 치른 Math level II에서는 760을 받아 스스로도 깜짝 놀랐다. AP Literature와 AP US History를 각 5점, AP Spanish 4점으로 통과했고, GPA 3.95를 받았다.

결국 맥스는 자신의 강점인 Literature를 전공으로 여러 명문대에 지원하여 하버드대학교, 예일대학교, 노스웨스턴대학교 Northwestern University에 합격했다.

맥스는 자신의 강점인 글쓰기를 이전에는 일기 쓰기에만 국한하여 아무에게도 보이지 않고 있었지만, 기회가 되어 자신의 글솜씨를 표현할 기회가 생기자 봉사활동, 학과목, SAT, 특별활동, Scholarship 수상 등 고교 생활 전반에서 솜씨를 드러낼 수 있었다. 그 뿐만 아니라 전공을 선택함에서나 지원서의 에세이까지 일관되게 자신의 강점인 글쓰기 재능을 발휘했고, 그 결과 대학으로 하여금 자신의 재능을 발견할 수 있게 하여 대입에 성공했다.

7

{ 불우한 환경으로 학과 외
활동이 부족했던 수잔 }

— 어릴적 경험을 살린 감동 에세이로 전액 장학금을 받다

사전 정보

수잔은 체구가 아담하고 목소리도 작아 소곤소곤 얘기하는 듯한, 그러면서 전체적으로 아기자기한 분위기의 학생이었다. 부모님은 두 분 모두 성실하고 법이 없어도 살 만큼 착한 분들이며, 이민 후 온갖 고생을 하며 억척같이 돈을 벌었다. 그렇게 해서 어느 정도 살림이 넉넉해졌을 때 아버지가 큰 병을 얻는 바람에 그동안 모아 두었던 돈을 다 써버리고 말았다.

수잔의 아버지는 수년간 누워 지내다가 수잔이 대입 지원서를 쓸 무렵부터 거동이 조금씩 나아졌다. 혼자 일어나 밥도 챙겨 드시는 최근의 모습에서 어머니와 두 딸은 조금씩 희망을 갖기 시작했다.

그동안 수잔은 열심히 투잡을 하며 바쁘게 일하는 어머니를 대신해 간단한 집안 살림을 도맡아 해 왔다. 최근에는 어머니가 공무원 시험에

합격해 오전 9시부터 오후 5시까지 일하는 직장에 취직함으로써, 온 가족의 미래에 대한 시각이 긍정적으로 변하게 되었다. 아버지도 점차 회복되어 부모님이 다시 함께 일할 날이 속히 오기를 고대하고 있다.

만나 보니

수잔은 특별히 학원을 다녀 본 적이 없었다. 학교에서 내준 과제를 하면서 부모님에게 도움을 받은 적도 거의 없었고, 그럴만한 형편도 아니었다. 수잔은 꼼꼼하게 자기 일을 혼자서 처리해 왔고, 학교생활도 성실했다. 9학년 때 기본적인 과목들을 선택하기 시작했고, 10학년에서 11학년으로 올라간 이후 줄곧 전체 5위 안에 드는 성적을 유지하고 있었다.

AP 과목은 졸업 때까지 10개를 선택했다. 이해력이나 순발력이 다른 사람보다 뛰어난 것은 아니었지만, 오늘 배운 것은 오늘 꼭 공부해야 한다는 책임감이 투철했다. 이해가 되지 않으면 질문을 통해서 확실하게 자기 것으로 만들려는 의지도 남달랐다.

수잔은 학교 밖에서 음악 교육을 받아 본 적은 없지만, 교회에서 잠깐 배운 실력을 기반으로 학교에서 대여한 악기로 열심히 연습하여 중학교 때는 학교 오케스트라에 들어가 클라리넷을 연주했다. 또한 학교의 상위권 학생들이 선호하는 교내 주요 클럽에 모두 참여하고 있었다. 결과적으로 모든 학과 외 활동은 교내에서 할 수 있는 것들로 채워져 있었다. 학교 밖에서의 활동은 단 한 가지였는데, 근처 병원에서 일한 300여 시간의 봉사 활동이었다.

이렇게 조언했습니다

수잔의 학과목 성적은 어느 대학이라도 지원할 수 있는 수준이었다. 학과 외 활동이 학교 내에서 제공하는 것이기는 했지만, 최선을 다함으로써 상위권 학생으로서의 구색을 갖추었다. 그래서 먼저 본인의 목표인 UCLA와 UC버클리, UC샌디에이고 등에 지원하기로 했다.

수잔은 영주권이 없었고, 부모님이 학비를 감당할 수 없으리라는 생각 때문에 주립대학을 최우선 목표로 두고 있었다. 당연히 우수 사립대학에 대해서는 부모님이나 수잔 모두 한 번도 고려해 본 적이 없었다. 그러나 수잔의 석차와 성적, 그리고 부모의 수입이나 재정을 고려했을 때 수잔에게 상당한 금액의 학자금을 지원해 줄 사립대학이 있다는 것을 알려 주었다.

먼저 어떤 대학이 있는지 알아보도록 했다. 수개월의 조사를 통해 선택된 대학들은 앰허스트, 웰슬리, 스미스Smith 등의 리버럴 아츠칼리지Liberal Arts Colleges와 코넬, 유펜 등이었다.

11학년까지의 SAT 점수는 Writing 800, Critical Reading 770, Math 680, Math II C가 700, Literature 800, Spanish 750, US History 800으로 우수했으나 두 가지 수학 점수는 훈련 코스를 통해 집중적으로 더 향상시키도록 했다.

수잔의 대입 지원서는 모든 면에서 다른 한인 우수 학생들에 비해 특색이 없어 보였다. 그것으로는 사립대 입학사정관의 눈과 마음을 끌기에 부족했다. 이러한 경우에는 에세이를 승부처로 삼는 것이 최선이라고 조언했다. 즉 수잔의 훌륭한 모습을 부각시킴으로써 읽는 이에게 깊은 인상을 줄 수 있도록 방법을 찾아보게 한 것이다. 여러 각도에서 자기 자신에 대해 깊이 생각해 보고 여러 개의 에세이를 작성해 보도록 했다.

결과

11학년 말, 수잔은 2개의 AP 과목을 각각 4점으로 통과하여 전체적으로 우수한 성적을 얻게 되었으며, 학교에서도 전체 석차 3등을 기록했다. 10월에 본 SAT도 Writing 800, Critical Reading 780, Math 740이었고, Math II C도 760으로 특별 준비를 한 효과가 나타났다. 작성한 여러 개의 에세이 중에서 본인이 평소에 에세이 소재로 생각하지 않았던 어린 시절의 이야기를 소재를 쓴 것이 가장 훌륭해 보였다.

이민 초기의 어쩔 수 없었던 가정 형편 때문에 매일 도서관에서 동생의 베이비시터가 되어 살았던 때를 회상하면서 얼마나 많은 책을 읽었는지, 그리고 책에 파묻혀 어떻게 하루를 보냈는지, 때로는 보호자도 없이 도서관에서 하루 종일 지내는 것을 사서에게 들키지 않으려고 책장 뒤에서 사서와 숨바꼭질을 했던 이야기, 읽던 책을 다음 날 쉽게 찾는 자신만의 노하우를 터득한 일 등 어린 시절 자신의 집과 다름없었던 도서관에서의 생활을 애틋한 감정으로 표현하고 있었다.

이후 같은 도서관에서 자원봉사를 하며 경험했던 일을 자연스럽게 표현한 에세이에서는 수잔의 성실함과 지구력, 책임감 있는 모습이 강조되었다. 뿐만 아니라 여린 감성과 냉철한 지성을 겸비한 모습, 다른 사람을 배려하는 모습, 그 기간에 얻은 미래에 대한 비전, 가족사를 통한 자신의 내면적 변화와 성숙함 등이 묻어나는 자전적 에세이는 읽는 사람으로 하여금 눈물을 글썽이게 만드는 감동이 있었다.

수잔은 UCLA, UC버클리 등 상위권 UC와 함께 앰허스트를 비롯한 몇 곳의 리버럴 아츠칼리지에 합격했다. 특히 앰허스트에서는 인터뷰와 학교 방문을 위해 항공권을 보내오기도 했다.

8

학비 부담을 가진
작은 교회 목사의 딸 진아

— 적성검사를 통해 의대 진학의 꿈을 키우다

사전 정보

진아의 아버지는 작은 교회의 목사였다. 교회에서 어린 시절을 보낸 진아는 어려서부터 교회가 집이나 다름없었다. 교회에서 대예배의 피아노 반주를 도맡아 했고, 자기보다 어린 학생들을 위해서 늘 교회학교의 교사가 되어 봉사했으며, 교회학교 예배에서는 찬양 인도자로서 그룹을 이끌었다. 금요일 방과 후와 일요일 하루는 교회에서 생활하거나 봉사 활동을 하면서 보냈다.

　교회에서의 봉사 활동이 신앙인으로서 꼭 해야 할 중요한 의무라는 것은 성인이 되어서도 깨닫기 쉽지 않고, 설사 그렇다 하더라도 그것을 꾸준히 실행에 옮기는 것은 더더욱 쉽지 않은 일이다. 그렇지만 진아는 어려서부터 봉사 활동이 자연스럽게 생활의 큰 부분을 차지하고 있었으며, 몸에 배어 있었다. 작은 체구지만 겸손하고 책임감 있게 자기 일을 처리하며, 다른 사람을 위해서 시간과 정성을 할애하는 진아는 작은 거인이었다.

만나 보니

진아의 부모는 작은 교회의 사역자로서 영주권 수속이 계속 지연되어 학자금 보조를 받을 길이 막연했다. 교회가 너무 작았기 때문에 진아의 아버지는 교회에서 월급을 받지 못했고, 오히려 주중에 부부가 다른 일을 하면서 교회 운영을 돕고 생계를 유지해야 했다. 그런 이유로 진아나 동생을 위해 부모님이 풍족하게 해줄 수 있는 형편이 아니었다. 진아의 대학 진학에는 우선 경제적인 난관이 있었고, 학업과 대학 진학에 필요한 제반 준비도 진아 스스로 감당해야 했다.

그러나 진아의 가족은 비관적이지 않았다. 최선을 다해 자신들의 몫을 다하면 신의 가호가 뒤따른다는 믿음을 가지고 늘 긍정적으로 살고 있었다. 학교 성적도 좋았으나 집안 형편을 너무 잘 알고 있는 진아는 자신의 꿈을 펼친다는 것에 대해 매우 조심스러워했다. 한마디로 철이 들어서 섣부른 꿈을 꾸기보다는 현실적으로 실현 가능한 목표 설정을 원했다.

이렇게 조언했습니다

다행히 진아가 대학을 진학한 후 1년 정도 지나면 가족이 영주권을 취득할 것으로 예상되므로, 학자금 문제가 그때까지만 해결되면 문제가 없었다. 이후에는 학자금 혜택을 받을 수 있기 때문이다.

적성검사 결과 진아는 학업에 대한 열망이 매우 컸고, 대학뿐만 아니라 더 깊이 있는 공부도 할 수 있는 잠재력을 가지고 있었다. 인간관계에서는 리더십이나 협동 능력도 괜찮았지만, 그보다 다른 사람을 돕는 것에 더 큰 관심을 보였다. 의료, 봉사, 교육 부문의 관심과 적성이 두드러진 것이다. 남을 돕는 분야에서 활동할 경우 큰 발전을 이루는 것은 물론 스스로도 행복을 느낄 수 있을 것 같았다.

상담을 진행하는 과정에서 진아에게 맞는 장래 직업이 의사, 간호사, 사회복지사, 목사, 교사, 교수, 비영리조직 운영자 등이라고 말해 주었다. 각 직업의 영역과 연봉, 필요한 교육과 교육비, 실현 가능성 등에 대한 이야기를 하면서 진아가 의사에 도전할 수도 있겠다는 어느 정도의 가능성을 발견했고, 마침내 의사로서의 꿈을 키우기로 결심하게 되었다.

꿈이 분명해지자 고교 과정 내의 우수 과목 이수를 목표로 총 8개의 AP 과목을 포함하여 엄격한 학과목 선택을 제안했다. 책임감 있는 학생이었기에 힘들어도 해낼 수 있다는 판단에 근거했기 때문이다. 우선 대학 학자금을 최대한 절약하기 위해 UC 캠퍼스들을 목표로 하고, 진아에게 적절한 학자금 패키지를 제공할 만한 대학들을 대학 지원 전에 추가하기로 했다.

10학년 2학기 SAT 평가에서는 전형적인 성실노력형 학생의 모습을 볼 수 있었다. 점수는 1,800점 정도로 높지 않았지만, 조금씩 발전할 것으로 확신했다. 12학년에 올라와서 대학을 지원할 때까지의 목표를

2,200점으로 잡고 준비하도록 했다. 최소한의 경비로 가장 좋은 효과를 내기 위해 3~4개월에 한 번씩 평가 시험을 본 뒤 점수의 변화 추이를 지켜보면서 필요할 때 집중적인 공부를 하기로 정했다.

평소에는 스스로 SAT를 준비할 수 있도록 매번 평가 시험 후 공부할 단어와 읽기 과제 등을 함께 결정하여 해결하도록 했다. 대학 진학 때까지 계속 교회에서 하는 봉사 활동에 변화를 주지 않아야 하므로 다른 특별 활동보다는 교회에서의 활동 및 봉사, 그리고 교내 클럽 활동에 계속 집중하기로 했다. 봉사 활동을 진아의 주된 학과 외 활동으로 결정했고, 대신 토요일 낮 시간에 지속적으로 할 수 있는 봉사 활동을 찾아보기로 했다.

결과

진아는 교내에서 키클럽, 10종 학력경시팀 등에서 활동했다. 토요일 낮 시간 봉사 활동은 자폐아동을 보살피는 것으로 정했다. 도심지의 장애인센터인 M 선교센터에서 매주 토요일마다 규칙적으로 존John이라는 자폐아동을 오전 9시부터 오후 3시까지 보살펴 주는 일을 맡아 2년 이상 꾸준히 실행했다.

후에 자신이 보살핀 아동의 발전이 더디고, 자신을 비롯한 주변의 노력이 큰 성과를 보이지 않아 좌절하기도 했지만 그 아동의 작은 변화에 큰 기쁨을 경험하는 등 자신의 느낀 점을 에세이에 잘 표현했다.

학교에서는 힘든 학과목을 모두 성공적으로 수행하여 Unweighted

GPA 3.8을 기록했다. SAT 점수는 예상대로 조금씩 꾸준히 올랐으며, 필요에 따라 몇 주간의 집중 레슨을 받은 결과 최종적으로 2,200점대를 받았다. 한국어와 Math II에서 각각 800점을 받고, 의대 진학을 꿈꾸는 학생답게 Chemistry 760, AP Bio 5점 등을 기록했다.

    진아는 UC버클리, UCLA를 비롯해 지원했던 모든 UC에 합격했고, 오벌린칼리지는 인터뷰에서 다른 대학으로의 지원을 철회한다는 조건으로 전액 장학금을 제시했다. 그러나 진아는 부모 곁을 떠나고 싶지 않았고, 수시로 교회에서 봉사하기를 원했기 때문에 UC버클리로 진학했다. 이듬해부터는 영주권을 취득하여 학자금 혜택을 받음으로써 큰 어려움 없이 의대 진학 준비를 시작했다.

9

{ 성적은 좋은데
SAT 점수가 잘 안 나왔던 아름이 }

― 연습시험을 반복하여 2,200점 고지를 정복하다

사전 정보

아름이는 성실하고 과묵한 11학년생이다. 사교육을 신뢰하지 않는 부모님은 아름이가 스스로 공부하면서 학교생활에 충실하도록 지도했고, 아름이는 부모의 방침대로 스스로 알아서 공부하는 학생이었다. 어려서부터 STAR 시험(학력평가 시험)에서 60~80%의 그룹에 속해 왔기에 부모님은 아름이를 능력형이라기보다는 노력형이라고 평가해 왔다.

아름이는 스스로 학과목 선택도 잘 했고, 성적도 나쁘지 않았기 때문에 부모님은 아름이가 11학년이 될 때까지 특별히 신경을 쓰지 않고도 이웃의 부러움을 받았다. 그러나 11학년 10월에 치른 첫 PSAT에서 162점을 받고서는 이 점수가 SAT 1,620점에 해당된다는 사실에 부모는 물론 아름이도 도움이 필요하다고 생각했다.

만나 보니

아름이는 공립고등학교의 전형적인 우등생에게서 볼 수 있는 학과목을 선택해 왔다. 11학년까지 AP 네 과목을 들었고, 12학년에 AP 네 과목을 추가했다. 성적은 같은 학년의 450여 명 중 20~30위 안에 들 정도로 우수했다. 학과 외 활동으로 특별한 것은 없었지만 교내에서 키클럽, 학생회, 아너소사이어티Honor Society, 학교 신문, 오케스트라 활동을 했다.

아름이와 같은 수준의 성적을 보이는 학생들 중에는 다른 조건들, 즉 SAT나 학과 외 활동의 정도에 따라 아이비리그 대학에 들어가는 학생들도 있고, 주립대학에 들어가는 학생들도 있다. 굳이 아름이의 조건을 아이비리그 계열의 대학에서 분야별로 9점 만점 기준으로 평가해 본다면 학과목 7~8점, 성적 7~8점, SAT 점수 5~6점 정도다.

이를 통합하면 학과 성적 6~7점, 학과 외 활동 6~7점으로서 어느 것으로도 명문 대학 합격을 보장하기 어려운 수준에 속한다. 학과 외 활동도 특이한 것이 없고, SAT 점수도 합격선을 밑돌고 있었다.

생각보다 낮은 PSAT 점수가 일회성이었는지를 알아보기 위해 SAT 연습시험을 본 결과 비슷한 점수가 나왔다. 알고 보니 아름이는 SAT 시험을 한 번도 경험해 보지 않았던 것이다. 과목별 SAT 연습시험에서도 Math II가 500점대 후반이었고, 높을 것으로 예상했던 한국어도 600점대 중반을 기록했다.

아름이는 평소의 성실한 생활 태도로 좋은 성적을 유지해 왔지만 항상 학교 시험에는 약했고, 특히 예고되지 않은 갑작스러운 시험이나 평소와 다른 생소한 유형의 시험에 약한 학생이었다. 아름이의 SAT 점수를 올리기 위해서는 꾸준한 준비와 여러 번의 연습시험으로 SAT 시험 자체에 익숙해지는 과정이 필요했다. 그러나 SAT 점수를 대폭 올려 전체 학과 성적 평가를 한두 단계 올리고, 에세이와 추천서를 훌륭히 받는다고 하더라도 학과 외 활동의 약점을 극복하고 아이비리그 대학에 합격하기에는 조금 무리가 있었다.

이렇게 조언했습니다

일단 아름이가 지원할 학교들을 UC나 상위권 사립대학 중에서 30~60위권으로 현실화했다. 또 학과 외 활동은 더 이상 만들 수 있는 시간적인 여유가 없으므로, 있는 자료를 지원서에 잘 부각되도록 명시하는 데 신경을 쓰기로 했다. 학과목 성적이 높은 반면 SAT 점수가 그에 걸맞지 않게 큰 차이로 낮다는 것은 대학 입학사정관에게 매우 나쁜 인상을 줄 수 있는 사항이었다.

따라서 무조건 SAT 점수를 올리는 것이 필요했다. 그렇게 하지 못한다면 좋은 성적에도 불구하고 학업 능력에 대한 의심을 받을 것이고, 불이익을 받을 수밖에 없기 때문이었다. SAT의 500~600점 사이에 분포된 과목별 점수를 최소한 600점대로 올리는 것이 필요하고, 그렇게 되면 UC어바인이나 UC샌디에이고에 충분히 합격할 수 있었다.

만일 좀 더 노력하여 700점대로 올린다면 UCLA나 UC버클리 합격도 가능했다. 아름이의 경우 SAT 준비는 대학 지원 준비의 모든 것이라고 해도 과언이 아닐 만큼 중요한 것으로서, SAT 점수를 올리는 만큼 합격 가능 대학 수준을 순차적으로 높게 잡을 수 있는 중요한 공략 포인트였다. 그래서 봄 학기와 여름방학에는 모든 것을 제쳐놓고 SAT 준비에만 전념하기로 했다.

결과

아름이는 11학년 겨울방학 때부터 열심히 SAT 시험을 준비했고, 5월에 치른 SAT 과목별 시험에서 Math II 670, US History 690을 받았다. 이 두 과목과 한국어 시험을 11월에 다시 치러 Korean 750, Math II 720, US History 730을 받았다. 매달 치른 SAT 연습시험 성적은 공부한 만큼 조금씩 올랐고, 6월에 치른 실제 SAT에서 1,970점을 받았다.

그리고 여름 내내 노력한 결과 10월에 치른 실제 SAT에서는 기대보다 높은 2,220점을 받아 본인과 주변을 놀라게 했다. 1년 동안 꾸준히 노력한 결과였다. UC버클리와 UCLA를 비롯하여 지원한 모든 UC에 합격했고, 결국 아름이는 UC버클리로 진학했다. 물론 이외에도 스미스칼리지, 브린머칼리지Bryn Mawr College, 하버포드칼리지, 데이비슨칼리지Davidson College 등 명문 사립대에도 합격하는 등 노력파 학생의 좋은 성공 사례가 되었다.

10

성적이 우수하고 학과 외 활동이 많았던 모범생 데이비드

— 원하는 전공에 집중하고, 잡다한 학과 외 활동을 줄이다

사전 정보

시민권자인 데이비드는 외과 의사인 아버지의 영향으로 어려서부터 자연스럽게 메디컬 커뮤니티에 노출되어 왔다. 병원이나 의료진, 환자, 수술 그리고 각종 의학 서적과 의학 용어 등에 휩싸여 지낸 것이다.

아침 일찍 일어나 병원으로 향하는 아버지의 모습, 열심히 자녀들을 양육하는 어머니의 모습, 변함없고 안정된 가정환경은 어려서부터 꼼꼼하고 섬세한 성격을 지닌 데이비드를 단 한 번도 한눈을 팔지 않고 줄곧 바르고 정해진 길을 걷는 사람으로 만들었다.

또한 도서관에서 책을 빌리는 일, 피아노와 바이올린, 수영, 태권도, 주일 교회 참석, 친구 생일잔치에 빠지지 않고 참여하기, 그리고 때마다 가족들과 즐기는 캠핑 등도 데이비드의 일상에서 빠뜨릴 수 없는 부분이

었다. 데이비드는 5학년 때 영어 철자 경시대회인 스펠링 비$^{Spelling\ Bee}$에서 학교 대표로 뽑혀 스펠 보울(Spell Bowl : '스펠링 비'처럼 영어 철자를 맞히는 대회)에 나갔고, 1년에 단 1개만 틀린 기록도 가지고 있었다.

만나 보니

데이비드는 초등학교와 중학교 내내 성적이 우수했다. 중학교 때도 피아노, 바이올린, 태권도, 테니스, 수영을 계속해 왔고, 그 중에 바이올린, 태권도, 테니스는 또래 중 가장 높은 단계에 있었다.

상대적으로 한인이 적은 백인 커뮤니티의 미국적인 교육 시스템 안에서 성장한 때문인지 예의가 바르고 솔직하며 신중했다. 학교에서도 규율을 잘 지키며 해야 할 일에 책임을 다한다는 평가를 받고 있었다.

성적 관리를 꾸준히 잘할 수 있는 재목이라고 판단되었다. 과학에 대한 관심이 매우 높아서 중학교 때는 'Junior Engineering Technical Society'에 학교 대표로 참여하여 전국 대회까지 올라간 경험도 있었다. 적성검사에서는 거의 모든 방면에서 자긍심이 높았다. 수학, 과학, 의학, 이공학 분야에 관심이 있었고, 연구 활동을 하거나 의학 분야로 진출하고 싶어 했다.

이렇게 조언했습니다

고등학교에 들어가면서 데이비드의 관심 분야인 이공학 계열의 의학, 수학, 과학에 집중하도록 했다. 이공계로 진학하든 Pre-Medicine(의과대학원 진학을 위한 학부 과정)으로 진학하든 도움이 될 수 있도록 수학과 과학은 가능한 모든 AP 과목을 선택하도록 했고, 필요할 때는 학기 전에 충분한 예습을 계획하도록 했다.

11학년과 12학년 여름에는 공학 연구Engineering Research나 의학 연구Medical Research를 할 수 있도록 했고, 10~12학년 모두 College Summer School for High School Students(고등학생을 위해 대학에서 개설하는 여름 강좌) 프로그램이나 정규 대학 코스를 선택하도록 했다. 외국어로는 라틴어를 선택하여 라틴클럽에 들어가도록 했다.

교내 클럽 활동으로는 키클럽만 하기로 정하고, 봉사 활동은 일회성으로 수 시간 안에 끝나는 봉사 이벤트에 여러 개 참여하도록 했으며, 장기적으로 할 수 있는 병원 봉사 활동을 9학년부터 시작하도록 했다.

음악에 관심이 많았지만 학과목에 집중하기 위해 시간이 많이 드는 정기 피아노 교습은 중단하고, 본인이 원할 때 비정기적으로 교습할 수 있도록 했다. 바이올린은 지속하되 학교 심포니오케스트라 대신 지역 소년 오케스트라에서 활동할 것을 제안했다.

스포츠는 데이비드가 가장 좋아하는 테니스와 태권도를 계속하고, 수영은 중단하기로 했다. 학교 테니스팀에 들어가 매일 운동하는 것 외에 스포츠에 할애할 개인 시간은 주당 2회에, 1회당 1시간 30분씩 모두 3시간의 태권도 활동으로도 충분했다. 테니스는 대표팀에 들어가는 것, 그리고 태권도는 2단까지를 목표로 정했다.

결과

데이비드는 계획대로 GPA 4.0의 완벽한 성적표를 받았다. 과학은 세 과목 모두 AP 과목을 수강했고, AP 시험에서 4점과 5점을 받았다. 10~12학년 여름에는 세 곳의 대학에서 각각 Physics, Chemistry, Molecular and Cell Biology 과목을 수강하여 A를 받았다. SAT는 2,330점을 받았고, 과목별 SAT는 Math II 800, Chemistry 740, Physics 750, Biology 740이었다.

인근 의대의 학부생 조사 활동에 유일한 고등학생으로 참가할 기회를 얻어 유전학 분야 학부생 연구팀 일원이 되었고, 연구 결과가 대학 학부생 연구보고 발표회Undergraduate Research Conference에서 제시되었다. 그 외에 2주간의 리더십 학회에 초대되어 의료와 헬스케어 분야, 리더십 기술에 관한 훈련을 받은 적이 있고, 몇 개의 단발성 봉사 활동에 참여했다.

테니스는 10학년부터 대표팀에 들어가 계속했고, 본인이 좋아하여 테니스 캠프에 참가하기도 했다. 바이올린은 계속 교습을 받았으며, 지역 소년오케스트라 단원으로서 매년 커뮤니티 행사에 참여했고, 학년 말에는 세컨드 바이올린이 되었다. 역시 태권도를 계속하여 목표로 했던 2단을 취득했다.

학과 외 활동으로 계속한 키클럽 활동과 라틴클럽에서는 의장을 맡았다. 병원 봉사를 계속한 결과 매년 100시간을 초과하여 병원으로부터 표창장을 받았다. 그 결과 데이비드는 스탠퍼드대학교, 시카고대학교, 워싱턴대학교, 존스홉킨스대학교Johns Hopkins University, UC버클리, 듀크대학교Duke University 등에 합격했고, 본인의 선택에 의해 스탠퍼드대학교로 진학했다.

11

{ 지방 소도시 고등학교에
재학 중이었던 에드윈 }

─ 부족한 AP 과목을 듣고, 가까운 대학을 활용하다

사전 정보

아버지가 군목인 에드윈이 중학교를 졸업할 즈음 아버지의 새로운 부임지는 인구 3만 명 정도의 소도시였다. 원래 사람이 살지 않던 곳으로서 사막 한가운데에 특별 임무를 띤 미군 기지가 생기면서 일종의 부속 도시로 생긴 곳이었다. 도시를 관통하는 하나의 길은 지평선까지 끝없이 이어져 있었고, 한쪽은 사막 다른 한쪽은 높은 산맥이어서 보이는 것이라고는 황량한 모래와 거친 돌덩이뿐이었다. 아버지는 주로 부대 안의 교회에서 일했고, 부대 밖 한국인들이 모인 작은 교회에서도 일했다.

만나 보니

에드윈은 아버지가 현재 부임지로 옮겨 오기 전부터 공부를 잘하는 우등생이었다. 학교 성적도 좋았고, 방과 후에는 어머니가 보내 주는 학원을 열심히 다녔다. 어려서부터 피아노 교습을 받았으며, 학교 오케스트라에서 바이올린 연주도 했다. 중학교에 들어가면서는 테니스 교습을 시작했고, 교회에도 빠짐없이 나가는 모범생이었다.

그런데 갑자기 환경이 돌변했다. 세상과 동떨어진 외딴 섬에 갇힌 것처럼 대도시에서 서너 시간 이상 떨어진 곳에 살게 되면서 에드윈은 익숙했던 많은 것들로부터 멀어지게 되었다. 친한 친구도 없었고, 특히 그곳에 단 하나뿐인 공립 고등학교에는 한인 학생들이 손에 꼽을 정도로 적었다.

학교생활만 열심히 하는 것으로는 에드윈이 이룰 수 있는 것에 한계가 있어 보였다. 학과 외 활동도 매우 열악했다. 때문에 이런 환경을 거꾸로 이용하는 것이 에드윈에게 필요하다고 판단되었다. 에드윈이 10학년에 치른 SAT는 1,500점 수준이었고, 이 또한 점수를 올려야 할 필요가 있었다.

이렇게 조언했습니다

도시의 학교들과 비교하면 에드윈이 다니는 지역의 고등학교는 거의 모든 면에서 매우 열악했다. 학구적이지도 않았고, 특히 제공하는 AP 과목도 몇 개 없었다. 그렇지만 학교 내에서의 경쟁이 적어 우수한 성적을 내는 것이 에드윈에게 그리 어렵지 않아 보였기 때문에, 학교에서 월등한 성적 우수자가 되는 것을 1차 목표로 정했다.

다행히 지역의 특수성에 걸맞은 비행학과가 설치된 유명 이공계 대학이 그리 멀지 않은 곳에 위치해 있었고, 그 지역 학생들에게 특히 호의적이었다. 비록 학과목 이수에 큰 도움이 되지 않더라도 그 대학에서 가능한 한 많은 과목들을 선택하도록 했다. 도시의 제반 시설이 매우 부족해서 학과 외 활동을 할 곳이 없다 보니 방과 후의 시간을 근처 대학에서 보낼 수 있었기 때문이었다.

오래 전부터 원하던 외국어 과목인 라틴어와 학교에 강좌가 개설되지 않아 들을 수 없는 화학, 물리, 철학, 경제학 등을 계획에 맞추어 근처 대학에서 차근차근 선택하도록 했다. 또한 할 수 있는 교내 클럽 활동에는 모두 참여하고, 학생회 활동에도 적극적으로 참여하도록 했으며, 교회 오케스트라에도 꾸준히 참여할 것을 권했다. 여름방학 중에는 SAT 준비에 전념하여 과목당 700점 이상의 점수를 받도록 단단히 준비시켰다.

결과

11학년 봄, 에드원은 SAT에서 Critical Reading 740, Math 800, Writing 750으로 총점 2,290점을 받았다. Math II 800, Korean 800, Latin 730, Biology 780, US History 760을 받았고, Unweighted GPA는 4.0 만점을 받아 수석 졸업의 영예를 안았다.

학교에서 선택한 AP는 AP English Literature, AP Micro-economics, AP Macro-economics, AP-Government^{semester}를, 그리고 대학교 과목으로는 Pre-Calculus, Calculus Economics, Latin 3년, Chemistry, Philosophy,

Psychology, Anthropology, Physics 등을 선택하여 학교 내에서의 부족 부문을 뛰어넘었을 뿐만 아니라 오히려 강점이 되었다.

학과 외 활동으로는 National Merit Scholarship Finalist, Key Club Honor Roll, National Honor Society, Rotary Youth Leadership Awards, Tennis California Interscholastic Federation Qualification Award, Violin Superior Rating, Gates Millennium Scholars Program Nominee 등을 했다. 교회 설교 동시통역 봉사를 수년간 거르지 않았고, 교회 오케스트라, 학생회 부회장, 학교 신문 편집장으로도 활동했다.

열악한 환경을 뛰어넘어 할 수 있는 모든 일을 찾아서 최선을 다한 에드윈은 하버드대학교를 비롯해 스탠퍼드대학교, 예일대학교 등 지원한 전 대학교에 합격하여 주변을 놀라게 했다. 사실 환경은 열악했지만 경쟁이 적어 자신을 통제할 수 있었던 에드윈에게 이 싸움은 수월한 싸움이었는지도 모른다.

12

{ 의대 진학을 원하는 부모 때문에
고민하던 애슐리 }

— 패션 디자인으로 진로를 바꿔 행복한 대학 생활을 하다

사전 정보

애슐리는 가족과 함께 이민을 와 LA 코리아타운에서 어린 시절을 보냈다. 부모님이 자녀 교육에 신경을 많이 쓰는 편이지만 코리아타운 내의 공립학교 중에서 평이 좋은 학교를 골라 입학시키는 것이 해 줄 수 있는 것의 전부였다. 다행히 애슐리는 영특한 머리를 타고났고, 천성이 밝아 어떤 상황에서도 항상 웃음을 잃지 않았다.

그러던 중 간호사가 된 애슐리의 언니는 동생이 의사가 되기를 바라면서 중학교 때 좋은 성적을 받은 애슐리에게 의학자석학교(Medical Magnet School, '자석학교'란 대도시의 거대 교육구에서 일반 학교와 달리 특정 필요 부분을 특성화하여 교육을 실시하는 학교를 말함) 진학을 권유했고, 애슐리는 언니의 제안에 따라 메디컬 매그닛 스쿨에 지원했다. 애슐리는 들어가기 힘

들다는 메디컬 매그닛 스쿨에 진학하게 되었고, 학교에서 좋은 성적을 유지하면서 학과 외 활동에도 적극 참여했다.

만나 보니

애슐리는 학교에서 10학년에 AP Biology, Honors English, Honors Spanish II, Honors Chemistry, Honors Pre-Calculus를 들었고, 11학년에는 AP Environmental Science, AP Calculus, Spanish III, Honors Literature를 선택했다. 12학년에는 AP Literature, AP Statistics, AP US History, Academic Decathlon 등을 선택했고, Unweighted GPA 3.8을 받았다. AP 시험은 Biology 3점, Environmental Science 4점, Literature 4점을 받았다. 가장 좋아했던 과목은 English Literature였으며, SAT는 1,980점과 2,050점을 받았고, 과목별 SAT에서는 Chemistry 680, English Literature 710점을 받았다.

학과 외 활동으로는 병원 자원봉사 200시간 이상, USC의 멘토링 프로그램 4년, 12학년에 동물 보호소에서 1년간의 자원봉사, 노약자 건강 보조 프로그램인 가정 지원 서비스 자원봉사, USC 제약센터에서 연구 인턴으로 약간의 보조연구 활동, STAR[Science, Technology, and Research Program with USC], 배구, 화학클럽, CSF[California Scholarship Federation], NHS[National Honor Society] 등에 참여했다.

그런데 어려서부터 예쁜 옷을 입은 여자 인형을 좋아했고, 여러 벌의 인형 옷 수집을 취미로 삼았던 애슐리가 마음속에 묻어 둔 것이 한 가지 있었다. 부모님이 봉제 산업에 종사한 때문이었는지 애슐리는 패션 분야에 특별한 관심을 가지고 있었던 것이다. 그러나 부모님은 애슐리가 공부에서 늘 좋은 성적과 장점을 보여 주었기 때문에 의대에 진학하기를 바랐고, 메디컬 매그닛 스쿨에 진학하여 좋은 성적을 받아 오는 것을 보고는 당연히 그러리라 믿었던 것이다. 그래서 애슐리가 패션디자인 분야에 관한 이야기를 꺼낼 때마다 절대로 그런 생각을 하지 말라며 면박을 주어 말도 꺼내지 못하도록 했다.

이렇게 조언했습니다

애슐리는 메디컬 매그닛 스쿨의 학업에 큰 불만을 가지고 있지는 않았지만, 장차 의료 분야로 진출하고 싶은 생각은 별로 없어 보였다. 애슐리는 영어 과목을 가장 좋아하여 모두 A를 받았고, 수학과 생물 및 화학은 B를 받았다.

게다가 과학 분야에는 관심도 가지지 않고 재미도 느끼지 못하겠다는 말을 했다. 도리어 지금 다니고 있는 학교가 자신의 최대 관심거리인 패션디자인과 창조적 활동을 접할 기회를 제공하지 않아 매우 속상해했다. 다른 학교보다 특정 분야에서 앞선 기회를 제공하는 매그닛 스쿨의 특성이 애슐리에게는 불리하게 작용하고 있는 듯했다. 예술 전공을 꿈꾸는 학생에게는 적절하지 않은 학교 선택이었던 것이다.

적성검사를 해본 결과 애슐리는 여러 분야에서 자긍심과 자신감을 나타냈고, 특히 분석력이 뛰어났으며, 창조적인 분야에서 높은 수치가 나타났다. 의대 진학을 바라는 부모님의 기대를 충족시킬 만한 능력과 자세를 갖춘 것으로 보였지만, 가장 뚜렷하게 관심과 능력을 보이는 분야는 창조적인 분야였다.

　　대학 진학을 1년 앞둔 애슐리에게 관심 분야를 접해 볼 수 있는 기회를 주어야 할 필요성이 절실했다. 이때가 아니면 그러한 기회를 언제 얻을 수 있을지 알 수 없는 일이었다. 애슐리의 부모님과 상의한 끝에 방과 후 미술 공부를 접할 수 있는 기회를 갖도록 했다. 애슐리의 부모님은 딸이 생각을 돌려 의대로 진학하기를 바라고 있었지만, 애슐리가 학업에 지장이 가지 않는 한도에서 미술 분야에 대한 자신의 열정과 재능을 점검해 보겠다고 설득한 것이다. 그리고 향후 대학 진로는 반드시 부모님과 함께 결정하겠다는 약속을 했다. 이렇게 해서 애슐리는 당분간 공부와 미술이라는 두 마리 토끼를 함께 좇기로 했다.

결과

11학년 중반부터 시작한 미술 공부에서 애슐리는 발군의 능력을 발휘했다. 미술 선생님도 애슐리의 재능을 인정하면서 패션디자인을 전공으로 선택해도 성공할 것이라고 말했다. 부모님은 애슐리의 미술 실력과 그 열정에 깜짝 놀랐고, 미술 작품에 임할 때 예전에 볼 수 없었던 밝은 표정과 행복해하는 모습을 보고는 딸의 의견을 수용하기로 결심했다.

　　애슐리는 UC를 비롯한 정규 대학 의과 전공으로는 지원하지 않기로 결정했고, 목표를 패션디자인으로 분명하게 정했다. 부모님은 딸의 선택을 받아들이기는 했지만, 막내딸을 멀리 떨어진 곳으로 보낼 생각은 없다면서 LA 인근의 학교를 고집했다. 그래서 애슐리는 자신의 목표를 오티스 아트 & 디자인 대학^{OTIS College of Art and Design}으로 정했고, 우드버리^{Woodbury}와 캘스테이트 롱비치^{Cal State Long Beach}에도 지원했다. 그리고 세 학교에서 모두 장학금을 받으며 합격했다.

애슐리는 패션 디자인으로 가장 유명한 오티스에 진학하기로 결정했고, 학업 우수 학생에게 수여하는 메릿 스칼라십^{MSC}과 펠그랜트(pel grant : 연방정부 무상 학자금 보조), 캘그랜트(cal grant : 캘리포니아 주정부 학비 보조), 워크스터디(Work Study : 근로장학금) 등을 받았으며, 자신의 이름으로 나머지 학자금을 융자받아 부모의 도움 없이 대학 학자금을 해결했다. 애슐리는 현재 패션디자인 공부에 크게 만족하며 행복한 대학 생활을 보내고 있다.

13

싱글맘 가정에서 자란 어른스러운 조나단

— 학과 외 활동으로 어머니 일을 돕다

사전 정보

조나단은 어릴 적에 아버지를 여의었다. 이민을 와서 열심히 일하시던 아버지가 갑자기 찾아온 병마를 이기지 못하고 돌아가셨던 것이다. 그래서 초등학교 3학년 이후로 조나단은 아버지 대신 자신이 어머니와 동생의 보호자라는 생각을 하게 되었다. 중학생이 되면서 어머니보다 키가 훌쩍 커진 조나단은 부쩍 더 어른스럽게 변했다.

갑자기 남편을 잃고 혼자서 가족의 생계를 책임져야 했던 어머니는 마켓에서 일하는 것으로는 두 아들을 계속 양육하기 어렵다고 생각하여 유치원 교사 자격증을 취득하기 위해 주말학교를 다녔다. 이후 비교적 적은 비용으로 시작할 수 있는 유치원을 운영하게 되었다.

그러던 중 다니던 교회에서 운영하는 유치원이 어려움을 겪자 어머니가 교회 유치원의 책임자로 가게 되었다. 어머니는 아침에 유치원 문을 연 후 유치원 아이들을 보조 교사에게 맡기고 조나단과 동생 네이든을 가까운 학교에 데려다 주었고, 오후에 다시 두 아들을 데리고 왔다가 유치원생들이 모두 돌아가면 함께 퇴근했다.

두 아이들을 위해서 유치원은 어머니에게 나름대로 이상적인 직업이자 직장이었다. 토요일은 전적으로 가족만의 시간을 가질 수 있었고, 일요일은 어머니의 일터가 그들의 교회였다. 조나단과 네이든은 어머니와 함께 교회와 유치원을 오가며 지냈다.

만나 보니

조나단과 조나단의 어머니에게는 크게 네 가지 문제점이 있었다.

첫째, 어머니의 가장 큰 걱정거리는 과연 자신이 혼자 돈을 벌면서 조나단을 대학에 보낼 수 있을 것인가 하는 것이었다. 교회 유치원이 정상화 되면서 어머니가 경영권을 맡아 수입이 이전보다 늘기는 했다. 그렇지만 기껏해야 30명이 정원인 유치원에서 직원 임금에 시설 사용료를 내고 나면 별로 남는 것이 없어서 아들의 학자금을 부담할 경제적 여력이 없었다. 그러나 현재 상황에서 조나단 가족의 분담 학자금을 계산해 보니 주립대학으로 진학할 경우, 미국의 학자금 보조 제도를 활용하면 큰 걱정 없이 대학을 마칠 수 있을 것으로 판단되었다.

둘째, 조나단이 대학에 진학한 이후 어머니와 동생이 겪게 될 감정적 충격이었다. 지난 수년간 가장의 역할을 해 왔던 큰아들의 빈자리가 쉽게 채워지지 않을 것이고, 둘째인 네이든도 정서적으로 큰 버팀목을 잃게 될 것이다.

셋째, 조나단의 개인적인 문제였다. 10학년인 조나단은 집안의 남자로서 어머니와 동생을 보호해야 한다는 생각으로 또래 다른 아이들에 비해 매우 점잖고 어른 같은 태도를 보였고, 유치원에서는 교사처럼 행동했다. 자연히 부모의 보호를 받는 또래의 아이들과 다른 태도를 보이지만, 그렇다고 조나단이 어른은 아니다. 다른 아이들이 가지고 있는 부모에 대한 의존심과는 달랐지만, 어머니와 동생에 대한 책임감과 의존심을 동시에 가지고 있는 것이 확실했다. 이러한 태도는 대학 생활에 꼭 필요한 독립심이라는 관점에서의 적응이 필요해 보였다. 학교가 쉬는 날이나 방학이면 여지없이 어머니와 유치원으로 출퇴근하는 생활을 했던 조나단에게 친구나 성인과의 관계, 특히 남성들과 접촉할 기회가 절대적으로 부족했다는 점도 눈에 띄었다.

넷째, 학업 문제였다. 조나단은 사교육을 한 번도 받지 않았고, 숙제를 중심으로 스스로 공부를 하다 보니 교사가 성실한 과목의 성적은 좋았지만 교사가 성의를 보이지 않은 과목의 실력은 떨어졌다. 성적은 그런대로 A와 B를 받고 있었지만, 다른 학생들에 비해 어떤 경쟁력을 가지고 있는지 본인과 어머니가 정확하게 파악하지 못하고 있었다. 글쓰기, 읽기, 수학 등을 시험해 본 결과 성적에 비해 기초가 튼튼하지 않았고, 특히 SAT 모의시험에서는 1,700점대를 받았다.

이렇게 조언했습니다

우선 유치원과 교회에서 조나단이 책임감과 자긍심을 고취시킬 수 있도록 배려할 것을 조언했다. 원장 아들로서가 아니라 공식적인 보조 교사로서 규칙적인 일을 맡도록 했고, 교회에서는 학생 자치 기구를 만들어 직함을 가지고 활동할 수 있도록 했다. 또한 교회 내의 봉사 기구에도 학생 대표로서 공식 모임에 참석할 수 있도록 했다. 결국 그동안 일상적으로 해 왔던 삶의 일부분들이 조나단의 학과 외 활동으로 빛을 발할 수 있게 되었다.

10학년까지 크게 신경 쓰지 못했던 학업 성적은 11~12학년 때 좀 더 알찬 과목들을 선택하는 것이 필요했다. 이를 위해서 당장 성적 관리를 해야 했고, 기초가 약한 영어와 사회 등은 기초를 튼튼히 하는 과정이 필요했다. 이를 위해 친하게 지내는 학교 친구들과 방과 후에 함께 숙제를 하고, 숙제가 끝나면 원하는 분야의 스터디를 구성해 한 주에 두세 번씩 규칙적인 모임을 갖도록 했다.

그동안 조나단의 학업이 조금 부진하기는 했지만, 한 부모 가정이라는 어려운 환경이 주립대학에 진학할 때는 오히려 장점으로 작용할 수 있기 때문에 목표를 높여 UC어바인으로 설정한 후 UCLA와 UC샌디에이고까지 도전하도록 했다.

결과

대학 진학에 대한 목표를 구체화하자 조나단은 모든 면에서 이전보다 활력을 갖게 되었고, 좀 더 학생다운 마음가짐을 보였다.

11학년을 지나면서 조나단의 SAT 점수는 1,950점이 되었고, 12학년 가을에는 마침내 2,050점까지 올랐다. 11학년까지 AP 두 과목, Honors 세 과목을 포함하여 필수 과목을 모두 이수했고, 12학년에서는 AP 네 과목을 지원할 수 있게 되었다. UC GPA는 3.65를 기록했고, 계획했던 대로 UC어바인, UCLA, UC샌디에이고에 지원했다.

그 결과 UC어바인에 합격했고, 그것으로 만족해하던 조나단에게 거의 전액을 지원하는 학자금 패키지와 함께 날아든 UCLA 합격증은 가족 모두에게 큰 기쁨을 안겨 주었다. 그동안 꾸준히 노력해 온 정성과 기도에 대한 하늘의 응답이라며 조나단의 어머니는 눈물을 보였다.

14

{ 컴퓨터와 수학에만
집중력을 보였던 외골수 에릭 }

— 약점을 보완하는 것보다 강점을 밀어 주는 것이 더 빠르다

사전 정보

아들의 대학 진학을 걱정하는 어머니의 손에 이끌려 온 에릭은 왜소한 체구에 조금 유행이 지난 듯한 안경을 쓰고 있었다. 몸가짐이 소극적인 데다 말수가 적어 한눈에 보기에도 그리 눈에 띄는 학생은 아니었다.

에릭은 학교 성적이 좋지 않았다. 수학은 A를 받았지만 다른 과목들은 B, C, D가 골고루 분포되어 있었다. 에릭은 학교 숙제를 잘 하지 않는 학생이었고, 교사들에게는 수업에 집중하지 않는다는 평가를 받고 있었다. 에릭의 어머니 말에 의하면, 에릭은 집에서 보내는 시간의 대부분을 컴퓨터 앞에 앉아서 '씨플러스플러스, 오퍼레이터, 알고리즘, 넘버씨오리, 콤플렉스넘버, 푸리오시리즈' 등 도대체 무슨 소리인지 알 수 없는 단어들을 입에 달고 산다고 했다.

그런데 자세히 살펴본 결과, 에릭은 자신의 주된 관심 대상인 컴퓨터 분야에서 일반인이 이해하기 힘든 수준까지 도달해 있었다. 에릭이 입에 달고 산다는 말들은 모두 컴퓨터 관련 용어이거나 수학 전공자들이 알 법한 용어였던 것이다.

만나 보니

에릭은 SAT 평가 시험에서 수학 문제를 여러 개 틀렸고, 영어 성적도 높은 편이 아니었다. 머리는 비상한데 학습 태도가 좋지 못했던 것이다. 컴퓨터를 사용할 때 외에는 숙제나 시험 준비를 거의 하지 않았다. 다행히 수학은 별다른 노력을 하지 않아도 좋은 성적을 받았지만, 그 외의 과목은 성적이 매우 나빴다.

에릭은 자기가 좋아하는 분야에만 집중적으로 관심을 갖는 외골수로서, 관심이 없는 분야에는 전혀 집중하지 못하는 전형적인 ADD(집중력 결핍) 증세를 보였다. 대신 관심 분야에는 엄청난 집중력을 보이고 있었다. 에릭은 수학과 컴퓨터에 관해 이야기를 시작하면 끊임없이 대화를 이어가면서 화제에 집중했다. 그러한 모습을 보면서 그 정도의 열정과 관심, 그리고 실력을 가지고 있다면 컴퓨터와 수학이야말로 에릭이 날개를 펴고 날아오를 수 있는 분야라는 확신을 갖게 되었다.

또 한 가지 재미있는 사실도 알게 되었다. 에릭은 초등학교 시절 어머니가 컴퓨터를 사 주자 며칠 동안 밤낮을 가리지 않고 사용했다고 한다. 그로부터 얼마 되지 않아 중학교에 입학해서는 같은 아파트에 사는 대학생 형을 쫓아다니며 무슨 이야기를 들었는지 컴퓨터를 해체한 적도 있고, 컴퓨터 부품을 업그레이드한다는 등 부모가 이해할 수 없는 행동들을 했다는 것이다.

에릭의 부모는 자신들이 직장에 나가고 없을 때 심심하지 않도록 사다 준 컴퓨터 앞에서 아들이 떨어지지 않는 것을 보고 처음에는 무심히 지나쳤다고 한다. 그러던 어느 날 아파트 문을 두드리는 검은 양복의 미국인들을 만나면서 문제의 심각성을 깨닫게 되었다. 에릭이 어느 새 해커 수준의 단계에 올라가 있었던 것이었다. 미국의 유명 대학교 서버에 무단 침입한 것이 알려져 고발되었던 것인데, 다행히 나이가 어리다는 것과 별다른 피해를 끼치지 않았다는 점을 고려해 대학 측과 사법 당국이 없었던 일로 처리해 주었다고 한다.

이렇게 조언했습니다

에릭이 대학에 진학하기 위해서는 우선 여러 학과목에서 고르게 높은 성적을 받도록 하는 일이 필요했다. 그러나 에릭은 본인의 관심 분야가 심하게 편중되어 있었고, 관심이 없는 분야에 대해서는 집중력이 지나치게 부족했다. 때문에 이러한 문제를 극복해 가며 모든 학과목에서 우수한 성적을 받는 것은 쉽지 않다고 판단되었다. 결국 약점을 보완하기보다는 차라리 강점을 밀어 주는 것이 더 효과적이라고 생각되었다.

그래서 에릭의 관심 분야인 수학과 컴퓨터에서 모든 방법을 동원해 앞서 나갈 수 있도록 노력하기로 했다. 에릭이라면 이 두 분야에서 괄목

할 만한 성장을 거둘 수 있으리라 기대가 되었고, 그렇게 해 준다면 다른 학과목의 부족한 성적을 보완할 수 있게 될 뿐만 아니라 더 나아가 매우 특별한 학생이라는 평가를 받을 수도 있기 때문이었다.

관심이 없는 분야의 과목 중 성실하지 않으면 성적을 받을 수 없는 고급 과목은 피하도록 하고, 대신 수학과 컴퓨터에 관해서는 자신의 흥미를 충족시킬 수 있도록 학교 안팎에서 가능한 한 원하는 만큼 공부할 수 있도록 했다. 따라서 수학과 컴퓨터 과목의 다양한 교과서와 책을 충분히 준비해 주었다.

예상했던 대로 에릭은 수학과 컴퓨터에 관해서는 전문가 수준의 서적을 마치 소설책을 보듯 쑥쑥 읽어 내려갔다. 다른 학생들이 수동적으로 배우고 시험 준비를 통해 문제 푸는 기술을 익히는 방법으로 공부하는 것에 비해 에릭은 능동적으로 읽고 이해하며 원리와 본질을 깨닫고 있었다.

학교에서 수학과 컴퓨터에 관한 학교 과목을 모두 마친 뒤에는 인근 대학교에서 해당 분야의 강의를 수강했고, 학교에서는 교육구의 허락을 받아 에릭을 위한 특별 수학 과목인 'Independent Study'를 마련해 주었다.

SAT의 경우도 집중력과 성의 부족으로 자신의 능력이 제대로 표현되지 않았다는 판단에 따라 세 과목 모두 에릭이 익숙해질 수 있도록 연습 시험을 수차례 치르도록 했고, 점수의 변화 추이를 관찰했다.

결과

에릭은 학교 내의 AP Calculus, AP Statistics 등 모든 수학 과목을 끝냈고, 학교에서 마련해 준 Independent Study 프로그램으로 Linear, Complex Analysis, Number Theory 등을 공부했다. 컴퓨터 과목도 AP Computer Science 외에 자습으로 여러 개의 프로그래밍 언어를 비롯한 고급 과목을 이수했다. 기타 학과목은 최소 필수 요건을 채우는 데 그쳤다.

SAT는 Math 800점 만점을 비롯해 총 2,100점을 받았고, Math II도 800점 만점을 받았다. GPA는 9학년 2.5, 10학년 3.2, 11학년 3.5, 9~11 Unweighted 3.1, 10~11 Unweighted 3.4, UC GPA 3.7을 받았다. 에릭은 최종적으로 UCLA에 진학했다.

15

{ 타고난 엔지니어로서
성적은 평범했던 제이슨 }

— 브랜드보다 실기에 강한 대학을 선택하다

사전 정보

제이슨은 어려서부터 이것저것 만지기를 좋아했고, 기술 방면에 소질이 많았다. 수학과 과학을 좋아했지만 책읽기나 공부에는 그다지 관심을 갖지 않았다. 바퀴가 달린 움직이는 장난감을 좋아했고, 조금 더 자라서는 주로 무선조종 자동차나 비행기 모형 등을 가지고 놀았다.

제이슨의 관심에 따라 주변 어른들도 선물할 일이 생기면 언제나 그런 것과 관련된 선물을 주곤 했다. 초등학교 후반에는 아버지가 큰맘 먹고 사다 준 무선조종 비행기에 빠져 주말마다 비행기를 날리러 해변이나 산으로 향했고, 성인 마니아가 모이는 클럽에 참여하기도 했다.

조금 커서는 친구들이 자전거를 타고 다닐 때 제이슨은 자전거 타기보다는 자전거 그 자체에 빠졌다. 자기 자전거를 닦고 조이고 기름칠하고, 꾸미고 만지는 일을 취미로 삼을 정도였다. 용돈이 생기면 자전거 부품을 사서 바꾸어 보기도 했고, 고장이 난 자전거를 고치는 데 필요한 연장도 장만했다. 부모는 이러한 제이슨을 보고 인문 계열은 절대 아닌 것 같고, MIT나 캘텍, UC버클리 공대 같은 이공 계열에 맞는 아이라고 생각했다.

그런데 제이슨은 학교생활에 그다지 만족하지 못했다. 성적에도 별로 관심이 없어 중학교 때도 공부를 열심히 하지 않았다.

만나 보니

제이슨은 수학과 물리 과목에 관심이 많았고, 성적도 괜찮은 편이었으나 이론보다는 응용 부문에 더 관심을 가지고 있었다. 펜과 책을 통한 공부보다는 연장을 이용한 실기 실습을 더 재미있어 했다.

10학년이 되어서 선택한 과목은 대부분 기본 과목이었고, 영어와 외국어, 사회보다는 수학과 과학 점수가 좋았다. 그 중에서 Honors Algebra II가 가장 앞선 과목이었지만, 일부 과목에서는 안타깝게도 몇 개의 C가 있어서 학점의 평균 점수를 떨어뜨리고 있었다.

과목 선택이나 공부 습관 등을 볼 때 11학년에 올라가더라도 어려운 과목을 선택할 것 같지는 않아 보였다. 본인은 자동차나 비행기 등을 보고 만지고 고치고 운전하는 일에 더 관심이 있다고 했고, 어서 빨리 운전을 할 수 있게 되기만 고대하고 있었다. 여러 해 동안 모은 용돈으로 낡은 중고차를 사겠다는 계획도 가지고 있었다.

제이슨은 부모의 기대에 부응해 공과대학에 가고 싶어 했다. 그러나 제이슨이 염두에 두고 있는 대학들은 모두 훌륭한 공학 프로그램을 가지고 세계적인 공학자를 배출해 내는 우수한 대학들이었다. 이러한 대학들은 전 세계에서 우수한 학생들이 집중적으로 지원하기 때문에, 제이슨이 합격할 가능성은 거의 없어 보였다.

이렇게 조언했습니다

제이슨은 누가 뭐라고 해도 공학 기술학교에 가고 싶어 했으며, 적성에도 딱 맞았다. 따라서 성적과 능력에 맞는 학교를 찾아가는 것이 관건이었다. 연구기술 분야보다는 실무기술이나 생산, 수리 분야가 맞는 듯했고, 그 방면에 열정을 가지고 있었다.

제이슨은 대학원 진학을 원하지 않았고, 대학을 마치면 곧바로 직업 전선에 뛰어들기를 희망했다. 또한 제이슨이 가장 하고 싶은 일은 항공기 정비나 항공기 조종 등이었다. 상담 결과도 기계공학이나 항공공학 분야의 공부가 적성에 맞을 것 같았다. 그래서 우선 집 근처에 있는 작은 공항에서 항공기 조종 훈련을 받도록 권했다. 물론 부모와 본인의 결정이 매우 중요한 부분이라 조심스럽게 이야기를 꺼냈는데, 뜻밖에 이미 생각하고 있던 바여서 곧바로 실행에 옮기고 싶다는 반응을 보였다.

11학년 때는 Honors Physics, Pre-Calculus와 AP Euro History 등을, 12학년 때는 AP Physics와 AP Calculus, AP Economics, AP Government를 선택해 목표 GPA를 3.4로 잡고 집중적으로 노력하도록 했다.

대학 선택은 이론 연구와 학문적 깊이보다는 제이슨을 훌륭한 현장 기술자로 만들 수 있는 실기 및 기술 교육 전문대학을 찾아보기로 했다. 그러한 학교로 명성이 있는 엠브리 리들 항공대학교Embry Riddle Aeronautical University, 캘스테이트대학교-포모나California State Polytechnic University at Pomona, 케터링대학교Kettering University, 콜로라도대학교-콜로라도스프링스University of Colorado at Colorado Springs, 인디애나주립대학교-블루밍톤Indiana State University-Bloomington, 펜실베이니아주립대학교Pennsylvania State University, 버지니아텍Virginia Tech, 버지니아공대, UC리버사이드UC Riverside, 사우스다코타 광산기술대학교SD School of Mines and Technology 등을 잠정 목표로 삼았다.

결과

제이슨은 계획했던 대로 모든 학과목에서 목표를 달성하여 Unweighted GPA 3.2, UC GPA 3.5를 받았고, SAT에서는 Math 730, Critical Reading 650, Writing 670을 기록했다. 또한 미리 항공기 조종 훈련을 받고 자격시험을 앞둔 것이 참작되어 엠브리 리들 항공대학교, 케터링대학교, UC-리버사이드, 사우스다코타 광산기술대학교, 캘스테이트대학교-포모나 등 여러 곳에서 합격 통지를 받았다. 결국 제이슨은 본인의 희망대로 항공기술 분야에서 명성이 있고, Navy ROTC에 지원할 수 있는 엠브리 리들 항공대학교로 진학했다.

16

{ 모든 면에서 두루 우수했던
모범생 에스더 }

— 자신만의 개성과 특성을 갖도록 하다

사전 정보

에스더는 8학년 말까지 전 과목에서 A를 받았다. 학과 외 활동으로는 초등학교 5학년 때 시작한 피아노 교습을 주 1회씩 3년 반 정도 받고 있으며, 주말에는 빠지지 않고 교회에 나갔다. 성격은 내성적이었으나 운동하는 것을 즐기며, 자전거 타기와 달리기를 규칙적으로 하고 있었다.

이후 한 학년이 1천 명 정도 되는 대형 공립 고등학교로 진학했다. 이때까지 에스더는 비슷한 성적의 학생들 속에서 크게 눈에 띄지 않는 평범한 학생이었다.

만나 보니

에스더는 9학년에도 열심히 공부하여 전 과목에서 A를 받았다. 선택 과목은 Honors English-9, Honors Algebra I, Honors Chemistry, Honors History, French I이었다. 이대로 공부하면 UC 상위권인 버클리와 UCLA에는 무난히 합격할 수 있었다.

수학이 뛰어나지는 않았지만 과학에도 관심이 많았고, 영어도 잘하는 등 고등학교 공부에서 강점을 갖춘 재목으로 보였다. 크게 뛰어난 점을 발견하기는 어려웠지만, 약점도 거의 없었다. 한마디로 잠재력이 풍부해 잘 인도해 주면 발전 가능성이 무척 큰 학생이었다.

그런데 상담 결과, 얌전하고 말이 적은 에스더가 내성적인 성격에도 불구하고 리더십에 강한 관심과 자신감을 가지고 있는 것이 특이해 보였다. 에스더는 키도 컸고, 신체적인 면에서도 강인함과 지구력을 키울 수 있는 자질을 가지고 있었으며, 체육 시간을 통해 재미를 느꼈던 배구팀에 들어가 활동하고 있었다.

에스더는 의사가 되고 싶다고 했다. 그러나 성향으로 볼 때 노력형인 에스더는 수리, 과학에 어울리는 이과형이라고 하기보다는 문과 계열의 자질이 더 커보였다. 학과목에서는 문과든 이과든 모든 면에서 훌륭한 성적을 받을 자질이 있지만, 아무래도 이과 과목을 조금 더 어려워할 것이 분명했다.

이미 빠르게 나아가고 있는 과학 분야가 성적표 상에서 강점으로 사용되기 위해서는 10학년에 더 어려운 과목을 선택하여 좋은 성적을 받아야 하는데, 이 경우 무리한 선택으로 인한 부담과 전체 성적에도 피해를 줄 가능성이 많아 보였다. 수학도 졸업 전에 Calculus까지 도달하기에는 무리가 있었고, 만약 본인이 그것을 원한다면 최소한 여름 학기에 수학 과목을 보충해야 했다. 그래서 9학년을 마치고 에스더의 목표 대학에 대하여 함께 생각해 볼 기회를 가졌다. 10~11학년 두 해를 어떻게 보내느냐가 대학 진학에 큰 영향을 끼치기 때문에, 이때가 고등학생이 자신의 진로에 대해 신중히 생각해 보아야 하는 가장 중요한 시기라고 할 수 있다.

에스더는 한인 모범학생의 전형적인 모습을 가지고 있었다. 학과목이면 학과목, 성적이면 성적, 태도와 건강함 등 모든 면에서 그랬다. 약점도 별로 없고 잠재력이 크며, 모든 점에서 두루 우수한 모습이 에스더에게는 강점이자 약점이 될 수 있었다.

무언가 특징이 있으면 과감히 밀어 주고, 약점이 있으면 피해갈 수 있겠지만 에스더에게는 그런 것이 없었다. 따라서 자신만의 특성을 갖는 것이 필요했으며, 매진할 수 있는 목표를 정하고 그에 대한 계획표가 필요했다. 잠재력은 크지만 특성이 적을 때 무엇을 골라 발전시키고, 무엇을 포기할 것인지를 결정하는 것은 성공 가능성과 실패 가능성이 함께 수반되는 일이다. 에스더는 일단 아이비리그 대학을 목표로 정했다.

이렇게 조언했습니다

에스더의 성향으로 볼 때 강점인 영어와 사회 과목에 집중하면서 과학 분야를 조금 수월하게 갈 것인지, 아니면 조금 힘들더라도 과학 분야에 노력과 지원을 집중할 것인지를 고민했다.

그러나 결국 모든 과목을 가장 높은 수준으로 선택하기로 했고, 수학은 10학년 여름에 Geometry를 선택하여 졸업 전까지 Calculus를 마칠 수 있도록 했다. 과학 분야는 여름 방학마다 집중적으로 예습하고, 학기 중에 성적 관리를 잘하면 경쟁력이 있다고 판단하여 10~12학년 동안 모두 AP 과목을 선택하기로 했다. French는 학교에서 AP 과목이 제공되지 않아 AP 수준의 수업을 학교 외에서 해결하기로 했다. 영어와 사회 과목도 AP 과목을 선택하기로 했고, SAT 고득점을 위한 준비도 시작했다.

학과 외 활동은 관심과 자신감을 가지고 있었던 리더십 분야에 집중할 수 있도록 키클럽과 학생회에서 열심히 활동하여 리더십 지위를 목표로 했다. 또한 저널리즘을 선택하여 교내 신문 편집장도 목표로 삼았다.

결과

학과 외 활동에서 몇 가지에만 집중한 결과 에스더는 키클럽에서 부대표, 학생회에서 회계 담당, 배구팀에서는 대표팀^{Varsity} 주장을, 저널리즘에서는 편집장을 맡았다. 12학년 여름에는 City Councilwoman의 사무실에서 단기간 인턴십을 수행할 수 있었다.

수학은 Calculus BC를 마지막 과목으로 선택했고, 여름 방학 중 인근 대학에서 French 과목을 선택하여 A를 받았다. SAT는 2,360점, 과목별 SAT에서는 Korean 800, Math ⅡC 800, Chemistry 740, Biology 760을 받았다. AP 과목은 10학년 때 Chemistry, 11학년 때 Biology, US History를, 12학년에는 Literature, Physics, Calculus BC를 선택했고, 첫 세 과목을 AP 시험에서 모두 5점으로 통과했다.

에스더는 아이비리그 중 몇 곳과 존스홉킨스, 시카고, UC버클리, UCLA 등에 지원했다. 조기 지원 대학으로는 하버드를 선택하여 인턴십 기간에 배운 점과 의대 진학 후 적용할 점에 대한 에세이를 제출했고, 결국 하버드에 조기 합격했다.

17

정규 학교 진학을 고민하던 발달 장애 학생 해리

— 커뮤니티칼리지를 거쳐 UC에 편입해 한의사의 꿈을 키우다

사전 정보

해리는 발달장애developmental disability를 가진 학생이었다. 부모는 해리가 어려서 앓은 고열의 독감 후유증이 그 원인이라고 생각했다. 초등학교 고학년이 될 때까지 해리는 말을 더듬었고, 발음도 정확하지 않았다. 고개를 잘 가누지도 못했고, 사람을 똑바로 쳐다보지 못해 다른 사람들과 의사소통을 하는 데도 어려움이 있었다.

그 후 해리의 어머니는 이혼을 하게 되었고, 해리를 직접 보살피려는 일념으로 한의학을 공부했다. 불편한 해리를 데리고 다니며 한의대를 졸업했고, 늘 최선을 다해 해리를 보살폈다. 어머니의 극진한 보살핌으로 해리의 상태는 더 이상 악화되지 않았고, 그런대로 정상아들과 함께 이후의 학교생활을 해낼 수 있었다.

해리의 지적 장애mental retardation 정도가 그다지 심각하지는 않았지만, 그렇다고 학교 공부를 쉽게 따라갈 수는 없었다. 그러던 중 다행히 학교 교사의 주선으로 가주발달장애위원회California State Council on Developmental Disabilities가 운영하는 지역 센터에 등록했고, 해리에게 적합한 최고급 수준의 전문적인 도움을 받을 수 있다는 것을 알게 되었다. 해리가 속한 센터는 전문 복지기관으로서 전문가에 의한 약물 치료와 인지행동 치료, 행동 치료, 미술과 음악을 통한 놀이 치료 등이 이루어졌고, 어머니에게도 지속적인 카운슬링과 교육을 통해 해리를 양육하는 데 필요한 노하우를 제공해 주었다.

아쉽게도 발달장애 치료에 가장 효과가 좋은 1~3세의 시기가 이미 10여 년이 지났지만 한의사로서 어머니의 극진한 보살핌 덕분에 차도가 있었던 해리는 1~2년 만에 센터의 도움이 더 이상 필요하지 않을 정도로 증세가 호전되었다. 어머니의 정성으로 영양 상태나 발육에도 이상이 없었다. 경미한 뇌성마비cerebral palsy가 있기는 했지만 발작은 중학교에 들어가면서 사라졌고, 한쪽 팔에 있는 약간의 뒤틀림도 많이 나아서 언뜻 보아서는 해리에게 장애가 있는지 발견하기조차 어려웠다. 그러나 해리는 자신의 의사를 말로 표현하는 것을 어려워했고, 자신의 장애를 인식하면서부터는 내성적이고 소극적인 성격이 되었다.

만나 보니
해리가 일반 아이들과 함께 지내며 중학교를 무사히 졸업하고 고등학교에 진학하게 되자 해리의 어머니는 해리의 대학 진학에 관심을 갖기 시작했다. 물론 여러 가지 어려움이 있었지만 중학교 과정을 잘 소화해 냈다는 것이 해리의 자긍심을 크게 진작시켰다.

해리는 아직 수업을 완벽하게 이해하지 못하는 경우가 많아 특별히 마련된 보충수업을 들어야 했고, 센터에서의 치료와 교육도 꾸준히 받아야 했지만 독립적인 성인으로 성장하여 일반인과 함께 생활할 수 있다는 가능성이 어머니와 해리에게 큰 희망이 되었다. AP나 Honor 과목에 배정될 수는 없었지만 고교 졸업에 필요한 학점을 이수하는 것이 가능해 보였고, 다행히 해리는 수학 Algebra와 Geometry 등을 통과해 나갔다.

해리는 보통 학생들과는 조금 다른 방법으로 공부에 접근하는 것 같았고, 적절한 교사와 만나면 그 과목에 엄청난 이해력을 보였다. 역사 과목은 가장 좋아하는 과목이었는데, 사소한 것까지 꼼꼼하게 기억해 내는 놀라운 능력도 있었다.

해리는 대학을 졸업한 후 의료계에서 자신이 할 수 있는 몫을 찾아 독립된 삶을 살겠다는 의지가 강했다.

이렇게 조언했습니다

해리는 캘스테이트 계열의 대학 진학을 목표로 설정했다. 그런 다음 고교 생활 동안 졸업에 필요한 학과목을 이수하고, 대학 지원에 필요한 필수 과목을 이수하는 데 전력을 기울였다. 비록 우수한 과목을 선택할 수는 없지만, 전 과목 평균 B학점을 유지한다면 대학 진학이 가능하기 때문이었다. 또 다른 옵션으로는 고교 졸업 후 직업학교인 의료보조 대학에 진학하여 의료 보조원이 되는 방향도 생각해 보도록 했다.

우선 첫 번째 목표를 이루기 위해 이해하기 어려운 과목은 도움을 줄 수 있는 사람을 찾되 학과목 담당 교사, 친구들, 개인 지도 교사, 교회 교사나 선배, 친구, 어머니 등 가능한 모든 이들을 대상으로 하도록 했다. 주말에는 교회의 청소년 그룹에 빠지지 않고 다니면서 모든 행사에 참여하도록 조언했다. SAT도 꼭 치를 것을 권했다.

결과

해리는 고교 과정을 GPA 3점 이상을 기록하며 무난히 마쳤다. 캘스테이트 합격도 장담할 수 있었지만 LA의 한 의료보조 대학에 진학하여 의료보조원 교육을 받기 시작했다. 그러나 한 학기를 마치고 나서 좀 더 높은 목표를 위한 발걸음을 내디뎠다.

UC에 진학하여 졸업 후 한의학을 공부하겠다는 새로운 목표를 세우게 된 것이다. 그래서 LA 커뮤니티칼리지에 진학했고, 2년간 열심히 공부하여 전 과목 A를 받아 UC 편입에 성공했다. 이후 해리는 사회학 Sociology을 전공한 후 무사히 졸업하여 어머니에게 생애 최고의 선물을 선사했다.

이후 한의대에 입학하여 현재 졸업을 앞두고 있는 해리는 건강이 훨씬 더 좋아져 주변 사람들은 해리에게 장애가 있다는 사실을 듣기 전에는 알아차리지 못할 정도가 되었다. 해리의 성공은 자식에게 헌신하면서 회복을 굳게 믿은 어머니의 사랑과 끊임없는 재활 치료, 그리고 스스로 희망을 잃지 않고 자신의 삶에 최선을 다한 해리에게 주어진 신의 선물이라는 생각이 들었다.

18

{ C학점이 수두룩했던 톰 }

··· 포기는 금물, 12학년까지 기회는 있다

사전 정보

톰은 초등학교를 다니던 중 아버지가 회사 일로 3년여 간 미국 지사에서 일하게 되면서 미국으로 왔다가 이후 귀국했으나, 친척의 사업을 돕기 위해 아버지가 이민을 결정하면서 5년 후 다시 미국으로 돌아와 8학년에 입학했다.

9학년이 되어 Honor 과목을 들을 수는 없었지만 모든 과목을 정규 과목으로 배정받았고, 8학년 때 Algebra를 들어 A를 받았던 수학 과목은 Geometry를 들으며 앞서 나갔다. 9학년 때 가장 좋아했고 열심히 한 과목은 Biology였다. 학과 외 활동으로는 한국에서부터 교습을 받아 오던 바이올린으로 오케스트라에 들어갔다.

만나 보니

9학년 때 영어에서 B/C를 받았고, Unweighted GPA 3.3을 기록한 톰은 빠른 언어 적응력과 노력으로 10학년 때는 핸디캡이던 영어와 역사에서 모두 A/A를 받았다. 그러나 자신이 있었던 Honors Algebra에서 B/C를 받았고, 의대 진학을 목표로 무리하게 선택한 AP Biology와 정규 Chemistry에서 C/C와 B/B를 받는 바람에 Unweighted GPA는 다시 3.3을 받았다.

11학년이 되어서 만회하려는 마음으로 4개의 AP 과목을 선택했지만 엄청난 학습량을 감당하지 못해 최선을 다했음에도 불구하고 다시 평점 3.3에 머물렀다. 10~11학년 성적은 UC GPA 3.63으로 UC의 상위권 5개 대학의 신입생 평균 GPA보다 낮은 성적을 기록해 크게 실망하고 말았다. 11학년을 마치고 대학 지원 시기가 코앞에 닥치자 톰은 자신의 목표와 현실 사이에서 어쩔 줄을 몰라 했다.

의과대학 진학을 꿈꾸는 학생으로서 지원서를 내기에는 4개의 C와 8개의 B는 너무 많은 것이었다. 이렇게 되자 AP 다섯 과목을 포함한 총 6개의 과목에서 받은 A가 빛을 바래고 있었다. 11학년 초에 별다른 준비 없이 치른 SAT는 Critical Reading 520, Writing 520, Math 700으로 총 1,740점을 받았다. UC GPA와 SAT 점수가 합격의 주요 기준이 되는 UC 계열에는 절대적으로 불리했다. 학과 외 활동에서도 특별히 내세울 만한 것들이 없었다. 주로 교회 생활을 열심히 한 것과 약간의 봉사 활동을 한 것 정도였다.

톰의 지망 대학은 존스홉킨스, UCLA, 워싱턴 등 훌륭한 의대를 가진 대학들이었다. 톰은 충분히 가능성이 있는 재원이라고 생각되지만 11학년 말까지의 성적으로는 지원 대학에 합격하기 어려웠다. 일단 합격 가능한 대학을 다시 선정하는 것이 필요했다.

UC 계열은 최소한 한 곳 이상에서는 합격이 될 것으로 보고 안전을 위해 지원하기로 했다. 사립대학은 몇 개의 종합대학과 여러 개의 인문대학(리버럴 아츠칼리지)을 골랐다. 톰이 잘 알지 못했던 대학들이었기 때문에 학교에 대한 조사를 방학 동안 충분히 할 수 있도록 기회를 주었다.

이렇게 조언했습니다

톰의 성적은 얼핏 보기에는 상당히 부족했으나 10학년부터 12학년 첫 학기 중간 성적까지를 학기별로 나누어 보았을 때 꾸준히 발전하는 추세를 보였다. 따라서 12학년 1학기를 성적 보완의 마지막 기회로 삼도록 하여 3개의 AP 과목과 1개의 Honor 과목, 그리고 인근 대학에서의 심리학 한 과목 등 최소 5개의 AP-Honor 과목을 선택하여 전념하도록 했다.

11학년 2학기에 4개의 AP와 1개의 Honor 과목에서 A 4개와 B 1개를 받았기 때문에, 12학년 1학기에도 이에 상응하는 성적을 받아 학습 능력을 증명하는 것이 필요했다. 또한 이전의 낮았던 성적에 대한 원인을 분석한 결과, 10학년 1학기 중반에 할아버지가 갑자기 사고로 돌아가신 충격이 크게 작용한 것을 발견하여 이러한 원인을 지원서에 기재함으로써 반영될 수 있도록 했다.

톰에게 더욱 중요한 것은 에세이라고 판단했기 때문에 3년간 꾸준히 해 온 바이올린을 계속하기로 했고, 이것을 에세이 소재로 삼도록 했다. 또한 수년째 취미로 하고 있던 마술이 평범한 사람들을 놀라게 할 정도의 수준이라는 것을 알게 되어 마술을 소재로 재미있는 에세이를 써보도록 했다. 이 에세이에서 톰은 자신이 어떤 사람이며, 기대를 뛰어넘는 결과를 추구하여 다른 사람에게 기쁨을 주려고 노력했던 모습을 잘 표현했다. 또한 평소에 자신의 마술을 재미있게 봐 주던 선생님께 추천서를 부탁하도록 했다.

결과

12학년 첫 학기에 톰은 전 과목 A를 받으면서 자신의 고교 성적 중 최고점을 기록했다. 다시 치른 SAT는 조금 부족하지만 1,900점대를 받았다. 마음을 졸이며 결과를 기다리던 톰은 2월초 콜게이트칼대학교 Colgate University로부터 합격 통지를 받았고, UC 계열에서는 예상대로 3월 초에 UC 리버사이드에 합격했다. 톰은 추후 옥시덴탈칼리지에도 합격하여 주변을 놀라게 했고, 최종적으로 옥시덴탈칼리지를 선택했다.

19

명석하지만 열정과 끈기가 부족했던 우등생 샘

… 팔방미인보다 뚜렷한 자격을 갖추는 것이 중요하다

사전 정보

11학년 말에 만난 샘은 첫 만남에서도 알아볼 수 있을 만큼 명석한 학생이었다. 하나를 이야기하면 열을 알아들을 것 같고, 상대방의 이야기에 빠른 이해를 보이는 표정들이 참 정겨웠다. 이야기를 들어 보니 주변 어른들의 귀여움을 독차지하며 성장해 온 아이였다. 어려서부터 부모가 뒷받침하는 모든 활동에 참여했고, 하는 것마다 재능을 보였다. 그러다 보니 자연히 팔방미인이 되었고 피아노, 바이올린, 기타, 플루트, 드럼 등에서도 출중한 실력을 보였다.

보이스카우트에서 이글스카우트를 한 것은 물론 마칭밴드Marching Band : 고적대, 콘서트밴드, 재즈밴드에도 참여했다. 운동으로는 유소년 축구와 테니스를 했고, YMCA에서 배운 수영 실력으로 고교 시절에 해양인

명구조원으로 활동했다. 다니고 있는 작은 사립 고등학교에서는 모든 학생과 선생님에게 천재로 통하고 있었다. 샘은 공과대학에 진학하여 컴퓨터 공학을 전공하고 싶어 했고, MIT 진학을 목표로 하고 있었다.

만나 보니

샘은 이해력이 빨라서 관심 분야에 빠르게 접근하고 집중하는 강점을 가지고 있었다. 또한 빨리 좋은 결과를 내는 장점도 있었다. 그러나 다재다능하고 여러 가지에 관심이 많아서 성급하게 다른 분야로 눈길을 돌리는 경향이 있었다. 그러다 보니 집중할 수 있는 한두 개의 관심 분야를 아직 찾아내지 못하고 있었다. 적성검사 결과 역시 거의 모든 분야에 관심을 나타내고 있었고, 높은 자긍심을 가진 것으로 나타났다.

샘은 11학년 중반에 이미 SAT에서 Critical Reading 750, Math 760, Writing 750으로 총점 2,260점을 기록했고, ACT에서도 35점을 기록했다. 과목별 SAT에서도 Chemistry 780, Math II 760, Literature 740을 기록했다. AP Chemistry와 AP Calculus에서는 모두 5점을 받았다. 12학년에는 AP Physics, AP Computer Science, AP US History, AP Literature, Spanish IV 그리고 인근 대학에서 Organic Chemistry(유기 화학)를 선택했다. 한 학년 학생이 120명 정도 되는 고등학교에서 GPA 3.7, 석차로는 상위 15%를 기록했다.

샘은 노력파라기보다는 머리로 모든 일을 해내는 편이었다. 사고를 많이 하거나 고민하는 유형은 아니었다. 문제 해결을 위해 번뜩이는 순발력으로 계속 아이디어를 내면서 지내다가 시간에 쫓기면 흩어놓고 건

드려 보았던 방법을 종합하거나 취사선택하여 마지막 순간에 속도를 내 밀어붙이는 그야말로 천재적 유형이었다.

그러나 샘은 빠른 이해력에 비해 집중 시간이 짧은 편이고, 성적 관리에 대한 관심이 적었다. 성실한 학생들과 비교할 때 학습량이 턱없이 부족해 보이면서도 항상 상위권에 드는 성과를 나타냈지만, 언제나 조금씩 부족한 결과를 내는 듯한 모습을 보였다. 이러한 자신의 모습에 그런대로 만족하고 있었기 때문에 모든 것을 잘하면서도 항상 1등을 다른 사람에게 내어 주고 있었던 것이다.

이렇게 조언했습니다

샘은 학업에 나름대로 경쟁력을 갖추고 있었지만 자신이 원하는 MIT로 진학하기 위해서는 2% 정도가 부족했다. 모든 과목이 평범했고, 관심 분야인 과학 분야 과목에서도 특색이 없었다. 학과 내용보다 더 부족한 것은 학과 외 활동으로, 이 역시 열정과 끈기가 눈에 띄지 않았다.

이글스카우트 외에는 거의 모두가 필요한 매듭을 짓지 않은 듯한 상태였다. 우수 대학 지원생에게 꼭 필요한 특색과 열정을 드러낼 부분이 눈에 띄지 않는 이력이었다. 샘을 돋보이게 할 일관된 주제는 다재다능한 팔방미인이라는 것인데, 이러한 내용으로 지원서를 쓰다 보면 대학 지원 패키지가 산만해질 수밖에 없었다.

우선 부족한 학과 외 활동을 보완하기 위해 12학년 여름 학기에 명문대에서 제공하는 로봇공학 프로그램에 참여하여 관심 분야를 좀 더 공부하도록 했고, 취미로 하던 공작 프로젝트를 구체화하여 두어 개의 완성품을 만들도록 한 다음 목록에 포함시킬 것을 권유했다.

대학 지원 패키지가 산만해지는 것을 피하기 위해 보이스카우트와 밴드 활동을 제외한 다른 학과 외 활동을 과감하게 그만두게 했고, 공작 프로젝트와 로봇공학 프로그램 활동을 강조하는 것으로 대치했다.

MIT와 UC버클리 외에 대학 선택도 다양화하고, 동시에 현재 상황에 대한 확인을 위해 학교 조사를 주문하여 진학할 만한 대학을 늘리도록 했다. 방학 중 캠퍼스 방문 기회를 만들어 동부와 서부의 공과대학을 찾아가 보도록 했다.

결과

샘은 자신의 강점과 약점을 진솔하게 꺼내놓고 이야기하는 성숙한 모습을 보여줄 수 있는 에세이를 만들었다. 자신이 가진 호기심과 배움에 대한 갈증, 그리고 앞으로 열정을 쏟을 무언가를 찾기 위한 여정을 원한다는 훌륭한 에세이를 위트와 순발력 있는 표현으로 잘 써냈다. 에세이가 더해지니 비로소 샘의 대학 지원 패키지가 빛을 발하는 것 같았다.

샘은 학교 조사와 방문을 통해 스탠퍼드, UC버클리, 코넬, 카네기 멜론대학교Carnegie Mellon University, RIT Rochester Institute of Technology : 로체스터 공과대학, USC, 올린공과대학Olin College of Engineering, 라이스대학교 등에 지원했다. 샘은 아쉽게도 원하던 MIT에서 탈락했지만, 스탠퍼드를 제외한 나머지 모든 대학에 합격했다.

20

즐겁게 놀다 보니
어느 덧 11학년이 된 지나

― 막바지 성적 관리로 GPA부터 높이도록 하다

사전 정보

지나는 천성이 명랑하고 긍정적이었다. 어려서부터 또래 여학생들보다 체격이 크고 튼튼했던 지나는 남자 아이들과 섞여서 뛰노는 일이 잦았다. 그러다 보니 또래의 여자 친구들이 피아노, 발레, 인형 놀이 등을 할 때 지나는 남자 아이들과 자전거를 타거나 스케이트보드를 즐겼다. 청바지에 스니커즈, 남방셔츠와 야구모자 차림에 축구, 농구, 태권도 같은 스포츠를 스스럼없이 즐겼다.

고등학교에 들어가면서부터 큰 키에 외모적으로는 조금씩 여성다운 면모를 갖추게 되었지만, 여전히 배구팀, 치어리딩팀 등에서 활동했다. 학업보다는 친구들과 지내는 것을 좋아했고, 미래에 대해 깊이 생각해 본 적은 없으나 천성적으로 어린 아이들을 좋아하고, 다른 사람을 돕는 일에 관심이 많아 교사나 간호사가 되는 것이 좋겠다는 생각을 가지고 있었다.

만나 보니

11학년 겨울이 되자 지나는 주변 친구들이 SAT 학원에 나가기 시작하고, 클럽 활동과 봉사 활동으로 바쁘게 지내는 것을 보고 갑자기 불안해졌다. 그때까지 지나는 대학 진학에 관해 진지하게 생각해 본 적이 없었다. 막연히 UC 어디든 가면 된다고 생각하고 있었는데, 친구들과 이야기를 하다 보니 UC에 진학하기 위해서 꼭 필요한 것조차 자신이 준비하고 있지 않다는 것을 깨닫게 되었다. 성적 때문에 크게 고민한 적은 없고, 성실하게 숙제를 하는 것으로 충분하다고 생각했었다.

지나는 11학년 1학기까지 평균 B학점을 유지하고 있었고, 그때까지 Honor 과목이나 AP 과목 없이 평범한 학과목을 선택하고 있었다. 11학년 2학기에 접어들면서 주변 친구들과 비교할 때 자신의 학과목 수준과 성적이 낮은 편이며, 자기만 SAT 준비를 하지 않고 있다는 사실을 알고 매우 당황했다. PSAT 점수도 140점대여서 주변 친구들보다 낮았고, GPA도 채 3.0이 되지 않았다. SAT는 아직 치르지도 않고 있었다. 학과외 활동으로는 배구팀, 치어리딩, 적십자 활동 등이 있었다.

이렇게 조언했습니다

사실 지나는 캘스테이트 계열에 진학하면 되었다. 또한 지나의 조건에 맞는 사립대학도 미국 전역에 많았다. 단지 지나와 가족은 UC로의 진학을 간절히 바라고 있다는 것이 문제였다. 상담을 해 보니 지나도 UC라면 어느 캠퍼스에 합격하더라도 원이 없겠다는 간절한 바람을 가지고 있었다. 그래서 UC 진학을 위해서 다음과 같은 처방을 내렸다.

첫째, 지나의 학과목을 살펴보니 졸업 때까지 UC가 정해 놓은 15과목의 'a부터 g까지' 필수 과목을 채우는 것은 문제가 없었다. 사회·역사 계열 2년, 영어 계열 4년, 수학 계열 3년, 과학 계열 2년, 외국어 계열 2년, 예능 계열 1년, 기타 선택 1년 이상 등 최소 15과목을 선택해야 하는데, 지나가 선택해 온 과목들로 충분했던 것이다. 그렇지만 12학년 과목 선택에 신중을 기해 어려운 과목에 도전하도록 했다.

둘째, 지나의 10학년 성적이 GPA 2.8 정도로 UC가 제한하는 3.0에 모자랐기 때문에 이 문제를 해결해야 UC에 지원할 수 있었다. 11학년 1학기의 중간 성적을 기준으로 학년 평균을 낸다면 2.7 정도로 내려갈 것이었다. 지나에게 최선을 다해 조금이라도 GPA가 내려가는 것을 막고, 다음 학기에는 반드시 성적을 올려 10~11학년 평균을 3.0 이상이 되도록 했다.

최악의 경우 평균 GPA가 3.0이 되지 않는 경우에는 SAT 점수를 과목당 평균 690점 이상씩 받아야 하는데, 당시 지나가 과목별로 치른 연습 시험 평균이 470점으로 모든 과목에서 690점을 받는 것은 쉬운 일이 아니었다. Critical Reading과 Writing이 각각 450, 440점이고, Math는 520점이었으며, 과목별 SAT도 좋은 점수를 받기는 힘들어 보였다. 또한 12

학년 12월까지 SAT 점수를 최대한 올린다 해도 GPA에서 3.0과 2.9의 UC 합격률은 아주 큰 차이가 나기 때문에 GPA를 3.0 이상으로 끌어올리는 것도 꼭 필요한 일이었다.

셋째, 과목별 SAT 점수를 올릴 수 있는 만큼 최대한 올리도록 하고, 특히 GPA가 3점에 미달될 경우를 대비해서 특별히 준비하도록 했다. 연습 시험에서 700점의 좋은 점수를 보인 한국어 시험을 치르기로 했고, 다른 과목들도 11학년 말까지 시험을 치러 점수를 만들기로 했다.

넷째, UC 지원 대학은 UC리버사이드, UC산타크루즈UC Santa Cruz, UC머시드UC Merced의 세 곳으로 했다. 캘스테이트 대학들에 대해 전혀 모르고 있었기 때문에, 시간을 내어 인근 캘스테이트 캠퍼스를 방문할 것과 학교 조사를 하도록 주문했다. 조사할 대학 리스트에는 일부 사립대학도 포함시켰다.

결과

지나는 남은 기간 최선을 다했다. 학업에 강한 의지를 보인 결과 10~11학년 평균 평점을 3.1로 올렸으며, SAT는 1,780점을 받아 UC리버사이드에 당당히 합격했다. 합격자 발표 후 지나는 밝은 표정과 긍정적인 본래의 모습을 되찾았고, 대학 진학 후 계속해서 배구와 치어리딩을 할 것이라며 기뻐했다.

21

{ 끈기가 부족하고
대인관계를 기피했던 저스틴 }

― 집중력을 높이고, 소규모 사립대학을 공략하다

사전 정보

저스틴은 얼굴부터 체격까지 흠잡을 데가 없는 타고난 미남이었다. 패션 감각도 남달라서 헤어스타일과 옷차림에도 자기만의 개성이 묻어나는 타고난 패셔니스트였다. 학교에서는 반과 반 사이로 수업 시간을 좇아 부지런히 발걸음을 옮기지만, 친구들과 어울리며 잡담하는 모습은 좀처럼 보이지 않는다. 그렇다고 친구가 없는 것도 아니었다.

중학교에 다닐 때는 학교생활에 재미를 붙이지 못하여 마지못해 학교를 다니는 듯한 모습으로 어머니의 애간장을 태웠다. 초등학교 때까지 좋았던 성적도 중학교에 올라가서 많이 떨어졌다. 수업에 집중하지 못하고 먼 산을 바라보거나 홀로 몽상에 빠져 있는 때가 많았다. 이해력도 좋고 영특하지만 어떤 주제에 대해 질문을 던졌을 때 얼토당토않게 주제에서 벗어난 대답을 하기도 했다.

만나 보니

안정된 수입원을 바탕으로 물심양면 자녀 교육에 관심을 기울였던 부모는 저스틴의 중학교 성적이 떨어지자 큰 규모의 중학교가 잘 맞지 않는다고 생각했고, 고등학교에 진학할 때는 작은 사립 고등학교를 선택했다.

학교는 그다지 수준이 높지 않아서 일반 공립 고등학교에서 제공하는 흔한 AP 과목도 없었다. 그러나 몇몇 Honor 과목을 갖추고 있었고, 영어·수학·사회·과학·외국어의 5개 과목과 두어 개의 선택 과목을 더 공부할 수 있도록 하는 나름대로 괜찮은 학과 과정을 제공했다.

특히 학생 대 교사 비율이 낮아서 교사가 일일이 학생을 챙겨 주는 것은 물론, 집중력이 떨어져서 이해가 부족한 경우에는 그냥 넘어가지 않고 보충수업과 재교육 등을 통해 거의 모든 과목에서 A를 받을 수 있도록 지도하는 학교였다.

하지만 부모는 저스틴이 큰 종합대학에 입학해서 잘 적응할 수 있을지 불안했다. 저스틴 스스로도 자신의 성향을 잘 알고 있었기 때문에 큰 대학에 진학하는 것을 부담스러워했다. 저스틴이 대학에 진학하여 행복하게 생활하고, 자신의 능력을 잘 발휘하면서 성공적인 사회인이 되도록 하기 위해서 대학 선택은 일생일대의 중요한 결정이 될 수밖에 없었다.

저스틴을 직접 만나 이야기를 해 본 결과 그가 얼마나 멋진 사람인지 쉽게 알 수 있었다. 하지만 대학에서 '저스틴'이라는 한 인간을 제대로 파악한다는 것은 그의 성향으로 볼 때 결코 쉽지 않을 것 같았다. 객관적인 평가 위주의 입학 지원서 패키지를 통해서 저스틴을 제대로 평가하기는 쉽지 않을 것이기 때문이었다.

이렇게 조언했습니다

12학년이 되기 전에 저스틴의 SAT 점수는 1,500점 정도였다. 독해력 및 작문 실력은 대학 교육을 감당하기에 충분한 수준이었지만 해당 분야의 시험 점수는 500점을 조금 넘는 정도였다. 그는 객관식 선다형과 긴 시간 한자리에 앉아서 기계적으로 치러야 하는 시험에는 제대로 집중할 수 없었고, 학업 동기도 매우 낮아서 잘 치르고 싶어도 여건이 따라주지 않았다.

대학 지원서에 써야 할 주요 내용인 학과목 선택 과정도 AP가 하나도 없었고, 쉬운 학과목들로만 채워져 있었다. 그래도 성적은 몇 개의 B를 제외하고는 대부분 A를 받았다.

12학년에 진학해 다시 치른 SAT는 1,550점이었고, 특별한 수상 기록이나 눈에 띄는 학과 외 활동 경력도 없었다. 충분한 잠재력을 지니고 있었지만, 12학년 1학기까지의 기록으로 보면 UC 상위권 대학 지원은 어려운 상태였다.

또한 UC와 같은 대형 주립대학이 저스틴의 개인 성향에도 잘 맞지 않을 것이라는 판단에 따라 UC는 지원 대상에서 제외시켰다. 그보다는 학생과 교수 간의 잦은 접촉이 가능한 소규모 수업에서 충분히 교양을

넓히며 성장할 수 있는 작은 인문대학(리버럴 아츠칼리지)이나 소규모 대학으로 진학하는 것을 목표로 삼았다.

저스틴은 학교 선정을 위해 많은 각 대학에 관한 자료를 읽고 탐구하는 시간을 가졌다. 독립적인 대학 생활을 원했지만 집에서 너무 멀리 떨어지는 것은 피하기 위해 워싱턴, 오리건, 캘리포니아 3개 주로 한정하여 최종 합격을 목표로 하는 대학 7개를 엄선했고, 2개의 인문대학과 7개의 소규모 종합대학에 지원했다. 지원한 9개 대학은 모두 사립대학이었다.

학과목 성적 수준으로 SAT 점수를 끌어올리는 작업도 계속되었다. 단기간 집중한 결과 1,850점을 만들어냈다. 점수를 목표까지 올린 것도 기쁜 일이었지만, 저스틴에게는 집중력이 부족한 자신의 약점을 넘어섰다는 사실이 자신감을 회복하는 계기가 되었다.

에세이는 저스틴의 잠재력을 보여 줄 수 있는 좋은 도구였다. 인문학 전공을 희망했기 때문에 대학에서 제시하는 주제에서 벗어나지 않으면서도 뛰어난 글솜씨를 맘껏 발휘했다.

결과

저스틴은 자신이 지원한 목표 대학에 모두 합격했다. 학자금 보조를 신청하지 않았는데도 최고 2만 달러의 장학금을 제시한 대학도 있었다. 저스틴은 최종적으로 자신이 진학할 대학교를 선택하기 위해 학교를 방문하는 등으로 바쁜 일정을 보내고 있다.

22

서부로 이사한 후
의욕 상실에 빠졌던 알리슨

— 동부의 명문대를 목표를 정하면서 공부에 활력을 찾다

사전 정보

매사추세츠에서 어린 시절을 보낸 알리슨이 캘리포니아로 온 것은 초등학교 4학년 때였다. 이 일로 어린 알리슨의 삶이 크게 흔들리게 되었는데, 매사추세츠와 캘리포니아의 환경이 너무 달랐기 때문이었다. 사계절이 뚜렷하고 크고 울창한 숲에 둘러싸인 곳에서 살다가 작렬하는 태양과 건조한 여름뿐인 갈색의 도시로 옮겨 온 처음부터 그다지 행복감을 느끼지 못했던 것이다. 무엇보다도 어려서부터 한 동네에서 사귀던 친구들과 헤어지게 되자 알리슨은 부모에 대한 원망까지 생겼다. 다른 사람들은 교육을 위해 동부로 간다는데 왜 LA로 가야 하는지 이해할 수 없었던 알리슨이 부모의 삶을 이해하기에는 너무 어린 나이였다.

알리슨의 부모는 그나마 학군이 괜찮다는 베벌리힐스의 변두리 아

파트에 자리를 잡았다. 초등학교에 들어간 알리슨은 첫날부터 주눅이 들어버렸다. 전에 살던 매사추세츠 소도시에서는 한 번도 보지 못한 고급차에서 내리는 세련된 아이들 속에서 알리슨은 막 상경한 시골 소녀 같은 기분이었다. 자신도 캘리포니아의 거주자라는 생각이 든 것은 그로부터 한참이 지난 고교 시절 중반이었다. 그때까지 알리슨은 항상 비슷한 처지의 한인 친구 한두 명하고만 가까이 지냈을 뿐이다.

만나 보니

알리슨은 매사추세츠의 전통적인 백인 중산층 지역에 살았었다. 그곳은 큰 경쟁도 없었고, 동네 친구들과 자유롭게 들로 산으로 뛰어다니며 주말에는 축구도 즐겼다. 유색인에 대해 온화하고 차별이 없는 분위기였다. 그래서 완전한 미국인으로서의 자아를 가지고 살아왔던 알리슨은 베벌리힐스의 아파트로 이주한 후 집안에만 갇혀 있게 되면서 조용한 성격으로 급변했다.

학교 친구들은 거의가 부유한 집안의 아이들이었고, 대화의 주제가 너무 물질적이고 깊이가 없었기 때문에 친하게 지내고 싶은 친구도 별로 없었다. 바이올린을 배우기 시작하고 도서관을 다니며 책을 빌려 읽는 것이 알리슨이 할 수 있는 여가 생활의 전부였다.

맞벌이를 하는 부모는 일찍 집을 나서면 저녁이 되어서야 돌아왔다. 중학교 후반부터는 부모가 시작한 작은 햄버거 가게에서 방과 후에 심부름을 하기도 했지만, 알리슨은 워낙 총명하고 성실했기 때문에 과제를 해결하거나 시험을 잘 치르는 것도 그리 어렵지는 않았다. 중학교 때 Algebra를 마치고 외국어도 Spanish를 시작했다. 중학교 때 성적은 부모도 만족할 만했고, 알리슨에게 많은 신경을 쓰지 못했음에도 불구하고 대통령 표창을 받기도 했다.

알리슨은 조용한 성격이면서도 자긍심과 투지, 그리고 집중력이 돋보였다. 지난 수년간 혼자만의 조용한 세계에서 다져진 독서와 꾸준한 바이올린 연습, 수영으로 다져진 지구력 등이 뒷받침되었기 때문인 듯했다.

이렇게 조언했습니다

알리슨은 고등학교에 들어갈 때까지도 자신의 미래나 전공에 대한 생각을 구체화하지 못했다. 아직도 왜 공부를 해야 하는지 의문을 가지고 있었다. 그래서 우선 대학 진학이 왜 필요한지, 자신이 하고 싶은 일을 하기 위해서는 능력을 갖추고 준비된 사람이 되어야 한다는 것을 인식시켜야 했다.

또한 고향이라고 생각하는 동부로 갈 수 있는 좋은 방법 중 하나가 대학 진학이 될 수 있다는 것을 일깨워 주었는데, 이는 알리슨에게 강한 동기 유발이 되었다. 알리슨의 삶에 목표가 생긴 것이다.

새로운 목표가 생긴 알리슨에게 조심스레 학과목 이외에 좋아하는 스포츠와 음악 활동, 클럽 활동 등을 제시한 후 먼저 오케스트라, 테니스, 수구를 시작하도록 했다. 워낙 작은 체구여서 스포츠를 통해 경쟁력 있는 학생이 되는 것은 현실적인 목표가 될 수 없었으므로, 그것보다는 즐길 수 있는 스포츠를 통해 자신의 체력을 유지하면서 자신이 선택한 일에 대하여 끈기와 지구력을 보이는 것에 목표를 두었다. 알리슨은 시간 여유가 많을 때보다는 해결할 일이 많고 마감이 있는 일에 집중을 잘 한다는 것과 꽉 짜인 일정 안에서 시간 관리를 잘할 수 있다는 판단에서 이와 같은 처방이 가능했다.

또한 진행 상황을 보면서 학생회, 신문 편집, 약간의 클럽 활동을 추가하도록 했고, 부모의 가게를 돕는 일과 비슷한 분야에서 시간이 날 때마다 시간제 아르바이트를 하도록 했다.

결과

알리슨은 졸업 때까지 8개의 AP 과목을 선택하여 6개의 A, 2개의 B 그리고 5개의 AP 시험을 5점으로 통과했다. 테니스와 오케스트라를 4년간 꾸준히 했고, 수구^{water polo}는 2년을, 수영은 1년을 했다. 교내 신문의 편집장도 역임했고, 여러 개의 클럽에서 활동하기도 했다. 두 번의 여름방학 기간에는 주스 가게에서 장시간 아르바이트를 하며 돈을 벌었고, 12학년 직전 여름에는 그동안의 좋은 성적과 PSAT 고득점 등에 힘입어 매사추세츠 주의 명문인 앰허스트칼리지로부터 단독 초청을 받아 유색인 학생들을 위한 학교 소개 프로그램^{Student of Color Open House}에도 참여했다.

SAT 점수를 올리기 위해 12학년 여름에 집중적으로 공부하여 각 과목별로 750점대의 고득점을 기록했고, 과목별 SAT에서는 Math II 800을 비롯하여 3개의 시험에서 800점 가까운 점수를 기록했다. 알리슨은 여러 개의 리버럴 아츠칼리지에 합격했고, 그 가운데 상당한 액수의 학비 보조금을 제공한 앰허스트로 진학했다.

23

작은 사립 고등학교의 모범생이었던 데이비드

— 수구 선수로 하버드 조기 입학의 행운을 얻다

사전 정보

데이비드는 작은 체구의 영특한 학생으로서 공립 초·중학교를 다니면서 계속 상위권에 들었다. 국제 상거래를 하는 아버지가 1년의 절반을 거래처와 공장이 있는 해외로 출장을 다녀야 했기 때문에 어머니가 직장을 그만두고 아이들 키우는 일에 전념했다.

어머니는 세 자녀를 혼자 감당하느라 힘들었지만 학교 성적이 좋고, 중학교 때 이미 좋은 성적의 SAT 점수를 확보한 데이비드를 사립 고등학교에 진학시키기로 결심했다. 다행히 통학이 가능한 거리에 수준 높은 몇 개 사립학교가 있어 지원했고, 중학교 때 존스홉킨스 대학에서 개설한 여름 영재교육 과정에 지원하기 위해 학원을 다니며 미리 익힌 SAT 공부 덕분에 데이비드는 사립고 입학시험SSAT에서 좋은 점수를 받아 우수한 사립 고등학교에 합격할 수 있었다.

만나 보니

데이비드는 어머니가 시기적절한 기초학습 준비를 미리 해 준 덕분으로 초등학교와 중학교 시기를 잘 보냈고, 기초를 잘 다진 상태에서 우수한 사립 고등학교에 진학했다. 영특하고 시키는 것을 잘 따라하는 데이비드는 환경에 잘 적응했을 뿐만 아니라 자신이 속한 틀에 잘 맞추어 나가는 학생이었다. 또한 살고 있는 지역이 안전하고 학군도 좋아 인근 공립 고등학교로 진학해도 잘 해낼 학생이기도 했다. 하지만 경쟁심이 많거나 할 일을 찾아서 하는 스타일이라기보다는 느긋한 마음으로 과제를 정확하게 수행하는 편이어서 규모가 작고 교사들로부터 친근한 관심을 받으면 보다 더 발전할 수 있는 유형이었다.

자신이 원하는 의학 분야의 대학원이나 의대 진학을 위해서는 고교 졸업 후 리버럴 아츠칼리지 또는 아이비리그 대학으로 진학하는 것이 좋다고 판단되었다. 아이비리그 기준으로 학과목 선택을 할 준비가 되어 있고, 학교 또한 충분한 지원이 가능하다고 판단되었다. 그러나 데이비드의 성공 여부는 학업에서가 아니라 학과 외 활동이 될 것이고, 학교 내에서 이 문제에 대한 해답을 찾는 것이 무엇보다 중요했다.

이렇게 조언했습니다

데이비드가 어떤 기준으로 자신이 원하는 아이비리그나 아이비플러스

(아이비리그에 MIT와 스탠퍼드를 묶어 부르는 말)에 들어갈 수 있을지는 아무도 알 수 없었다. 특히 한 학년이 60명도 되지 않는 작은 사립 고등학교에서는 더더욱 그렇다. 매년 한두 명씩은 아이비리그에 진학하고, 대여섯 명은 아이비플러스에 진학하는 데이비드의 학교는 규모에 비해서 명문대 입학률이 상당히 높았다.

학과 외 활동은 어려서부터 해 온 바이올린으로 심포니 오케스트라를 계속하고, 저널리즘과 키클럽, 재즈 앙상블Jazz Ensemble을 하도록 했다. 스포츠는 학교의 테니스, 배구, 농구, 풋볼, 골프, 수영, 수구클럽 중에서 골프와 풋볼, 테니스에 관심을 가지고 있었으며, 그 중에서도 가장 남성적인 스포츠인 풋볼에 큰 관심이 있었다. 그러나 데이비드가 지금 시작하는 스포츠를 통해 추후 아이비리그의 스포츠 코치에게 관심을 받을 가능성은 거의 없어 보였다. 작은 체구의 데이비드는 어느 누가 보아도 운동 분야에서 소질을 보일 학생은 아니었기 때문이다.

또한 작은 학교의 특성상 어떤 스포츠 종목에서도 데이비드가 속한 학교가 리그에서 훌륭한 성적을 내는 것이 불가능했다. 게다가 체구가 작은 데이비드는 학년이 올라갈수록 신체적으로도 스포츠에 불리한 조건을 가지고 있고, 학교에서도 내세울 만한 강팀이 없었기 때문에 스포츠로써 무언가를 꾀하기도 어려운 상황이었다. 그러한 상황에서 데이비드의 대학 지원에 조금이라도 이점이 될 가능성이 있는 스포츠가 무엇인지를 고민한 끝에 수구를 추천했다. 학교 수구팀에 들어가기 위해서는 수영만 잘하면 되었다.

결과

비록 작은 학교였지만 AP 과목을 충분히 보유하고 있어서 데이비드가 아이비리그 진학 준비를 위한 학과목 선택에는 지장이 없었다. 수학은 8학년 때 Algebra를 선택했기 때문에 9학년에는 Geometry를 시작으로 Honors Albegra II/Trig, AP Calculus AB, AP Calculus BC 등을 선택했고, 과학은 Honors Chemistry, AP Chemistry, AP Physics, AP Biology 등을 골랐다. 사회는 Honors World History, AP US History, AP European History, AP Government/Economics, 외국어는 Spanish I, II, III, AP Spanish로 했다. 영어는 Honors English 9, 10, 11, AP Literature에 더해 저널리즘을 꾸준히 들었고, 최종적으로 교내 신문 편집장도 맡았다. 11학년까지 Unweighted GPA 3.7, SAT 1,950점, 과목별 SAT에서는 Chemistry 700, US History 720, Math level II에서 800점을 받았다. 5개의 AP 시험에서는 3, 4, 4, 5, 5점을 받았다. 모든 것이 괜찮았지만, 그렇다고 특별한 것도 없었다.

그런데 데이비드에게 뜻하지 않은 행운이 찾아왔다. 데이비드가 수구를 시작하는 해에 코치가 새로 부임하면서 팀이 예년보다 분발하기 시작했던 것이다. 게다가 수영선수 몇 명이 팀에 합류하면서 이변이 일어났다. 항상 상대팀에게 무참히 짓밟히던 학교 수구팀이 승률 50%를 오르내리면서 학교뿐만 아니라 지역 사회의 뉴스거리가 된 것이다. 이 종목에서 데이비드의 학교가 주목을 받기 시작했고, 다행히 데이비드도 열심히 노력하면서 여러 골을 기록하여 지역 신문에 이름이 올라오는 등 재미있게 운동을 하게 되었던 것이다. 그때 팀에 들어가지 않았더라면 나중에 합류할 기회를 얻기는 힘들었을 것이므로, 정말 행운이 따른 결정이었다.

11학년 때는 대학 수구팀 코치들과 이야기할 기회가 많아졌다. 11학년에는 자신의 활동 중에서 수구가 아이비리그 입학에 가장 기여할 종목이라는 확신이 서면서 높아진 자긍심과 새로운 결심으로 12학년 전 여름에는 수구 캠프를 제외하고는 SAT 점수를 높이는 일에만 전념할 수 있었다. 그 결과 10월 SAT에서 2,150점을 기록했다.

데이비드는 프린스턴과 하버드 및 몇 개 대학의 수구 코치로부터 조기 지원 요청을 받았다. 그 가운데 하버드를 선택했고, 대학 진학 후에도 수구팀에 들어가 1년간 열심히 뛰었다. 1년 후 데이비드는 학업을 위해 운동을 그만두고 공부에만 전념했다.

24

{ 부모의 상반된 의견으로
고민했던 오드리 }

— 자신만의 목표의식을 세우고 거뜬히 SAT 2,300점을 받다

사전 정보

오드리는 무남독녀 외동딸이다. 아버지는 의사, 어머니는 미술을 전공한 부러울 것 없는 풍요로운 가정에서 자라며, 캘리포니아 오렌지카운티의 좋은 동네에 산다. 아버지는 낙천적이고 여유 만만한 호인으로 딸에게 사랑을 듬뿍 쏟고 있었지만, 교육만큼은 어머니가 모든 것을 도맡아 해야 한다고 생각하는 사람이었다.

10학년이 끝나 갈 무렵, 어머니의 손에 이끌려 온 오드리는 자신의 마음을 그대로 표현해 내는 전형적인 미국식 학생이었고, 활달해 보이면서도 순수하고 맑은 모습을 지니고 있었다. 건강하고 지적이며 독립적인 것 같았지만, 한편으로는 미성숙하기도 하고 어떤 부분은 부모에게 무척 의지하고 있었다. 조금 이야기를 해 본 결과 오드리는 약간의 두려

움을 가지고 있었다.

　아버지는 "주립대학으로 진학해라. 넌 여자니까 어렵게 공부하고 힘들게 살 것 없다."라고 말씀하시고, 어머니는 "열심히 자신의 전문 분야를 개척해서 남자에게 의존하지 않고 살 수 있도록 해라."라고 말씀하신다는 것이다. 그런 상황에서 자신이 무엇을 해야 할지, 무슨 전공으로 어느 대학을 가야 할지 모르겠다는 것이었다. 학교 성적은 그런대로 좋았지만, 앞으로 더 열심히 할 수 있을지 확신이 서지 않는다고 했다.

만나 보니

문제는 양극화 된 부모의 교육 신념이 오드리에게 혼란을 준 것이었다. 아버지는 어머니에게 전권을 맡기고는 오드리가 자신의 가능성에 대한 신뢰를 갖는 데 전혀 도움을 주지 못하고 있었다. 반대로 열심히 딸을 교육시키려는 어머니는 본인의 방식대로 딸이 움직여 주지 않아서 자신의 방법에 의문을 품고 있었다.

　자신의 미래에 대해 불안해하는 오드리의 마음을 풀어 주고, 목표를 갖도록 하는 것이 무엇보다 필요했다. 자신감이 넘치는 것 같아도 사실은 자신에 대한 신뢰가 부족한 오드리에게는 부모의 믿음이 필요했다. 오드리의 교육에 관해 부모가 일관된 생각을 가져 본 적이 없다 보니 결과적으로 아버지와 어머니는 오드리에 대해 신뢰를 갖지 못했고, 오드리조차도 자신에 대한 믿음을 갖지 못했다.

　오드리 자신도 스스로 어떤 목표를 세우거나 목표를 위한 노력을 해

본 적이 없다고 했다. 오드리의 성적은 10학년에서 2개의 Honor 과목을 통과하고, A가 3개, B가 3개였으며, 학과 외 활동으로 마칭밴드에 참여하고 있었다.

이렇게 조언했습니다

오드리에게 스스로 목표를 세우고, 그 목표를 달성하는 과정에서 자신에 대한 믿음(자신감)이 생길 것이라는 조언을 해 주었다. 오드리의 장점은 훌륭한 의사전달 기술이었다. 자신의 문제를 바로 볼 줄 아는 마음을 가진 것도 남달랐다. 당돌하게도 오드리는 아직 자신이 무엇을 할지, 그리고 무엇을 할 수 있을지에 대해 자신감이 생기지 않으니 그러한 단계가 될 때까지 자신을 코치해 달라고 부탁했다. 자신이 무엇을 해낼 수 있을지를 파악해서 목표를 선택해 달라는 것이었다. 그러면 그 목표를 향해 최선을 다하겠다는 것이다.

목표 설정까지 스스로 해낼 수 있도록 하는 것이 최상이겠지만, 스스로 찾아 세운 목표가 없을 때는 자신이 믿는 사람이 대신 찾아주는 목표를 달성하기 위해 해낼 수 있다는 믿음으로 11학년을 보내겠다는 것은 차선의 결심이라고 할 수 있다.

모의고사를 실시한 결과 SAT는 1,800점이 나왔다. 지난 1년간 학원을 다녔지만 좀처럼 점수가 오르지 않았다고 했다. 과감하게 오드리에게 목표 점수를 2,300점으로 주문했다. 어머니는 기대해 보지 않은 점수였기에 깜짝 놀랐으나 정작 오드리는 담담하게 받아들였다. 목표가 세워지면 얼마든지 해내겠다는 자세였다.

부모에게는 오드리가 목표를 세웠으니 그것을 받아들이고, 대학 선택을 오드리에게 전부 맡기겠다는 약속도 받아냈다. 10학년까지 공부한 학과목에 비해 11학년에는 좀 더 높은 수준의 과목들을 주문했다. 3개의 AP 과목이 더해졌고, 12학년에서는 4개의 AP 과목을 더했다. 마칭밴드 외에 몇 개의 클럽에도 더 참여하도록 했다.

결과

오드리는 이전과 전혀 달라진 자세로 생활하기 시작했다. 6개월 만에 SAT에서 2,300점을 받아냈고, 과목별 SAT에서 세 과목을 선택하여 US History 730, Biology E 760, Korean 780을 받았다. 11학년에는 키클럽, 아메리칸 레드크로스, 스패니시클럽, 코리안클럽 등에 참여해 적극적으로 활동했다. 그리고 마칭밴드는 졸업할 때까지 계속했다.

10학년 때 60시간으로 마친 장애자 돕기 자원봉사를 11학년에는 150시간을 더 했다. 11학년에는 AP 세 과목을 포함하여 평균 A 4개, B 2개를 확보했고, AP 시험에서는 모두 4점 이상을 받았다. 11학년 후반, 자신감을 갖게 된 오드리는 전공을 정하지는 않았지만 어머니가 권하는 헬스케어 분야를 염두에 두기로 했고, 결국 UCLA, UC샌디에이고, USC University of Southern California : 남가주 대학, 뉴욕대학교 New York University : NYU 등에 합격했다.

25

{ 서류 미비자 신분으로 목표가 낮았던 유니스 }

— 자신감 회복 후 장학금을 받고 명문 사립대에 진학하다

사전 정보

유니스는 하얀 피부에 이목구비가 큼직하고, 배구나 농구를 하면 어울릴 것 같은 서구적인 건강한 체형의 여학생이었다. 천진하고 밝은 표정, 화통한 웃음소리는 늘 주변에 밝은 기운을 선사해서 유니스는 어디서나 환영을 받았다. 짧은 반바지에 티셔츠, 운동모자에 백팩 차림으로 친구들과 몰려다니며 캘리포니아의 여름을 즐기는 유니스를 보면 남부럽지 않은 집안과 부모를 가졌을 것이 분명했다.

그런데 유니스의 어머니에게서 가족 이야기를 듣고는 깜짝 놀라고 말았다. 어려서 아버지가 병으로 돌아가시고 혼자된 어머니는 두 딸의 생계를 책임지며 일하고 있지만, 비자가 만료되어 지금은 흔히 '불법 체류자'라 불리는 '서류 미비자^{Undocumented Status}' 상태라는 것이다. 그런 열

악한 환경에서도 세 식구가 모두 밝고 긍정적으로 살고 있다는 것에 적 잖은 충격을 받았다. 이러한 경우에 흔히 보게 되는 다른 가족들의 실의 에 찬 모습과 달리 이들은 너무나도 행복해 보였기 때문이다. 어머니의 헌신적인 사랑과 신앙, 긍정적인 인생관, 생활력이 두 딸을 훌륭하게 키 워 내고 있었던 것이다.

만나 보니

언니 수지는 학교에서 리더급 학생으로 활동하며 학생회에서 학년 회장 을 맡았고, 여러 개의 AP 과목과 학교 클럽 활동 등을 한 끝에 UC샌디 이고에 진학했다. 동생인 유니스는 언니보다 키도 크고 활달하여 운동 을 잘했지만, 학과목과 성적에서는 언니보다 조금 뒤지고 있었다.

어머니가 집안의 가장으로서 생계를 책임지고 있었고, 언니는 장녀 로서의 책임감으로 자신의 일인 학업에 최선을 다하고 있었으며, 유니스 는 가족의 보디가드 역할뿐만 아니라 집안일과 식사 준비, 그리고 가족 에게 웃음을 선사하는 역할을 하고 있었다. 그래서인지 스스로에 대한 평가와 기대는 언제나 언니보다 못해도 된다고 정해 놓은 채 그것을 당 연시하고 있었다.

10학년에서 선택한 과목들은 1개의 Honor 과목과 AP 과목으로는 Euro History뿐이었고, 성적도 절반은 B를 받고 있었지만 유니스는 그것 에 만족하고 있었다. 스포츠는 JV(Junior Varsity : Varsity가 학교 대표팀이라면, Junior Varsity는 2부팀) 배구팀에서 뛰고 있었고, SAT 모의고사 결과 1,700점을 기록했다.

이렇게 조언했습니다

우선 유니스의 자존감을 높이는 한편 자신감을 가질 수 있도록 하는 것이 필요했다. 학과목도 좀 더 난이도가 높은 과목을 선택할 수 있다는 점, 목표 대학도 좀 더 높일 수 있다는 점을 인식시켰다. 배구팀에 들어가 자신의 장점을 살릴 수 있는 기회를 더 갖도록 했고, 학교 클럽 활동에도 활발하게 참여하여 리더십을 발휘해 보도록 유도했다.

SAT 점수도 받은 점수에 만족하기보다는 목표 점수를 정하고, 그것을 달성하기 위해 노력하도록 권했다. 유니스는 목표를 올려 언니가 진학한 UC샌디에이고를 목표로 10학년과 11학년을 통해 3개의 AP와 1개 이상의 Honor 과목을 듣도록 했고, 성적을 GPA 3.7 이상 받을 수 있도록 주문했다.

어려운 환경 때문에 생각조차 해보지 않은 사립대학도 경우에 따라서는 장학금을 받게 되면 진학할 수 있다는 것을 알려 주었고, 사립대학 진학을 고려해서 학과목 선택과 학과 외 활동을 하도록 유도했다.

결과

자신이 생각했던 것보다 목표를 높게 잡아도 된다는 생각에 유니스는 희망과 열의를 갖게 되었다. UC샌디에이고를 목표로 하면서 성적도 좋아졌고, 11~12학년 동안 5개의 AP를 더 선택하게 되었다. 자신이 없어서

10학년까지만 듣고 중단하려고 했던 Spanish도 4년을 지속하여 AP Spanish까지 선택하게 되었다. SAT 점수도 2,100점까지 높였고, GPA는 UC GPA 3.95를 기록했다.

배구는 대표팀에 들어가 Co-captain(공동 주장 : 주장이 2명 이상일 때)을 맡았고, 11~12학년에는 학생회 간부가 되었다. 그밖에 특별한 활동은 없었으나 봉사 클럽에 참여했고, 교회에서는 어린이학교 교사를 맡아 어른과 아이들의 사랑을 많이 받았다. 대학을 선택해야 할 시기가 되어서 UC샌디에이고뿐만 아니라 UCLA, UC어바인 등에 지원했고, 장학금 획득을 목표로 리버럴 아츠칼리지 몇 곳에도 지원하기로 했다.

그 결과 유니스는 언니와 같이 UC샌디에이고에 합격했고, 명문 리버럴 아츠칼리지 중 Seven Sisters(역사가 깊은 7개의 명문 여자 리버럴 아츠칼리지를 말하며, 아이비리그에 견주어 이렇게 불린다.)에 속하는 매사추세츠의 마운트 홀요크칼리지Mount Holyoke College : MHC에도 합격했다. 고맙게도 마운트 홀요크칼리지에서는 신분 문제가 있음에도 불구하고 파격적인 장학금을 제공하여 어머니가 연간 1만6천 달러 정도만 해결하면 되는 패키지를 주었다.

결국 유니스는 마운트 홀요크칼리지로 진학했고, 진학 후 학교의 주선으로 장학금을 받는 것 외에 아르바이트를 하여 어머니의 학비 부담을 크게 덜어 드릴 수 있었다. 밝고 명랑한 유니스는 학교생활이 정말 행복하다고 전해 왔다.

26

{ 공립학교에 적응하지 못해
방황하던 데니스 }

— 소규모 학교로 전학한 뒤 자신감을 회복하다

사전 정보

데니스는 규모가 작은 기독교 계통의 사립 초등학교를 다녔다. 기독교 교육뿐만 아니라 학급 규모가 작고 개인의 발전에 중점을 두는 학교 분위기가 가족의 마음에 들었다. 데니스는 그곳에서 교사들의 사랑을 듬뿍 받았고, 공부도 잘했다.

초등학교 졸업 후에는 집 근처의 공립 중학교에 입학했다. 친구들은 초등학교와 같은 기독교 계열의 중학교로 진학했지만, 데니스는 앞으로의 대학 진학을 위해 좋은 학군의 학교에서 공부해야 한다고 생각했기 때문이었다. 유치원에서 6학년까지 백여 명 남짓하던 학교에서 7학년부터 12학년까지 거의 3천 명이나 되는 대규모 중고등학교로 들어간 것이다.

데니스는 큰 학교에 가게 되어 친구들이 많아지겠다며 좋아했으나 생각과 달리 큰 충격을 받고 말았다. 항상 1등을 해서 칭찬만 듣다가 경쟁적인 분위기에 위축되었고, 자신이 최고의 학생이 아니라는 것을 금세 깨닫게 되었다. 이미 선행 수업을 하여 어려운 과목을 듣고 있는 또래 친구들도 많이 있었고, 학교에서 교사의 칭찬을 받기도 어려웠다. 무엇보다도 성적이 잘 나오지 않아 낙심하는 상황이 생기기 시작했다. 친구를 사귀는 자신의 방법과 다른 방식의 인간관계가 있다는 것도 깨달았다. 사귀고 싶은 친구들 그룹이 자신을 끼워 주지 않는 것도 이상했고, 친하다고 생각했던 친구들에게서도 종종 실망감을 느꼈다.

그런대로 적응하리라 믿었던 데니스가 체육복을 가져오지 않았다거나 과제를 제출하지 않고 지각을 많이 한다는 연락이 학교에서 오기 시작했다. 그동안 한 번도 사소한 문제를 일으키지 않았던 데니스였기에 부모는 실망하고 꾸중하며 벌을 주기 시작했다. 생활이 그렇다 보니 성적은 자연히 더 떨어졌고, 마침내 학교에서 날아든 정학 통보에 부모는 깜짝 놀라고 말았다. 데니스가 학교 화장실에서 흡연을 했다는 것이다.

부모가 모르는 사이에 데니스는 초등학교 때와는 전혀 다른 사춘기를 겪고 있었던 것이다. 데니스는 부모와 정상적인 대화를 할 수 없었다. 언제나 무언가 다른 것에 정신이 팔려 있었으며, 집에서는 밤늦은 시간까지 컴퓨터 게임을 하여 제시간에 일어나는 것도 힘들었다. 과제를 챙기느라 늘 어머니와 전쟁을 벌이다 시피 했고, 방과 후에는 데리러 온 어머니를 늦게까지 기다리게 했으며, 금요일마다 친구 집에 간다고 성화였다. 이런 상태가 계속되면서 부모는 데니스가 대학을 가지 못할까 걱정하기 시작했다.

만나 보니

데니스와의 대화는 무척이나 어려웠다. 이미 9학년 초에 들어서서 몸은 많이 컸으나 마음은 복잡한 상태에서 방황하고 있는 것이 틀림없었다. 새로운 환경과 가치관의 혼돈, 그리고 친구들에게 받아들여지기를 절실하게 바라는 외로운 사춘기 소년의 고투를 느낄 수 있었다.

학교 성적이 떨어지는 것은 부차적인 문제이고, 학칙과 질서를 어겨서라도 속한 그룹 내에서 인정을 받고 싶어 하는 것이 데니스가 가진 가장 큰 문제였다. 외로움과 속상함을 스스로 해결하는 방법을 알지 못하는 것도 문제였다. 데니스에게는 현재의 상황을 스스로 극복할 능력도 없어 보였고, 그를 도울 도움의 손길도 현재의 학교에서는 얻을 수 없는 형편이었다.

성적도 많이 떨어진데다 공부에 대한 동기도 이미 사라지고 없었다. 데니스가 다니고 있는 대형 공립 고등학교에서 데니스는 더 이상 키우고 보살펴야 할 학생이 아니라 관리해야 할 문제아인 셈이었다. 게다가 친구 관계도 비슷한 처지에 있는 아이들과 어울릴 수밖에 없는 상황에 몰려 있었다. 그렇다고 그 친구들과 어울려서 행복한 것도 아니었다.

이렇게 조언했습니다

데니스를 구할 수 있는 방법을 현재 다니고 있는 학교에서는 찾을 수가 없었다. 학교가 데니스를 위해 신경을 써 줄 여력이 없기 때문이었다. 이럴 때는 무엇보다도 환경을 바꾸는 것이 최선의 방법이다. 이러한 경우, 대개의 부모들은 현재 상태에서 할 수 있는 일을 찾아보지만 근본적인 것이 해결되지 않으면 학생의 귀중한 시간과 부모의 노력만 낭비하는 꼴이다. 그리고 마지막에서야 환경을 바꾸게 되는 것이 보통이다. 그러나 초반에 환경을 먼저 바꿀 수 있다면 해당 학생은 시간과 고통을 덜 수 있다. 그래서 데니스를 작은 기독교 사립학교로 전학시킬 것을 강하게 권했다.

결과

데니스를 전학시키는 것이 쉽지는 않았다. 데니스는 이 학교에 입학하여 친구를 사귀는 것이 얼마나 힘들었는데, 또다시 자신에게 똑같은 고통을 겪게 할 것이냐고 반항했다. 우여곡절 끝에 데니스는 집에서 30분 떨어진 지역의 한 교회학교로 전학했다.

부모는 데니스를 위해 이사를 결심하여 9학년 봄부터는 새로운 환경에서 살게 되었다. 한 학년이 30~40명 정도인 작은 교회학교였다. 처음에 데니스는 학교와 학생, 교사들이 마음에 들지 않는다며 계속 반항했지만 데니스의 사정을 아는 학교 측에서 세심한 배려를 해 주었고, 데니스는 얼마 지나지 않아 가족적이고 따뜻한 분위기의 학교에서 어렵지 않게 친구들을 사귀었으며, 교사들과도 가깝게 지내면서 얼굴에 화색이 돌기 시작했다.

학년이 끝날 무렵, 학교에서 단체로 요세미티(Yosemite : 캘리포니아에 위치한 국립공원) 캠프를 다녀온 후 데니스는 완전히 변모된 모습으로 열심히 공부하겠다는 선언을 하여 부모를 기쁘게 했다. 더 이상 데니스는 학교 가기를 싫어할 이유도, 친구를 사귀기 위해 학칙을 어길 필요도 없었다. 10학년이 되면서 데니스는 예전의 행복하고 우수한 학생으로 돌아왔다. 좋아하는 농구팀에 들어갔고, 드라마팀에 참여해 활동하면서도 좋은 성적을 받았다. 결국 데니스는 수강한 AP 과목이 몇 개 되지 않았음에도 불구하고 GPA 3.8과 SAT 2,100점을 얻어 UC샌디에이고에 입학할 수 있었다.

한국과 미국에서 정규 교육을
받고 진학한 사례

Chapter | 02

1

{ 중학교 때 미국에 와
영어 때문에 고생했던 정호 }

— 400시간의 봉사 활동으로 교과 성적의 약점을 극복하다

사전 정보

정호는 한국의 지방 중소도시에서 중학교를 다니다가 미국에 왔다. 미국에 오기 전 아버지는 공장 기술자로 20여 년을 근무하다 상해를 입어 퇴직한 상태였으며, 이후 어머니가 작은 식당을 운영하면서 생계를 유지하고 있었다. 그러다가 미국에서 새로운 삶을 개척하여 자녀들을 제대로 교육시켜 보겠다는 부모님의 결심에 따라 미국으로 오게 된 것이다. 미국에 오자마자 아버지가 작은 조경 사업을 시작했지만, 넉넉지 않은 집안 형편으로 인해 정호는 학교교육 이외의 다른 교육 기회를 접해 보지 못했다.

만나 보니

정호는 영어 실력이 많이 부족했다. 게다가 한국말 사투리가 심해서 영어 발음을 제대로 익히는 것을 어려워했다. 고등학교에 진학한 후에도 9학년 내내 영어를 보충하기 위해 ESL(English as Second Language : 영어를 모국어로 하지 않는 학생들 중 정규 영어 수업이 어려워서 아직 들을 수 없는 학생들의 영어 수업) 수업을 계속 들어야 했고, 수학과 과학 두 과목을 빼고는 정규 과목을 수강할 수 없었다.

수학은 그나마 한국에서 공부한 실력이 도움이 되어서 9학년 때 Geometry와 Algebra II 중 하나를 선택할 수 있었다. 수학 다음으로 자신 있던 과목인 과학은 Biology와 Chemistry를 선택할 수 있었다. 정호는 10학년이 되어서야 비로소 ESL 수업을 마치고 정규 과목의 영어와 사회, 그리고 외국어 수업에 들어가게 되었다.

12학년까지의 과목별 수강 일정을 만들어 보니 외국어 과목이 많이 부족했다. 10학년 중반에 SAT 연습 시험을 봤는데, Critical Reading 350, Writing 400, Math 550으로 총점은 1,300점 수준이었다. 학과 외 활동으로는 클럽 활동이나 리더십, 음악이나 스포츠에도 특이할 만한 사항은 없었다.

이렇게 조언했습니다

적성검사 결과 정호는 다른 사람을 돕는 일, 다른 사람에게 영향을 주는 일, 그리고 모험이 필요한 일에 상당히 관심이 많았다. 리더십이 있고,

대중 앞에서 이야기하는 것을 좋아해 법률이나 정치 분야로 진출하고 싶은 희망을 가졌지만, 부족한 영어 실력과 사회, 역사 과목에 대한 부진으로 그것을 발현시킬 만한 상황이 되지 못했다. 그러나 대학에 진학한 후에는 희망하는 분야의 공부를 통해서 크게 발전할 수 있을 것으로 예상되었다.

먼저 가장 자신 있는 학과목인 과학과 수학에 집중하기 위해 Algebra II, Geometry, Pre-Calculus AP, Calculus AP, Statistic을 목표로 정하고, 그 중에서 Geometry는 여름 학기에 선택하기로 했다. 과학은 Chemistry, Biology, H Physics를 선택했다.

영어는 10학년부터 졸업 전까지 4년 분량을 해내야 하는데, 이를 위해서 외국어 과목을 희생하기로 했다. 그래서 외국어 과목을 한국어 SAT로 대체하고, 사회는 US History와 European History 두 과목으로 정했다.

정호의 아킬레스건이 될 SAT는 조금씩 준비하여 1,800점 이상을 목표로 삼았다. 영어 실력 부족과 짧은 이민 생활로 인한 특기 활동의 부재를 극복하기 위해 학과 외 활동은 정호의 형편에 맞추어 봉사 활동 위주로 했고, 장기적이면서 연간 100시간 이상을 꾸준히 할 수 있는 봉사 활동을 찾기로 했다.

결과

정호는 조언에 따라 성실히 공부해 4개의 Honor 과목과 3개의 AP 과목을 이수했다. 그중 2개의 AP 과목인 AP Physics와 AP Statistics는 12학년에 선택했다. 어려웠던 영어도 12학년에는 Honor 과목을 선택할 수 있게 되었다. 대입 지원을 할 때는 9 ~ 11학년 GPA 3.5, UC GPA 3.9를 기록하여 600명 중 38등을 했다. SAT는 Critical Reading 540, Writing 600, Math 750으로 총점 1,890점을 받았고, Korean 800, Math II 750, Physics 720을 기록했다.

자신의 부족한 학과 외 활동을 봉사 활동으로 정한 후 정호는 형편에 맞는 작은 일부터 시작하여 많은 일을 해냈다. 먼저 집에서 멀지 않은 불교 사찰을 찾아가 주 3시간씩 봉사할 수 있는 일감을 찾아 경내 청소 등으로 꾸준히 3년을 봉사하여 총 400시간을 확보했다. 그리고 타운 내의 한인 봉사 단체에 가입하여 모든 행사에 참여하여 대입 지원 때까지 100여 시간의 봉사 활동을 기록했다. 그 외에 학교의 아카데믹 데카슬론(Academic Decathlon : 올림픽의 10종 경기와 대비하여 부르는 학력 경시대회의 하나) 팀에 참여했고, City Hall Public Works(시에서 주관하는 공공사업) 인턴십에 참여할 기회도 얻었다.

또한 방학을 비롯하여 시간이 날 때마다 절에서 알게 된 어른들의 식당이나 공사장 일, 가정교사, 아이 돌보기 등을 가리지 않고 해서 3천 달러 정도를 저축했고, 학교의 펀드레이징(fundraising : 자선 기금)에 일부를 기탁했다. 자신의 약점인 사회 과목 보강을 위해 커뮤니티칼리지에서 Western Civilization 1, 2와 Sociology를 선택하여 수강하기도 했다.

이렇게 꾸준히 노력한 결과 정호는 자신의 학과목을 보충하고 GPA

와 SAT 점수의 평범함과 대비되는 매우 활동적인 봉사자의 모습을 갖춘 지원 서류를 구성할 수 있었다. 여기에 추후 사회 활동가나 공공 봉사기관에서 일하기 위해 사회학을 공부한 후 법학을 전공하겠다는 내용의 에세이를 통해 봉사에 대한 열정과 주어진 환경에서 최선을 다하는 활동가의 모습을 완벽하게 표현해 냈다. 교사들과 상담사의 추천서, 봉사기관에서 써 준 편지들도 정호의 진정한 모습을 보여주는 데 큰 도움이 되었다.

이후 정호는 고교 초반에는 생각지도 못했을 뿐만 아니라, 심지어 대학에 지원할 때까지 자신의 성적과 점수로는 입학하기 어렵다고 생각했던 UCLA를 비롯해서 UC샌디에이고, UC산타바버라, UC데이비스에 합격했고, 꼭 가보고 싶다며 지원했던 동부의 보스턴대학교^{Boston University}에서는 정부 학자금과 학교 학자금 등 총 3만 달러의 학자금 패키지를 제안했다.

2

중학 1학년을 마치고 미국에 와서 영어 때문에 고생했던 지영

― ESL 끝난 후 잘하는 과목을 중심으로 집중 공략하다

사전 정보

지영이는 중학교 1학년을 마치고 미국 대학 진학을 목표로 어머니와 함께 미국으로 건너왔다. 지영이의 어머니는 작은 사업체를 사들여 E2비자(조약을 맺은 국가의 외국인들이 일정한 액수의 돈을 미국에 투자, 개인 사업을 운영해 나가는 동안 합법적으로 미국에 체류할 수 있도록 하는 프로그램)를 획득한 후 한인들이 많이 사는 지역에 거주지를 정했다. 지영이는 공립 중학교 8학년 2학기에 배정되어 공부를 시작했다.

하지만 영어 적응이 생각보다 순조롭지 않았던 탓에 고등학교에 진학해서도 다시 ESL 수업에 배정되는 바람에 9학년 과목 중 과학과 수학을 제외하고는 정규 과목 사회와 외국어를 듣지 못하는 상황이 벌어졌다.

이후 지영과 어머니는 학교에서 시키는 대로 수업을 선택했고, 대학

진학을 위한 필수 과목이 부족하다는 것을 나중에 알고 나서 크게 걱정하고 있었다. 수학과 과학 이외의 과목들은 ESL 과정을 마친 후인 10학년 때부터 들을 수 있었기 때문에 영어와 사회, 외국어 등 부족한 과목들을 채우느라 10~11학년 때는 학업에 상당한 부담을 갖게 되었다.

만나 보니

지영이가 선택한 9학년 과목 중 대학 인정 과목은 Algebra와 Biology 두 과목뿐이었다. 수학은 너무 쉬웠고, Biology는 어렵지 않았으나 프로젝트나 과제 등이 한국에서 경험해 보지 못한 것이어서 노력한 만큼 성적이 잘 나오지 않아 짜증을 내곤 했다.

영어 문제를 비롯하여 학과목 모두가 지영이에게는 불만스러울 수밖에 없는 한 해였다. UC 상위권이나 그에 버금가는 대학을 목표로 하는 지영이의 대학 진학 계획에는 큰 문제가 아닐 수 없었다.

조금 더 일찍 미국에 왔더라면 영어가 빨리 안정되었을 것이고, 한국에서 사전 준비가 있었더라면 수학과 과학 쪽에 좀 더 강점을 가지고 고교 생활에 임할 수 있었겠지만, 현재의 지영이는 어느 과목에서도 강점을 갖지 못했다. 또한 대부분의 미국 학교는 비영어권에서 갓 온 학생들에게는 까다로운 행정 절차를 적용한다. 그 바람에 지영이는 자신에게 유리한 학과목을 배정받지 못했다는 것이 크게 아쉬웠다.

이렇게 조언했습니다

9학년 ESL 결과에 따라 10학년에는 외국어와 사회를 선택할 수 있게 되었다. 이제 다른 사람들이 대학에 진학하기 위해 4년 동안 준비하는 과정을 3년에 마쳐야 하는 부담을 안게 된 지영이는 10학년부터의 학과목 계획을 잘 짜는 것이 대학 진학의 관건이었다.

영어 과목 4년을 채우기 위해 졸업 전에 최소한 한 과목의 영어를 더 선택하고, 11학년으로 올라가기 전 여름에 9학년 영어 과목을 선택하도록 했다. 외국어는 다행히 한국어를 선택할 수 있어서 가장 높은 수준인 Korean 3을 선택하고, SAT II Korean에서 고득점을 받는 것으로 해결하도록 했다.

가장 자신 있는 수학 과목은 9학년 때 Algebra를 선택했기 때문에 수학에 강점이 있다는 것을 대학에 증명할 필요가 있었다. 그래서 10학년 여름에 Geometry를 선택하고, 10학년 때는 Honors Algebra II를 선택하도록 했다.

과학은 9학년 때 Biology를 공부했기 때문에 10학년 때는 원하는 AP 과목을 받을 수 없어 할 수 없이 Chemistry를 선택했고, 11학년과 12학년 때는 AP Biology, AP Chemistry를 선택하는 것으로 체계를 잡았다. 사회 과목은 10학년에 World History, 11학년에 US History와 함께 AP Psychology를, 12학년에는 AP Economics로 보완하기로 했다.

결과

지영이는 계획한 대로 수업을 선택해서 들었는데, 다행히 한두 개의 B를 제외하고는 거의 전 과목에서 A를 유지했다. 그러나 11학년 늦가을에 할아버지가 갑작스럽게 돌아가시고, 홀로 지영이를 뒷바라지하던 어머니마저 교통사고로 입원하는 바람에 어쩔 수 없이 결석해야 하는 상황이 발생했다. 결국 지영이는 중요한 시기에 놓친 공부를 만회하지 못해 수학 과목에서 C를 받았다.

하지만 다행스럽게도 둘째 학기에는 C 없이 모든 과목에서 B 이상을 받으면서 성적이 안정되었고, 10~11학년 때는 GPA 3.3, UC GPA 3.8을 받을 수 있었다. SAT는 노력 끝에 Critical Reading 600, Writing 620, Math 780으로 총 2,000점을 기록했으며, 과목별 SAT에서는 Korean 800, Math II 780, Biology 770으로 좋은 점수를 받았다.

또한 지영이는 음악에 대한 열정과 얼마나 자신이 음악에 영향을 받았는지, 그리고 자신이 겪은 문화적 충격에 대한 이야기를 담은 에세이를 훌륭하게 써냈다. 자신이 처한 상황에서 오히려 어려움을 겪는 다른 학생을 도울 때 자신의 어려움과 부족한 부분을 해결할 수 있었다는 내용을 피력한 에세이였다.

결국 지영이는 UC샌디에이고, UC어바인을 비롯해 리드칼리지^{Reed College}, 퀴니픽칼리지^{Quinnipiac College}, 케이스 웨스턴 리저브대학교^{Case Western Reserve University}, 카네기 멜론대학교 등 사립대학으로부터 합격 통보를 받았고, 신분에 상관없이 최고 2만 달러의 장학금 혜택을 준다는 보너스까지 받을 수 있었다.

3

{ 어려운 가정 형편에
신분도 불안정했던 존 }

— 자신감을 회복한 후 장학금을 받을 수 있는 사립대를 공략하다

사전 정보

장남인 존의 부모는 한국에서 명문대를 나왔으며, 존이 6학년일 때 아들의 교육을 염두에 두고 미국으로 건너왔다.

존의 가족은 집에서 가까운 교회에 나가기 시작했고, 존은 교회에서 사귄 친구를 따라 유소년 축구와 보이스카우트 활동에 참여했다. 영어 습득과 교우 관계에 급속한 발전을 보인 존은 초등학교를 졸업할 무렵부터 미국에서의 학교생활에 완벽하게 적응했다. 이후 중학교 과정 내내, 그리고 고등학교에 입학해서도 가장 어려운 과목들을 선택하여 전 과목에서 A를 받았고, 부모의 바람대로 명문대 진학을 위한 준비가 순조롭게 진행되고 있었다.

그러나 부모의 사업에 문제가 생기면서 재정 상태는 물론, 체류 신

분까지 고민해야 하는 상황이 되고 말았다. 존이 9학년일 때 집을 팔고 작은 아파트로 이사해야 했고, 부모는 재기를 위해 몸부림치는 어려운 상황에 빠졌다.

환경의 변화 때문인지 존은 갑자기 말수가 적어졌고, 학업과 생활에서도 의욕이 떨어졌다. 첫 학기에는 전 과목에서 A를 받았으나, 둘째 학기부터는 B와 C를 여러 개 받았다. 10학년에 올라가서도 발전의 기미가 보이지 않았고, 축구 클럽과 보이스카우트 활동에도 참여하기를 싫어했다. 이제껏 명문대 진학이 어려워 보이지 않았던 존의 앞날에 먹구름이 가득했다.

만나 보니

일단 존이 안고 있는 가정환경 변화에 따른 스트레스와 불확실한 미래에 대한 두려움, 이로 인한 우울증과 의욕 감소를 해결하는 것이 우선이었다. 암울한 기간을 가능한 짧게, 그리고 잘 보낼 수 있는 방법을 조언해 주는 것이 급선무였다. 떨어진 성적을 끌어올리는 것은 그 다음 문제였다.

존이 빠른 시일 내에 심리적 안정을 되찾는 것을 전제로 상담을 계속했다. 그동안 존이 선택한 과목들은 그가 목표로 하는 명문대 진학 조건으로 손색이 없었다. 성적도 9학년 2학기와 10학년 초의 부진한 성적은 가정 형편으로 인한 정황 설명이 가능하다고 보았고, 10학년 1학기에 받은 2개의 B와 1개의 C도 향상시킬 수 있는 시간적 여유가 있다고 판단되었다.

존에게 특별한 한 가지 변화가 있었는데, 그것은 좋아하던 축구와 보이스카우트 활동을 몇 달간 중단하는 대신 교회 학생부 예배 기타리스트로 활동하는 것이었다. 10학년에 올라가면서 교회 기타리스트로 활동하기 시작했는데, 주말에는 밴드 연습을 위해 교회에서 살다시피 했다. 존에게는 교회의 밴드 연습 시간이 인생의 돌파구처럼 생각되는 듯 했다.

이렇게 조언했습니다

첫째, 존의 심리적 안정을 위해 부모가 가정 형편을 잘 정리하여 존의 대학 공부를 충분히 지원할 수 있다는 것을 명확히 설명하는 것이 필요했다. 그저 대학 교육을 꼭 약속하겠다는 식의 의지 전달을 뛰어넘어 존에게 분명한 확신을 줄 수 있어야 했다. 그러나 존의 부모는 3년 후에야 다가오는 존의 대입에 대한 경제적 부담을 현재로서는 장담할 수 있는 형편이 아니었다. 다행히 이 문제를 심각하게 상의한 끝에 아버지는 최선을 다해 대학 교육을 지원해 주기로 약속했고, 한국에 계신 할아버지가 재산의 일부를 존의 대학 학비로 지원해 주겠다는 구체적인 약속까지 제시함으로써 존의 심적 부담을 크게 줄여 주었다.

둘째, 존의 신분이 서류 미비자가 되었기 때문에 주립대학에서 제공하는 학비 혜택을 받을 수 없었다. 그래서 목표를 사립대학으로 바꾸어 리버럴 아츠칼리지와 외국인으로서도 일부 장학금 혜택을 받을 수 있는 몇몇 대학들, 그리고 당시 상황으로 현실적이지는 않았지만 존의 원래 목표인 아이비리그 대학 중 몇 곳으로 정했다. 학과 외 활동, 전공과 기타 세부 사항은 먼저 성적의 안정을 찾은 후 방안을 강구하기로 했다.

셋째, 학과 외 활동 중 보이스카우트 활동은 중단하지 말고 계속하기로 했는데, 11학년 말이면 이글스카우트가 될 수 있기 때문이었다. 흥미를 잃은 축구는 일단 그만두고, 어차피 주말마다 푹 빠져 연습하는 기타 연주를 활용해서 학교의 재즈밴드에 들어갈 것을 주문했다. 오히려 음악을 더 열심히 해서 실력을 갖출 필요가 있었기 때문이다.

결과

9학년 2학기와 10학년 초의 떨어진 성적은 존의 GPA에 상당한 흠집을 냈지만, 다행히 10학년 2학기에 성적을 보완했다. 11학년의 학과목 선정에도 문제가 없었다. 10학년의 AP 두 과목에 이어 11학년에 AP 세 과목, 12학년에 AP 다섯 과목을 선택했고, 주요 과목 AP 시험은 5점과 4점으로 통과했다.

11~12학년은 거의 모든 과목에서 A를 받았고, 2개만 B를 받았다. 9~10학년 초를 제외하고는 학교에서 거의 수석을 한 셈이었다. 대학 지원 전에 이글스카우트를 받았고, 학교에서는 재즈밴드에 들어가 매일 연습하여 학교 강당에서 콘서트를 했고, 학교 신문과 지역 신문 등에 재즈밴드에 관한 기사가 여러 차례 나오기도 했다.

존이 참여하는 교회 밴드는 양로원과 장애인 시설에서 봉사 공연을 했고, 대학에 지원할 때는 전문 녹음실에서 CD를 만들어 지원 패키지에 첨부하기도 했다. 이외에도 학교의 키클럽 임원, 학교 신문 편집자, 학생회 임원 등으로 열심히 활동했다. 지원서 에세이에서는 음악이 자신의 삶에 어떤 영향을 끼쳤고, 역경이 자신의 끼를 어떻게 일깨웠는지에 대해 깊이와 감동을 주는 내용의 글을 써냈다.

존은 원래 목표였던 아이비리그의 하버드대학 대기자 명단에 올랐고, 명문 리버럴 아츠칼리지 여러 곳과 명문 사립대에 합격했다. 영주권자나 시민권자처럼 충분한 장학금 혜택을 받지는 못했지만, 메릿장학금(Merit Scholarship : 성적 우수자에게 수여하는 장학금)을 주기로 한 노스캐롤라이나의 듀크대학으로 진학했다.

4

한국의 명문대 진학을 포기하고 미국에 온 동철

― SAT, AP 시험에 주력하고 학과 외 활동에 적극 참여하다

사전 정보

동철이는 초등학교 4학년 때 미국으로 가서 1년을 보냈다. 비록 1년의 짧은 미국 생활이었지만, 4학년의 어린 나이에 영어와 미국 생활의 경험을 통해 습득한 영어 실력은 한국으로 돌아와서 큰 도움이 되었다.

귀국 후 서울의 초등학교에서 동철이는 영어 잘하는 아이로 소문이 났다. 영어의 강점과 이로 인해 얻은 자긍심으로 이후 초등학교와 중학교에서 줄곧 우등생이 되었다. 유명 학원에서 500명 중 1, 2등을 하면서 자신감이 넘쳤던 동철이는 강남의 특목고 대비반 모의고사를 보았다가 200등을 한 것에 깜짝 놀라 중학교 3학년 내내 대치동에 있는 학원을 다녔다. 학원을 다니며 애쓴 보람이 있었는지 동철이는 강북의 명문 외고에 합격했다. 입학 성적이 우수했고, 가장 우수한 학생들이 지원하는 중

국어반에 들어가면서 동철이의 목표는 다른 친구들처럼 당연히 서울대 경영대가 되었다.

그런데 외고에 진학하고 1년이 지나면서 동철이의 불안이 시작되었다. 450여 명의 외고 동기 중에 동철이가 목표로 하는 서울대 진학은 30여 명에게만 주어지는 좁은 문이었고, 동철이의 등수는 250등 정도에 머물렀다. 치열한 경쟁에서 도무지 상위권 진입이 쉽지 않았던 것이다. 서울대와 연세대, 고려대까지 포함한 합격생이 재수생을 더해 한 해에 420명 정도였지만, 그 가운데 재학생은 200명 정도였기 때문에 동철이가 목표로 하고 있는 서울대에 지원하는 것조차 학교에서 허락해 줄지 걱정이었다.

뿐만 아니라 우수한 입학 성적으로 중국어반에 들어갔지만, 같은 학년 35명 중에서 여학생 20여 명이 상위권을 놓치지 않고 있어서 중국어반 내에서도 상위권 진입에 문제가 있었다. 학교 내의 석차가 계속 뒤처지고 있는 상황에서 동철이의 서울대 진학에 빨간불이 켜진 것이다.

만나 보니

동철이가 중국어반에 들어간 이유는 국내의 명문대 진학을 위한 것이었지 중국 유학이 목표는 아니었다. '국내 대학 진학이 어려운 경우에는 유학을 가겠다.' 그리고 '유학을 가려면 미국으로 가겠다.'라는 막연한 생각을 가지고 있던 동철이는 미국 유학을 신중하게 생각해 보게 되었다.

그러나 문제가 발생했다. 초반부터 유학을 목표로 하는 유학반 학생들은 이미 국내반 학생들과 다른 기준으로 내신 성적을 받고 있었다. 유학용 성적 관리에 들어가 있는 학생들과 비교할 때 동철이는 이미 내부 경쟁에서부터 밀리고 있는 셈이며, 유학을 위한 학과 외 활동도 전혀 없었던 것이다. 그러나 SAT와 ACT 연습 시험을 치러 보고, 인터뷰를 해 보니 꾸준한 연습으로 점수를 올릴 수 있다고 판단되었다.

유학을 결정하는 경우 한국과 미국과의 학기 시차가 있어서 고교 2학년에서 3학년까지 2년을 미국 대학 진학 준비에 할애할 수 있다는 점도 다행이었다. 현재 다니고 있는 외고에서 개설하고 있는 영작문English Composition, 영문학English Literature, 미국사US History, 경제학Economics의 방과 후 수업이 있다는 것도 미국 대학 진학에 도움이 되었다.

이렇게 조언했습니다

우선 성적 관리를 위해서 그동안 학생회장 출마를 포기했다는 것을 듣고 다시 참여하고 싶은지를 묻자 강한 의욕을 보였기 때문에 학생회장 출마를 적극 권유했다. 그리고 당시의 성적으로 갈 수 있는 국내의 대학과 미국 유학으로 선회했을 때 진학이 가능한 미국의 대학을 선정한 후 만족도를 조사해 본 결과, 미국 대학 쪽에서 더 높은 만족도를 보여 미국 유학을 적극 권유했다. 결론적으로 상위 50위권의 미국 주립대학과 사립대학을 목표로 정한 후 SAT와 ACT를 동시에 준비하도록 했다.

1년간 꾸준한 학습과 모의시험을 통해 발전 추이를 보면서 SAT 최종 시험 시기를 결정하기로 했고, 미국 대학 지원 시점까지 SAT 2,100점,

ACT 32점을 목표로 했다. 또한 상대적으로 늦은 유학 결정으로 미비해 보이는 과목별 선택과 성적을 위해 고등학교 3학년 5월 중에 최소한 세 과목의 AP 시험을 치르기로 했다. 새로운 학과 외 활동은 포기하고 현재 하고 있는 중국어 실력을 강조하기 위해 중국어 인증 시험과 SAT 중국어 시험, 한국어 시험 등도 치르도록 했다.

결과

동철이는 고등학교 2학년 때부터 유학반으로 선회했다. 학교 측의 선처를 받아 중국어와 영어, 수학, 과학을 제외한 미국 대학 진학에 필요하지 않은 과목들은 이수하는 것으로 만족하고, Pass/Fail의 성적 시스템으로 성적을 받기 시작했다. 또한 윤리, 국사, 사회, 체육, 음악 등의 과목에 할애하던 시간을 SAT와 AP 시험 준비에 사용했다.

동철이는 이러한 준비 과정을 거쳐 고3 때 SAT 2,200점을 받을 수 있었다. 과목별 SAT에서는 중국어와 한국어, Math level 2를 모두 800점 만점을 받았다. 뿐만 아니라 고3 때 AP 중국어 5점, AP US History 5점, AP Economics 5점을 받았다. 두 번의 여름방학에는 병원과 도서관에서 봉사 활동을 했고, 고3 여름방학에는 미국의 한 대학 서머스쿨에서 작문 과목을 수강할 수 있었다.

한 마디로 유학 결정 후 동철이의 삶은 180도로 변했다. 국내 대학 진학을 위한 24시간 공부 체제와 숨 막히는 스트레스에서 벗어난 동철이는 비록 어려운 공부였지만, 몇 과목을 집중적으로 준비하면서 오히려 심적으로 크게 만족스러운 수험 생활을 보낼 수 있었다.

결국 동철이는 노스웨스턴대학교, 라이스대학교, 밴더빌트대학교Vanderbilt University, 미시간대학교University of Michigan, 리하이대학교Lehigh University, 위스콘신대학교University of Wisconsin, 텍사스대학교University of Texas 등으로부터 합격 통보를 받았다.

5

{ 영어 부족과 낯선 학교생활에
어려움을 겪던 조기 유학생 영기 }

— 인근 커뮤니티칼리지에서 영어를 보충하다

사전 정보

영기는 중학교 2학년 때부터 미국 유학을 준비했다. 하지만 유학 업체와 계약을 맺고 유학 전 여름방학에 1개월 동안 영어회화 공부를 한 것이 유학 준비의 전부였다.

그 후 영기는 다른 학생들과 함께 인솔자를 따라 미국 시골의 어느 작은 마을에 도착하여 50대 중년의 미국인 부부 집에서 홈스테이를 하며 유학 생활을 시작했다. 미국인 부부는 친절하기는 했지만 식사 때를 제외하고는 영기에게 말을 거는 일도 없었고, 그래서인지 한국 사람에게서 느낄 수 있는 인간적인 정을 느끼기가 무척 힘들었다.

영기가 입학한 고등학교는 구성원이 거의 백인이어서 얼굴색도 옷차림도 그들과 달랐던 영기는 늘 자신의 모습에 주눅이 들었다. 영어도 익숙하지 않아 주변에서 무슨 일이 일어나고 있는지 이해하기 어려웠고, 수업도 거의 알아들을 수 없었다. 다행히 함께 유학 생활을 시작한 한국인 친구들이 수업마다 몇 명씩 있어서 그들과 함께 어울려 있다가 다음 수업으로 함께 옮겨 다니는 것이 위안이 되었다.

이렇게 시작한 고등학교 9학년 1학기에 영기는 부족한 영어 실력 때문에 2시간의 체육과 음악, 세계사를 선택할 수 있었고, 그나마 자신 있다고 생각했던 수학 과목은 Algebra I을 선택했다. 첫 학기가 끝나면서 얻은 성적은 영어 F를 비롯하여 수학 B, 나머지 과목은 C였다. 두 번째 학기도 사정이 크게 나아지지 않았다. 그렇지만 한 해가 끝날 즈음에는 영어가 귀에 익숙해지면서 의사소통이 어느 정도 가능해지기 시작했다. 수업 내용도 상당 부분 알아듣게 되어 선택하는 과목에서 A, B를 받으며 재미있게 공부할 수 있었다. 그러나 다시 선택한 English I에서는 C를 받았다. 결국 영기는 9학년 과목을 한 해 반복해서 들어야 했다.

10학년 1학기를 마쳤을 즈음 안식년을 받은 아버지가 영기의 유학 생활을 도와주기 위해 미국의 대도시에 위치한 대학의 방문교수로 오게 되었다. 그래서 영기는 다니던 학교에서 아버지의 근무지 인근에 있는 공립 고등학교로 전학을 했다. 부모 밑에서 오랜만에 안정적인 생활을 하게 된 영기는 물을 만난 물고기처럼 최상의 실력을 발휘하게 되었고, 모든 과목에서 A와 B를 받으며 10학년을 마쳤다.

그러나 학년말이 되어 상담사가 영기에게 뜻밖의 소식을 전했다. 영기의 나이가 해당 교육구의 11학년에 해당되므로 돌아오는 가을 학기부터는 11학년이 아니라 12학년이라는 것이다. 이 말은 고등학교 졸업장 High School Diploma을 받으려면 12학년 한 해에 이수 과목을 모두 채워야 한다는 뜻이었다.

만나 보니

12학년 진급 전까지 지난 3년간 영기가 이수한 학과목은 사회 2년, 과학 2년, 수학 2년, 영어 1년뿐이었다. SAT 시험으로 받은 점수는 1,400여 점, ACT도 22점 수준이었다.

여러모로 보아 고등학교 졸업을 위해 1년 정도의 시간이 더 필요한 형편이었다. 졸업을 위해 12학년에는 모든 과목을 졸업 이수 과목으로 선택하고, 돌아오는 여름방학에도 모자라는 과목들을 서머스쿨에서 들어야 했다. 여름방학과 12학년 동안 졸업 필수 과목과 대입을 위한 필수 과목을 동시에 이수하기 위해 머리를 짜내야 했다.

무방비 상태에서 갑자기 졸업하는 것보다는 사립학교로 전학하여 1년을 더 고등학교에 머물며 대학 진학을 준비하는 방법도 있다. 그런 경우 11학년으로 내려가서 11학년, 12학년을 다니거나, 그냥 12학년으로 들어가서 12학년을 이수하고 PD(Post Graduate : 12학년 졸업 후 고교에 1년 더 머무르면서 대입을 준비하는 13학년) 1년을 더 할 수 있다. 양쪽 중 그 어느 쪽을 택해도 대입 준비가 수월해지기 때문이다.

영기가 3년 동안의 미국 생활에서 그래도 끊이지 않고 해 온 학과 외 활동으로는 육상이 있었다.

이렇게 조언했습니다

고심 끝에 영기의 가족은 어렵더라도 현재의 학교에서 12학년을 마치고, 졸업 후 곧바로 대학에 진학하는 쪽으로 결정을 내렸다. 아버지는 이를 위해 안식년을 1년 더 연장하여 영기의 학업을 뒷받침하기로 했다. 이제 영기의 관심은 과연 현 상황에서 우수한 대학으로의 진학이 가능한가에 있었다.

학교 선택을 적절히 하면 진학할 만한 대학들이 있었다. 미국 적응기를 마치고 이제 좋은 성적을 받을 수 있는 위치에 도달한 현재의 영기가 자신의 상황에서 할 수 있는 최선의 선택은 일단 갈 수 있는 대학 중에서 가장 나은 대학으로 진학하여 좋은 성적으로 졸업한 후 명문 대학원으로 진학하는 것이었다.

영기의 대학 진학을 위해 필요한 처방은 여름방학 동안 2년 분량의 영어를 한꺼번에 이수할 수 있는 방법을 찾는 것과 고교 졸업에 필요한 이수 과목을 12학년에 모두 마칠 수 있는 시간표를 짜는 것, 그리고 SAT 점수를 1,700점 이상으로 만드는 것이었다.

대학 선택의 기준으로는 명성보다는 대학원 진학을 성공적으로 준비할 수 있는 사립대학이나 명성이 있는 큰 대학교 중에서 경쟁력이 낮은 공립대학으로 목표를 정하도록 했다.

결과

영기는 여름방학 중에 고등학교 졸업에 필요한 2개의 영어 과목을 인근 커뮤니티칼리지에서 모두 A로 이수했다. 다행히 영기의 학교와 교육구에서 영기의 입장을 반영해 주어 지난 학년 이수한 과목 중 일부를 졸업 필수 과목으로 확정해 주기도 했다.

10월에 치른 SAT에서 1,820점을 기록했고, 과목별 SAT도 평균 600점대를 받았으며, Korean에서는 800점을 받았다. 결국 영기는 아이오와대학교^{University of Iowa}, 오하이오주립대학교^{Ohio State University}, 인디애나대학교, 캔자스주립대학교^{Kansas State University}와 캘스테이트 몇 곳, 그리고 몇몇 우수 사립대학으로부터 합격 통보를 받을 수 있었다.

6

{ 조기 유학으로 10학년에 입학했지만
모든 것이 낯설었던 한나 }

··· 생소한 미국 생활을 보딩스쿨에서 극복하다

사전 정보

한나의 아버지는 사업에 실패한 후 미국 이민을 결심하는 중에 한나의 진학 문제를 고심하고 있었다. 한국에서 성적도 좋고 반장도 하는 등 우수한 학생인 한나가 미국으로 유학을 갈 경우, 대학 진학에서 가장 중요한 학년인 10학년이 되는 나이였다. 영어와 미국 문화 적응을 위해 1~2년 정도의 시간이 필요할 텐데, 그렇다면 대입 준비는커녕 고등학교 졸업이나 제대로 할 수 있을지가 아버지의 걱정이었다.

분명히 자신의 능력과 이상에 미치지 못하는 현실이 한나에게 큰 타격을 줄 것은 불을 보듯 뻔했다. 또한 공립 고등학교에 진학할 수 있는 비자를 확보한 상태도 아니어서 사립 고등학교로 진학해야 하는데, 지금은 시기적으로도 입학생 선발이 끝난 시점이어서 당장 가을 학기에 들어갈 학교를 찾는 것도 문제였다.

이렇게 조언했습니다

일단 수준이 조금 낮은 사립 고등학교를 찾아 한나를 입학시키고, 고등학교에 다니는 기간을 영어 및 미국 문화 적응기로 삼아 일단 커뮤니티 칼리지로 진학한 후 나중에 명문 대학으로 편입하는 소프트랜딩(soft landing : 비행기의 연착륙을 지칭하는 말로 큰 어려움 없이 적응에 성공하는 것을 뜻함)을 생각하라고 아버지에게 조언했다. 10학년에 유학을 와서도 충분히 명문대에 진학하는 특별한 아이들이 없는 것은 아니지만, 아버지에게 공연히 헛된 꿈을 심어 줄 수는 없는 일이었다.

여기까지 이야기가 진척되었을 때 알고 지내던 우수한 가톨릭 보딩 여학교 입학처장과 우연히 전화 통화를 하게 되었는데, 마침 한 학생이 등록을 포기하여 한나가 들어갈 수 있는 학년에 자리가 비었다는 이야기를 듣게 되었다. 지원 서류를 제출하고 인터뷰를 할 수 있다면, 학생 선발 평가를 해 볼 수 있다는 기적과도 같은 이야기를 전해 듣고 당시 미국을 방문 중이었던 한나의 아버지에게 급히 성적증명서와 재정보증서 등을 준비한 후 학교를 직접 방문하여 입학 원서를 제출하도록 했다.

한국에 있는 한나는 며칠 후로 잡혀 있던 SSAT가 끝나면 인터뷰를 위해 곧바로 미국에 들어오도록 했다. 우여곡절 끝에 한나는 기적처럼 학생비자를 받고 꽤 괜찮은 보딩 여학교로 진학하여 미국 생활을 시작하게 되었다.

결과

미국 고교 진학을 앞둔 여름에 미국 교과서를 미리 구해 집중적으로 예습하는 등으로 영어에 집중한 덕분에 한나는 영어와 미국 문화에 빨리 적응했다. 한 학기 만에 ESL 프로그램을 마쳤고, 10학년에 들어가자마자 정규 과목 사회, 수학, 과학을 배정받았다. 2학기부터는 영어도 정규 과목을 선택하게 되었다. 한국에서 공부한 수학 성적을 인정받아 수학은 Algebra II로, 외국어는 Spanish보다 상대적으로 수월할 것으로 판단되는 Francais를 선택했다. 모든 과목에서 우수한 성적을 받으면서 한나는 학교로부터 특별한 관심을 받으며 저널리즘 수업에 들어가게 된 것은 물론, 12학년까지 UC 필요 과목을 모두 충족할 수 있게 되었다.

12학년에는 가정환경이 어려운 한나에게 학교에서 장학금까지 지급했다. 한나가 일반 공립 고등학교로 진학했다면 다른 학생들과의 경쟁에서 우수한 성적을 받기 어려웠을 것이고, 학교로부터 이와 같은 대우를 받기는 더더욱 힘들었을 것이다.

쉬운 과목을 선택하면서 적당히 기숙사에서 시간을 보낸 것이 아니라 한나는 수녀님에게 도움을 청하고, 교사에게 열심히 질문해 가면서 성적 관리에 힘썼다. 동시에 스포츠 활동에 참여하고, 미국 학생들과 활발하게 교류함으로써 쓰기와 말하기를 빨리 따라잡을 수 있었다.

작은 사립학교에서 착실하게 대학 준비를 마친 한나는 필자의 권유로 작은 규모의 사립대학들, 즉 리버럴 아츠칼리지 위주로 지원했다. 경제적 형편이 어려웠지만, 어차피 유학생 비자로 대학 진학을 해야 하기에 주립대학에 들어간다고 해서 학자금이 절약되는 것도 아니었기 때문에 사립대학의 재정 보조를 기대하는 것이 차라리 나은 점도 있었다. 학교 측에서 훌륭한 추천서를 써 주겠다는 약속도 받아냈다.

11~12학년에는 여러 개의 Honor 과목과 함께 AP 네 과목을 선택했고, 성적도 A와 B를 받아 Weighted(가중평점) GPA 3.8을 기록했다. 11~12학년 전 여름방학 동안 다음 학기 예습을 열심히 하여 학기 중 공부한 과목에서 성과가 있었다.

학과 외 활동으로는 소프트볼, 저널리즘, 앰네스티 인터내셔널, 프렌치클럽, 보딩 학생회와 학생회 등에 참여했다. 저널리즘 수업에서는 2년간 잘 준비하여 12학년 때 편집장을 했고, 보딩 학생회에서는 3년 동안 임원으로, 학생회에도 보딩 학생 대표로 참여했다. SAT 점수는 토요일 집중 수업을 통해 1,900점 이상의 점수를 받았다.

결과

미국 생활 중 갖게 된 외교학에 대한 관심을 구체화하기 위해 명문 대학원 진학을 장기적 목표로 삼은 한나의 꿈을 확실히 이루기 위해서는 작은 인문대가 적격이었다. 필자가 권유한 상위 40위권의 인문대학 중에는 한나의 보딩 여학교에서의 경험을 고려한 몇 곳의 명문 사립 여자 인문대학이 포함되었다.

최종적으로 한나는 꽤 많은 장학금을 제공하기로 한 마운트 홀요크 칼리지를 선택하여 진학했고, 만족스러운 대학 생활을 시작하게 되었다.

7

{ 조기 유학으로 9학년에 입학했다가
11학년 때 전학했던 준기 }

— 잘하는 과목을 집중 공략하여 장점을 살리다

사전 정보

한국의 지방 대도시에서 부동산 임대업을 하는 준기의 부모는 준기가 수도권 대학에 들어가기를 원했다. 그래서 이를 위해 준기가 초등학교 때 서울 강남에 아파트를 마련하고 준기와 동생을 서울에서 교육시키기 시작했다.

친구들과 헤어져 낯선 곳에 정착하게 된 준기는 그런대로 잘 적응해 나갔지만, 정작 아버지와 떨어져 기러기 생활을 하게 된 어머니는 강남 문화에 적응하기가 쉽지 않았다. 아들의 교육과 건강을 위해 아무리 뒷바라지를 해도 강남 학부모들의 교육열을 따라가기는 역부족이었다.

초등학교를 졸업하고 중학교에 진학한 준기는 열심히 공부했지만, 전체 석차에서 한 번도 중위권을 넘어 본 적이 없었다. 게다가 초등학교 때 즐기던 축구와 수영을 계속하지 못하는 것도 안타까웠다.

준기의 부모는 준기의 고교 진학을 앞두고 이렇게 교육시켜서는 아무리 교육비를 들이고, 아이를 혹사시킨다고 해도 수도권에 있는 대학에 진학시키는 것이 쉽지 않다는 판단을 하게 되었다. 그래서 30년 전 미국으로 이민을 가 자리를 잡은 외가로 준기를 보내면 어떨까 타진하게 되었고, 자녀의 미국 유학을 진지하게 고민하기 시작했다.

결국 준기의 미국 유학이 결정되었고, 미국에서 대학을 나와 사업으로 성공한 준기의 이모가 자신의 아들이 다니는 사립 고등학교에 준기를 입학시켰다. 9학년부터 미국에서 학교생활을 시작하게 된 준기는 구기 종목 팀에 들어갈 수 있다는 점, 학교 공부가 6교시에 끝난다는 것을 알고 그 무엇보다 기뻐했다.

이모 댁에서 지내게 되면서 준기는 미국에서 태어난 사촌 형과 같은 학교를 다니며 많은 점에서 도움을 얻고 있었다. 일단 사촌 형과 함께 대화를 하면서 입과 귀가 일찍 트였고, 두 살 위였던 형을 바로 옆에서 지켜보며 모든 면을 배우게 되었기 때문이다. 게다가 학교 성적도 A와 B 수준으로 잘 받았고, 친구도 새로 사귀면서 2년간 즐겁게 지냈다. 형이 대학생이 되어 준기 곁을 떠나게 되자 홀로서기를 해야 했던 11학년에는 더욱 열심히 하여 자신도 미국 명문 대학에 진학할 수 있다는 자신감도 생겼다.

그런데 뜻하지 않게 다니던 학교가 문을 닫는다는 이야기를 듣게 되었다. 몇 개의 사립학교를 함께 운영하는 학교 재단이 재정난으로 파산하여 더 이상 학교 운영이 어렵게 되었다는 것이다. 준기는 당장 11학년부터 다녀야 할 새로운 학교를 찾아야 했다.

만나 보니
준기는 9~10학년을 지나면서 영어와 미국 문화에 자연스럽게 적응하고 있었다. 한국에서는 석차로 중위권 학생이었지만, 수학을 잘했기 때문에 10학년에 Algebra II Honors를 선택할 수 있었다. 그 밖의 과목은 모두 정규 과정의 English 10, Chemistry, World History, Spanish I 등을 선택했고, 성적은 GPA 3.5를 받았다.

대학 입학을 준비해야 할 중요한 시기인 11학년부터의 기간을 잘 보낼 수 있는 학교를 찾기 위해 고민하는 준기에게 선택의 폭이 그리 많아 보이지는 않았다. 일단 외국인이므로 거주지 근처의 공립학교 진학은 배제되었다. 현 거주지에서 통학할 수 있는 거리 안에서 다니던 학교와 비슷한 수준의 사립 고등학교를 찾거나 괜찮은 보딩스쿨을 찾아야 했다. 거주지에서 통학할 수 없는 지역에 있는 사립 고등학교를 보내야 한다면 홈스테이 가정을 찾아야 했다.

이렇게 조언했습니다
준기는 성공적인 적응기를 거쳐 11학년에 들어서면서부터 이제 한 단계 발돋움할 수 있는 시점에 와 있기는 했지만, 지금까지 해 온 것으로는 부족한 점이 많았다. 따라서 이 중요한 시기에 급격한 환경 변화를 겪게 되면 다시 적응하기 위해 시간과 노력을 빼앗길 수밖에 없었다. 그렇게 되면 준기의 대학 진학 준비에 큰 차질이 생길 것이 분명했다. 그나마 지금 준기가 지내고 있는 이모님 댁에서 계속 머물며 능력을 발휘할 수 있는 작은 사립 고등학교를 찾는 것이 최선의 방법이라는 결론에 도달했다.

다행히 멀지 않은 곳에 괜찮은 학교가 있었다. 역사는 짧지만 설립자의 교육 의지가 강하고, 한창 발전하고 있는 사립 고등학교였기 때문에 준기는 그 학교에 들어갔다. 발전하는 학교답게 상담사의 학생에 대한 애정과 협조가 매우 적극적이었고, 그 덕분에 11학년을 시작하면서 준기가 필요로 하는 몇 개의 Honor 과목과 2개의 AP 수업을 배정받을 수 있었다. 수학에 강한 준기는 필수 과목 외의 수학 분야 과목을 선택할 기회도 허락받았다. 또한 특별히 학교에서 다양한 클럽 활동을 허용하고 있었기 때문에 준기에게 꼭 필요한 학과 외 활동도 채워 넣을 수 있었다. 로봇에 심취한 물리 교사가 이끄는 로봇클럽에 참여하여 FTC(First Tech Challenge)의 지역 대회에 참여하기도 했고, 수학클럽에서 정수론(整數論: Number Theory)을 공부하기도 했다.

결과

늦게 시작한 유학 그리고 다니던 학교가 폐교되는 우여곡절이 있었지만, 준기는 고교 졸업에 필요한 학점은 물론 AP Calculus를 포함한 총 6개의 수학 과목을 A로 마쳤다. AP Physics를 포함한 4년의 과학 과목, AP European History를 포함한 4년의 사회 과목, 외국어 3년, 영어 4년 또한 잘했고, Unweighted GPA 3.4, UC GPA 3.64를 받았다.

잘 오르지 않아 애쓰며 준비한 SAT는 12학년 12월 마지막 시험에서 Critical Reading 650, Writing 680, Math 770으로 총점 2,100점의 만족스러운 점수를 받았다. 과목별 SAT에서는 Physics 730, Korean 800, Math II 800을 받았다.

결국 준기는 UC산타바버라, 퍼듀대학교Purdue University, 미시간주립대학교, 텍사스대학교-오스틴Austin, 버지니아텍, 우스터 폴리테크닉대학Worcester Polytechnic Institute 등 공학으로 유명한 다수의 대학에 합격했다.

8

{ 스포츠, 연예 등 외향적 활동을 좋아했던 켈리 }

— 15등의 졸업 성적으로 아이비리그에 줄줄이 합격하다

사전 정보

켈리는 교육계에 종사해 온 아버지와 간호사 어머니 사이의 세 자매 중 둘째였다. 켈리 가족은 켈리가 유치원에 들어갈 무렵 미국으로 이민 와 한인들이 많이 사는 평범한 주거 지역에서 살았고, 이사를 하더라도 주로 같은 동네 안에서 이동했기 때문에 자라난 동네가 자연스럽게 가족의 고향처럼 여겨졌다.

한두 살 터울로 친구처럼 자란 세 자매는 항상 함께 등하교를 했고, 맞벌이를 하는 부모가 퇴근하기 전에는 큰 언니의 지도로 함께 숙제를 하면서 시간을 보냈다. 세 자매 모두 학업 성적이 우수하여 초등학교, 중학교를 지나 고등학교에 가서도 그 동네의 똑똑한 세 자매로 유명했다. 큰 언니는 늘 부모님이 퇴근하기 전에 켈리와 막내를 챙기며 보호자 역

할을 했고, 켈리도 나름대로 막내를 잘 보살피려 노력했다.

　세 자매 중 가장 외향적인 켈리는 어려서부터 운동에 관심이 많았다. 그래서인지 집안에서는 늘 아들처럼 힘쓰는 일을 마다하지 않았다. 다른 자매들과 달리 남자 아이들과 함께 밖에서 놀기를 좋아하여 항상 땀과 흙이 묻은 채 다니는 말괄량이 소녀였다.

만나 보니

켈리는 큰 언니가 고등학교 첫 학기부터 줄곧 학교에서 성적이 가장 좋은 상위 그룹에 속하는 것을 보면서 학교 성적 관리에 큰 부담을 갖게 되었다. 언니가 강한 책임감과 성실성으로 우수한 성적을 유지하는 것과 달리 켈리는 스포츠에 관심이 많고, 교우 관계도 적극적이었다. 학과목에 대해서는 꼭 해야 할 최소한의 것만 하려 했고, 과제도 미리미리 챙기기보다는 기한이 다 되어서야 마무리하는 유형이었다. 반면 감성이 풍부하여 다양한 분야에 관심이 많았으며, 약간 다혈질적인 성격도 있었다.

　그러다 보니 언니에 비해 자연히 성적이 낮았고, 그것 때문에 부모의 채근을 받게 되었다. 언니가 97~98점을 받았던 과목을 켈리는 88~90점으로 늘 A학점 문턱 앞에서 오르락내리락했다. 다행히 9학년 1학기에는 턱걸이로 거의 모든 과목에서 A를 받았지만, 언제 성적이 떨어질지 알 수 없는 일이었다.

　켈리는 댄스를 좋아해서 다른 자매들이 악기를 배울 때 이미 수년 동안 토요일마다 댄스 스튜디오에 다니면서 여러 장르의 댄스를 섭렵했고, 댄스 발표회와 뮤지컬 등에서 뛰어난 재능을 발휘했다. 태권도도 수년째 해 오고 있었으며, 곧 검은 띠를 딸 예정이었다.

이렇게 조언했습니다

외향적인 켈리의 넘치는 에너지를 발산할 수 있도록 스포츠클럽 등에 들어가 자신의 끼를 발휘하도록 조언했다. 치어리딩, 드라마, 댄스, 학생회 등의 활동을 추천했고, 여름방학 때도 켈리의 장기인 댄스와 드라마를 할 수 있는 프로그램을 찾아 참여하도록 했다.

학과목은 언니에 비해 다소 부족해 보이더라도 A를 꾸준히 받는 것을 목표로 삼았고, 무리하지 않으면서도 우수 대학에 지원할 수 있는 수준의 과목들을 선택할 수 있도록 계획을 세웠다. 언니가 학교에서 가장 난이도가 높은 과목을 선택했다면, 켈리는 언니의 80~90% 수준이 되는 난이도의 학과목을 선택하면서 성적 관리를 하도록 했다.

결과

켈리는 학생회에서는 주요 포스트를 거쳐 12학년 때 학생회장이 되었고, 4년 내내 학교 대표 치어리딩 팀에서 공동 주장을 맡았다. 모델, 드라마, 댄스 등도 지속했다. 3년 내내 여름방학에 명문 대학의 서머 드라마/댄스 워크숍을 다녔고, 그 외 커뮤니티의 초등학생 아웃도어 서머캠프에서 캠프 상담사, 드라마 코치 등으로 활동했다.

교회에서는 학생회 연극팀의 리더였고, 어린이부 드라마와 댄스 교사로 봉사했다. 가장 걱정하던 SAT는 집중적으로 준비한 덕에 3년 내내 조금씩 발전하여 11학년 말에 치른 시험에서 2,260점을 받았다.

7개의 AP 과목을 선택했고, 그 가운데 4개는 5점, 3개는 4점을 기록했다. 성적은 Unweighted GPA 3.87, UC GPA 4.22로 500여 명의 동급생 중 15등 안에 들었다. 과목별 SAT에서는 Math II 710, US History 750, Spanish 770, Biology 740을 기록했다. 1등으로 졸업한 언니가 한 해 먼저 예일대에 진학했고, 켈리는 다음 해에 UC버클리, UCLA, 앰허스트, 컬럼비아 등에 합격했으며, 언니가 진학한 예일대에는 대기 합격자가 되었다.

켈리는 컬럼비아에 진학하기로 결정한 후 졸업파티 준비 등을 위해 바쁘게 지내던 여름방학 중에 한 통의 전화를 받았는데, 다름 아닌 예일대의 추가 합격을 알리는 전화였다. 결국 켈리는 언니가 있는 예일대로 진학했다.

9

{ 초등학교 때 왕따였지만, 조기 유학으로 아이비리그에 합격한 슈완 }

— 전인교육을 내세운 사립학교에서 돌파구를 찾다

사전 정보

슈완은 학구파 집안의 장손이다. 독일의 유명 대학에서 이학박사 학위를 받고, 대학 학장을 지낸 할아버지를 비롯해 아버지 형제 모두가 학자이다. 삼촌들과 고모들도 모두 명문 대학 출신으로서 학계, 의학계, 법조계에 종사하고 있다. 또한 외조부와 외삼촌들은 모두 의사이다.

아버지가 미국에서 공부할 때 그곳에서 태어난 슈완은 아버지를 따라 한국에 와서 몇 년을 지낸 적이 있었는데, 당시 한국 생활에 잘 적응하지 못한 것이 문제였다. 한국어 습득도 늦어 초등학교 고학년 때부터 학교생활에서 자신감을 잃은 상태였고, 여러 가지 이유로 학교 친구들에게 왕따를 당하게 되면서부터는 그야말로 지옥 같은 학교생활을 해야 했다.

집안의 기대를 충족시켜야 한다는 부담까지 가지고 있던 슈완은 중학교에 진학하자 학원에 가는 것을 거부하며 미국에 가서 공부하겠다고 말했다. 부모의 허락이 여의치 않자 슈완은 점차 부모와의 대화를 끊었고 성적은 더욱 떨어졌으며, 학교에서 문제를 일으키기도 했다. 더 이상 지켜볼 수 없었던 부모는 외동아들을 구한다는 마음으로 중학교 2학년 여름방학 중에 슈완을 미국에 보내기로 결정했다.

만나 보니

조기 유학을 생각하는 학생들은 대부분 장기 계획으로 미국 대학 진학 준비를 하고 있는 데 반해 슈완은 안타깝게도 힘든 청소년기를 어떻게든 정상화하기 위해 미국 유학을 선택한 경우였다. 따라서 명문대 진학 계획을 논하는 것은 슈완과 부모에게는 불필요할 뿐만 아니라 사치스러운 생각이었다.

우선 시급한 일은 명석하고 쾌활했던 슈완이 수년 동안 잃어버렸던 자신의 본래 모습을 되찾는 일이었다. 그 다음은 한국에서의 적응 실패 때문에 습득하지 못한 학습량을 미국 교육 과목으로 채우면서 미국 학교에 적응하는 것이었다. 그런 다음 대학 진학 준비를 해 나가는 것이 필요했다.

이렇게 조언했습니다

일단 슈완을 위한 학교 선택에서 경쟁이 심한 대규모 공립 고등학교는 배제했다. 사립학교 중에서 선택하되 슈완이 학교생활에 성공적으로 적응하기 위해 고려해야 할 몇 가지가 있었다. 학생들의 문화적 다양성이 너무 심하면 그룹 간 배타성이 커서 현재 거의 외톨이와 같은 슈완을 수용하고 품어 줄 그룹이 존재하기 어렵다고 판단했다.

따라서 슈완에게 적합한 학교는 학년당 인원이 적어야 하고, 학생 개개인의 특색이 받아들여질 수 있는 분위기여야 하며, 우수한 학생이 많아서 경쟁이 심한 학교보다는 학생 간의 협력이 강조되고, 전인교육을 내세우는 학교를 조건으로 삼았다. 또한 종교색이 완전히 배제되어 있는 것보다는 어느 정도의 종교성이 슈완의 정서 함양에 도움이 될 수 있다고 판단되었다. 세심한 조사 끝에 슈완은 한 학년이 60명 정도이면서 종교적 색채가 강하지 않은 가톨릭 고등학교를 찾아 진학하게 되었다.

이후 슈완은 다행스럽게도 학교에 잘 적응했고, 즐겁게 지내면서 얼굴 표정도 점점 밝아졌다. 초반에는 적응을 위해 쉬운 과목 위주로 시간표를 짜면서 공부하기로 하고, 점차 적응 상태를 보면서 대입 준비를 하기로 했다. 그 밖에도 혼자 하는 프로젝트에 강하면서 생각이 깊은 슈완에게 글쓰기 연습과 저널리즘 수업을 선택하도록 조언했다.

결과

적응기였던 슈완의 첫 해 성적이 A와 B로 채워졌다. 10~11학년 때는 좀 더 우수한 성적을 기록했다. 물론 학교가 경쟁이 심하지 않았고, 교사들이 슈완의 적응을 돕기 위해 상상 이상의 정성을 기울여 주었기에 가능한 일이었다. 세심한 학교 선택이 아니었다면 슈완은 다시 한 번 무참하게 적응에 실패하고, 돌이킬 수 없는 슬픈 학창 시절을 보내지 않았을까 하는 생각이 들었다.

상황이 크게 반전되어 11학년이 되면서 슈완은 미국에 건너왔을 당시에는 전혀 생각해 볼 수 없었던 우수 대학 진학을 계획할 수 있게 되었다. 11학년 말까지 SAT 2,100점, 4개의 AP 과목을 포함한 Unweighted GPA 3.8의 우수한 성적을 갖추었다.

학교 저널리즘 수업에서 독서와 영화 감상 후 자신의 생각을 정리하는 저널을 쓰면서 글쓰기가 계속 발전했고, 작문으로 학교에서 매년 상을 타게 되었다. 작문의 재능은 대입 에세이에서도 유감없이 발휘되었다. 짧은 시간에 깊이 있는 생각을 정리하여 그것을 수려하고 간결한 문체로 써냈다. 슈완은 과묵해 보이지만 철학과 새로운 것에 대한 관심, 작고 세심한 부분까지 관여하는 따뜻한 마음이 내면에 무한 저장된 것 같아서 마치 그것을 그냥 꺼내기만 하면 되는 듯한 글을 썼다.

슈완의 글솜씨에 감탄한 필자는 슈완으로 하여금 대입 에세이뿐만 아니라 여러 가지 주제의 에세이를 함께 써서 대학에 보내도록 했고, 그 결과 한 곳의 아이비리그 대학을 비롯해 여러 유명 사립대학의 문학과 심리학 전공 프로그램에 합격할 수 있었다.

10

과학고에서 명문 보딩스쿨로 유학 후 심한 경쟁을 겪었던 유미

— 소규모 학교로 전학한 후 안정을 되찾다

사전 정보

유미는 교육자 집안에서 태어났다. 아버지는 이공계 대학 교수이고, 어머니는 과학고등학교 교사이다. 그래서인지 유미는 어려서부터 과학자가 되는 것이 꿈이었다. 유미는 아버지가 미국에서 유학하던 시절에 태어났지만, 한국에서 일하시게 되면서 한국으로 들어와 초등학교를 다니기 시작했다. 그러나 유미는 아버지의 영향으로 미국 명문 대학에서 박사 학위를 받아 과학자가 되고 싶어 했다.

유미 가족이 한국에서 살게 된 곳은 과학교육 단지였다. 그 영향으로 어려서부터 책을 보고 공부하는 것이 자연스럽게 생활의 일부가 되었다. 또한 피아노와 고전무용, 승마, 골프 등을 꾸준히 했고, 중학교 때는 클라리넷을 배웠다. 유미는 수학과 과학에 뛰어난데다 다양한 특기를 가진 인기 만점의 학생이었다.

유미는 자신의 꿈을 이루기 위해 과학고등학교로 진학하여 포항공대나 과학기술대, 서울대, 연세대, 고려대 등 한국의 명문 대학을 마친 후 미국 명문 대학원으로 진학하여 박사 학위를 받겠다는 결심을 했다. 그러나 과학고 1학년 중반이 되면서 고등학교 졸업과 동시에 미국 대학으로 진학하는 선배들의 모습을 보면서 자신도 미국 명문 대학에 직접 유학하는 것으로 목표를 수정하게 되었다.

만나 보니

상담 결과 유미에게 몇 가지 문제가 있었다. 유미가 목표한 대로 과학고를 졸업한 후 최상급 미국 명문 대학으로 직접 입학하는 일이 쉽지 않다는 것, 그리고 다른 과목에 비해 상대적으로 부족한 영어 과목을 보강하는 것, 부족한 SAT 점수 등이 문제였다.

유미가 고등학교 2학년 1학기를 마치고, 그해 가을에 미국 고등학교 10학년으로 진학하여 현지에서 대입 준비를 하는 것이 오히려 실익이 있다고 판단되었다. 사실 평범한 학생에게는 무리한 유학 계획이지만, 워낙 경쟁심과 책임감이 강한 유미였기 때문에 충분히 가능하다고 판단되었다.

만약 유학을 결정한다면 소프트랜딩으로 3년간 높은 성적을 유지하고, SAT 점수 향상, 학과 외 활동 등에 모두 성공해야 하는데, 심신에 닥칠 엄청난 스트레스를 부모의 근접 지원 없이 어떻게 해결하느냐가 관건이었다. 어쨌든 유미는 아이비리그 대학들과 MIT, 캘텍, 하비머드칼리지(Harvey Mudd College) 등의 이공계 전문대학과 존스홉킨스대학교, 시카고대학교 등에 지원할 것을 목표로 미국 유학길에 올랐다.

미국 고교 진학

유미는 유학 전 약 6개월 동안 주로 미국 고등학교 수학, 과학, 사회 과목에 필요한 어휘 습득에 초점을 맞춘 특별 영어 공부를 계획하여 틈틈이 준비했다. 과학고에서 받은 과학, 수학 과목의 뛰어난 성적과 부지런히 물리캠프, 리더십캠프, 과학캠프, 골프캠프, 해양캠프, 유치원 봉사 등에 참여했던 이력으로 미국의 일류 보딩스쿨에 진학했다.

10학년부터 미국에서 시작하게 된 유미에게는 영어가 관건이 될 것이므로, 영어와 외국어보다 이과 계열 과목으로 승부를 내야 했다. 이를 위해서 유미가 수학, 과학 분야에 매우 특별하다는 것을 보이기 위해 수학, 과학 전 과목을 A, SAT 과목 시험 800점 만점, AP 과목 모두 5점으로 통과할 것을 목표로 했다. 그러나 첫 해에는 학교에 적응하는 것을 우선적인 과제로 삼았고, 학과 외 활동은 이후 성적 관리를 해 가면서 보완할 수 있다고 판단했다.

유미는 과학고 시절의 실력을 인정받아 10학년에 들어서자마자 AP Chemistry와 Honors Pre-Calculus A를 선택할 수 있었고 영어, 사회, 외국어는 정규 과정 과목을 배정받았다. 그러나 유미가 진학한 학교는 역사와 전통이 깊은 명문 학교로 우수 학생들이 많아 경쟁이 매우 심했고, 심지어 교우 관계와 학과 외 활동에도 경쟁이 치열했다. 다행히 AP Chemistry와 수학에서는 A를 받았으나 영어, 사회, 외국어는 평균 B를 얻기가 힘들었다. 학과 외 활동으로는 한국에서 하던 승마를 잠깐 할 수 있었을 뿐이었다.

첫 학기를 이렇게 숨 가쁘게 지내는 것을 보고 이 학교에서는 계획대로 적응하는 소프트랜딩이 어렵다는 판단을 하게 되었다. 특히 부족한 과목은 지속적인 도움이 필요한 실정이었다. 빠른 판단과 결정이 필요했다.

전학과 대학 진학 준비

결국 유미는 2학기가 되기 전에 한 학년이 40명 정도인 보딩스쿨로 전학했다. 홈스테이를 하면서 등하교를 했고, 개인 교습을 따로 받으며 성적 관리를 할 수 있게 되었다. 우여곡절 끝에 옮긴 새로운 학교에서는 10학년을 전 과목 A를 받으면서 소프트랜딩을 하게 되었다. 뿐만 아니라 AP Chemistry 시험을 5점으로 통과하면서 유미는 자신의 목표에 도달할 수 있다는 자신감이 생겼다.

학교가 작아 테스트 없이 필드하키 팀에 참여할 수 있었고, 클라리넷 주자로 오케스트라에 들어가서 활동하기 시작했다. 방학 때는 한국에 돌아가서 모자라는 학과 외 활동을 보충하기 위해 골프캠프, 어린이 학교 봉사 활동, 발레학교 등에 참여하고, 이후 매 방학마다 한국에 들어가 참여했다.

11학년이 되어서는 외국어로 Latin을 선택하고, 아시안학생회, 아트클럽, 라틴클럽, 과학클럽, 로봇공학클럽, Earth Club(지구클럽) 등에 참여했다. 이 중에서 과학클럽과 로봇공학클럽에 심취했고, 뇌운동클럽을 조직하여 회장을 맡았다. 음악 활동도 계속하여 실내악 그룹과 오케스트라에 참가했고, 추후 인터내셔널 콘서트 트립에도 참여했다.

계획한 대로 11학년에 AP Physics, AP Calculus를 선택하여 A를 받았고, 두 과목 모두 AP 시험에서 5점을 받았다. 12학년에는 AP Statistics, AP Computer Science, AP Biology를 선택했고, 과목별 SAT에서 Physics, Chemistry, Math II, Korean을 모두 800점 만점을 받았다. SAT는 Critical Reading과 Writing 두 과목은 600점에 미치지 못했지만, 수학은 780점을 기록하여 일단 과학 전문가로서의 모습 만들기에는 성공했다.

결과

에세이는 유미의 특색을 부각시킬 또 하나의 기회였다. 통상적으로 남학생들이 좋아하는 영역이라고 할 수 있는 만들기, 발명, 연구 활동 분야에 여학생으로서 적극 참여하고 많은 관심을 가지고 있는 모습을 유머스럽게 부각시키는 내용을 담았다. 또한 특별 활동으로 한두 줄로밖에 나타낼 수 없었던 과학클럽, 로봇공학클럽, 한국과학고 당시의 연구 활동 등을 세심하게 정리하여 첨부했다.

각 대학들이 요구하는 사소한 단답형 질문들과 보완 에세이도 세심한 주의를 기울여 작성했고, 자신의 모습을 분명하게 표현할 수 있는 구절을 고심하여 선택했다. 결국 유미는 지원 대학 중 캘텍과 하비머드를 제외한 코넬, 라이스, 존스홉킨스, 렌슬러공대Rensselaer Polytechnic Institute, 시카고, 예일, 스미스 대학의 이학부에 합격했다.

11

{ UC버클리에 합격했지만, 영주권이 없어 진학을 포기한 주디 }

— 커뮤니티칼리지로 전환해 또 다른 길을 찾다

사전 정보

주디는 외국에서 선교를 하시던 부모가 미국으로 선교지를 옮기게 되어 5년 전 미국에 들어왔다. 영어가 들리지도 않았고 말도 제대로 할 줄 모르는 상태에서 9학년 신입생으로 고등학교에 입학했지만, 특유의 성실함을 바탕으로 공부하여 우등으로 졸업했다. 초반에는 영어 때문에 어려움이 많았지만, 어려운 환경의 선교지 생활로 몸에 밴 성실성 때문에 생각보다 빨리 미국에 적응했고, 성적도 최상위권을 유지할 수 있었다.

주디는 UC 상위권 대학들과 집에서 가까운 포모나칼리지, 옥시덴탈 칼리지 등을 목표로 해서 UC버클리와 옥시덴탈에 합격했고, UCLA에는 불합격했다. 가장 원했던 포모나대학에는 대기자 명단에 올랐다.

만나 보니

주디는 종교 종사자$^{Religious\ Worker}$들에게 발급되는 R비자를 가진 외국인이어서 주립대학에 진학해도 학자금 보조를 받기가 어려워 매년 3만 달러에 가까운 학자금은 주디와 가족에게 큰 부담이 되었다.

진학 조건이 비슷한 영주권자 친구는 2만 8천 달러의 학자금 중 연방정부와 주정부가 1만5천 달러를 보조금으로 감당해 주고, 나머지는 융자를 받을 수 있기 때문에 일단은 돈 없이도 진학할 수 있었다. 하지만 주디는 융자를 전혀 받을 수 없어서 학자금 전액을 고스란히 준비해야 했다. 안타깝지만 어쩔 수 없이 주디와 주디의 부모는 조만간 영주권을 받을 것이라 소망하면서 대학 진학을 유보한 상태였다.

이렇게 조언했습니다

책임감이 강한데다 고교 성적이 최상위권이었던 주디는 커뮤니티칼리지를 다니다가 향후 편입을 통해서도 얼마든지 명문 대학에 진학할 수 있다고 생각되었다. 커뮤니티칼리지 학자금은 내국인의 경우 학점당 20달러 수준이어서 거의 무료나 다름이 없고, 내국인이지만 타주 주민인 경우 164달러, 주디 같은 외국인에게는 학점당 195달러여서 풀타임 등록 시 한 학기에 3천 달러 정도, 연간 6천 달러의 학비로 대학 교육을 받을 수 있다.

또한 집에서 통학한다면 추가 생활비가 필요하지 않았다. 주디처럼 성실하고 자기 할 일을 묵묵히 해내는 학생은 커뮤니티칼리지를 이용해서 대학 생활의 일부를 해결하면 많은 경비를 절감할 수 있다.

따라서 주디는 집에서 버스 통학이 가능한 산타모니카칼리지Santa Monica College로 진학했다. 편입할 수 있는 과목들을 선택하여 한 해를 마치고 나서 자신이 원하는 포모나대학에 2학년으로 편입하는 계획을 세웠다. 동기가 확실하므로 산타모니카칼리지에서 좋은 성적을 받을 것이 분명했고, 전 과목 A를 받는다면 이미 대기자 명단에 속했던 좋은 기록도 있으니 포모나대학 진학에 대한 승산이 높았다.

1년 후 포모나대학에 합격할 경우에는 장학금 수혜에 따라 진학을 결정하도록 하고, 여의치 않을 경우에는 입학을 1년 유보하여 연기하는 방법(Defer제도)도 있었다. 그 경우는 다시 1년을 커뮤니티칼리지에서 수강하거나 한 해를 쉬는 방법도 가능했다.

만약 다음 해에 포모나대학에 합격하지 못한다면 2차 연도에 다시 포모나대학 3학년에 편입 지원을 하거나 UC버클리, UCLA로의 3학년 편입도 고려해 볼 수 있었다. 어느 쪽이 되든 2년간의 학비 절감이 가능하며, 그때까지 영주권 문제가 해결되기를 고대해 보기로 했다.

결과

주디는 산타모니카칼리지로 진학하여 포모나대학에 편입하기 위한 과목들을 수강했고, 모든 과목에서 A를 받았다. 3월 15일 마감일에 맞추어 편입 지원을 마쳤고, 산타모니카칼리지에 다니면서 대학 생활을 계속했다. 좋은 성적과 싹싹한 성격, 그리고 책임감 있는 태도로 교수들에게서 칭찬을 받았기 때문에 추천서를 받는 것도 문제가 없었다. 학교 상담사도 주디의 편입에 적극적으로 나섰고, 포모나대학 어드미션 오피스(AO: 입학사무처)와도 긴밀하게 연락해 주었다.

그러나 아쉽게도 영주권 스폰서였던 종교기관의 내부 사정으로 주디 가족은 영주권 진행을 포기해야 하는 상태가 되었고, 다가오는 비자 만료 시기에 맞추어 미국을 떠나 선교지를 옮길 수밖에 없는 상황이 되었다. 주디는 이번 지원으로 학교 문제가 해결되지 않는다면 미국에 혼자 남아 편입을 준비해야 하는데, 그럴 엄두가 나지 않았다. 그렇다면 부모와 함께 새 선교지로 떠난 후 대학 진학을 다시 생각해야 하는데, 그것 또한 현실적으로 막막했다. 이번 지원으로 포모나대학에 합격하는 것이 이제는 선택이 아니라 남아 있는 유일한 해결책이 된 셈이었다.

다행히 5월 중에 주디는 꿈에 그리던 포모나대학으로부터 편입 합격 편지를 받았고, 대부분의 학점을 인정받게 되었다. 뿐만 아니라 학교에서 2만 달러의 장학금도 제공받았다. 남은 학자금은 일단 편입 후 장학금을 더 받을 수 있도록 열심히 공부하는 수밖에 없었다. 부모는 재산의 일부를 처분해서라도 나머지 학자금을 준비하겠다고 약속했고, 생활비는 주디가 스스로 해결하기로 했다.

가족과는 헤어지게 되었지만, 주디는 꿈에 그리던 대학으로 진학이 결정되어 희망에 찬 인생의 다음 페이지를 향해 나아가고 있다.

12

{ 중학교 졸업 후 뒤늦게
미국 고교에 입학했던 앨리스 }

— 학년을 낮추어 대입 준비를 위한 시간을 벌다

사전 정보

앨리스는 주변 친구들이 하나둘 조기 유학을 떠나고, 외국에서 영어 연수를 받은 친구들이 주위에 늘어나면서 자신도 유학에 대한 생각을 갖게 되었다. 생각이 굳어지자 앨리스는 어머니에게 중국으로 유학을 가고 싶다는 희망을 이야기했다.

어머니는 딸의 미래에 투자하겠다는 마음으로 남편과 상의한 후 앨리스를 베이징의 한 외국인 학교에 입학시켰다. 서울에서 비행기로 1시간 30분 거리인 베이징에는 아버지의 거래처도 있었고, 한국 사람들도 많아서 앨리스 가족에게 낯선 외국이라는 느낌이 들지 않았다.

어머니와 앨리스는 학교 근처의 아파트를 임대하여 유학 생활을 시작했고, 2년간 지내면서 나름대로 영어도 배우고 중국어도 조금 익힌 뒤

귀국했다. 그런데 귀국 후 한국의 중학교로 진학한 앨리스는 큰 딜레마에 빠지게 되었다. 영어에서 크게 앞설 줄 알았는데, 자신만큼 영어를 하는 친구들이 너무 많았다. 영어 점수가 좋았고, 상위권 15%에는 줄곧 들었으나 자신이 생각한 만큼의 결과에는 못 미쳤던 것이다.

반면 국어와 역사 등 쉬웠던 과목에서 다른 학생들보다 더 열심히 공부해도 좋은 성적이 나오지 않았다. 잘하던 수학도 중위권으로 밀렸다. 앨리스는 중학교 2학년이 되면서부터 대학 진학에 대한 자신감이 극도로 떨어졌고, 공부에 흥미를 잃게 되면서 차라리 미술을 전공하겠다며 미술학원을 다니기 시작했다. 그러나 결과적으로 영어를 제외한 다른 과목에 더 소홀해지면서 더 깊은 좌절감에 빠졌다.

무언가 다른 활로를 찾아야만 했다. 앨리스와 부모는 고민 끝에 다시 외국 유학에서 해법을 찾기로 결정했다. 그래서 학기말 무렵인 4월 말에 어머니의 친구 딸이 다니고 있던 미국의 명문 공립 고등학교 10학년으로 유학을 왔다.

만나 보니

앨리스는 미국에서도 대학 진학에 별로 자신감을 보이지 못하고 있었다. 밝고 명랑하며 도전적이었던 자신의 본래 모습을 잃고 소심하고 우울하며 끈기도 없어 보였다.

그러나 ESL 영어 테스트에서 상위 20% 안에 드는 점수를 받았고, 대화에서도 영어로 또박또박 자신의 의견을 전달할 정도였다. 다녔던 중학교에서도 성적 이외의 부분에서는 매우 우수한 평가를 받고 있었고, 교우 관계와 봉사 활동도 내용이 좋았다.

그렇지만 10학년 2학기 후반에 입학한 미국 고등학교에서는 아무런 인정을 받을 수가 없었다. 학생의 형편을 이해해 주기보다는 행정을 우선시하는 공립학교였기 때문에 앨리스는 돌아오는 9월에 11학년으로 올라갈 수밖에 없었다. 무슨 방도를 쓴다고 해도 그 학교에서는 미국 대학 진학에 필요한 학점 이수가 힘들었다.

앨리스의 성향과 자질로 보아 시간적 여유만 있다면 미국 교육 시스템에서 충분히 경쟁력을 가질 수 있다고 판단되었지만, 시간과의 싸움에서는 이길 수 없다고 생각되었다. 미국에 올 때의 목표는 서울의 한 대학과 자매결연을 맺고 있는 UC데이비스에 들어가 학점 교환으로 서울을 방문하는 것도 생각했었다. 결론적으로 최소한 한 학년을 낮추어 사립학교로 진학하는 것이 필요했다.

이렇게 조언했습니다

먼저 앨리스의 어머니에게 미국 생활을 청산하고 돌아갈 것과 그렇게 함으로써 절약되는 경비로 학년을 낮추어 입학할 수 있는 괜찮은 보딩스쿨에 앨리스를 보내도록 권했다. 그리고 보딩스쿨 선택은 앨리스의 성향과 장점을 살려 주고, 미국의 교과 과정을 충분히 완수하면서 정상적으로 대학 진학이 가능한 학교로서 경쟁이 심하지 않고, 어느 정도의 규율도 있는 학교로 정할 것을 목표로 했다. 앨리스는 또래의 유학생들보다 영어 회화를 잘하기 때문에 인터뷰에 중점을 두어 진학 준비를 하는 것도 효과적이라는 판단이 섰다.

시간이 없지만 전화 인터뷰와 캠퍼스 방문 등의 일정을 잡아 학교 측에 적극적인 자세를 보일 수 있도록 했다. 보딩스쿨 순위 50위권에 드는 학교 중 여자학교, 남녀공학, 그리고 앨리스가 관심을 보였던 아트 중심의 학교, 산속의 소규모 학교, 도시의 중간 규모 학교, 대입 진학률이 높은 학교, 경쟁은 심하지 않고 가족적인 분위기에서 대학 지원이 가능한 학교 등 여러 종류의 학교에 지원해 보았다.

학교 선택은 무엇보다도 앨리스가 진학 후 즐겁게 생활할 수 있는 학교라는 확신이 드는 곳이어야 하며, 앨리스의 장점을 잘 살려 주고, 약점을 보완해 줄 수 있는 곳이어야 하므로 앨리스 자신이 깊이 고민하고 선택할 기회를 갖는 것이 무엇보다 중요했다.

결과

지원한 모든 학교에서 9학년 진학 허가를 받았는데, 그중 앨리스와 부모가 원하는 Vormont Academy, Annie Wright School, Tilton School, St. Andrew School을 비롯한 여섯 곳은 캠퍼스를 방문했다. 순위로 보면 필요 없는 일이었지만, 한국에서의 어려웠던 중학교 생활도 있었기 때문에 앨리스에게 좋은 학교는 다른 사람이 알아주는 곳이 아니라 본인이 가서 무리 없이 공부할 수 있다는 확신이 드는 학교를 선택하는 것이 중요했다. 그래서 학교를 직접 방문하는 등 좀 더 알아본 후에 결정하기로 했다.

각 학교를 방문해 본 결과 학교 분위기가 엄격하고, 경쟁보다는 팀워크를 강조하며, 교사들 대부분이 가족과 함께 캠퍼스 안에 거주하여 학생들과의 교류가 많고, 성적 관리와 개인 지도에도 도움을 줄 수 있는 한 여학교와 깊은 산속에 위치해서 도시의 산만함이 없고, 겨울에도 옥외 스포츠를 즐길 수 있으며, 약간의 성적 경쟁이 있는 학구적인 남녀 공학 등 두 곳으로 압축했다. 앨리스는 비로소 희망에 찬 밝은 모습을 보였고, 그것은 가족에게도 큰 행복감을 주었다.

고등학교 진학의 성공 요인으로는 좋은 영어 점수와 중국에서의 경험, 그리고 외향적인 성격이 도움이 되었으며, 인터뷰를 훌륭하게 해낸 것도 좋은 영향을 주었다. 10학년이 아니라 9학년으로 지원한 점도 한몫을 했다. 이제부터 안정적인 고등학교 시기를 보내고 나면 원하는 대학 진학은 저절로 따라올 것이 분명하다고 믿으면서 엘리스의 성장 과정을 지켜보고 있다.

13

{ 학교 성적에 비해 SAT 점수가
크게 낮았던 조슈아 }

— 공부 방법을 바꿔 단기간에 성적을 높이다

사전 정보

7학년 때 미국에 온 조슈아는 우수한 수학 실력을 바탕으로 Math & Science 매그닛 스쿨에 진학했다. 영어에 약점이 있기는 했지만, 점차 적응이 되어 고교에서도 우수한 과목들을 선택하여 좋은 성적을 받았다.

11학년까지 AP Calculus AB, AP US History, AP Biology, AP Art History, AP European History, Chinese I·II, English 9·10, Honors English 11, Honors Algebra II, Honors Pre-Calculus, Sociology 등을 선택했다. 이 중 30%에서 B를 받았고, 나머지는 A를 받았다. 10학년 때 치른 AP 시험에서 AP European History는 3점을, 11학년에 선택했던 네 과목은 3점 2개, 4점 2개를 받았다.

12학년 때는 AP Calculus BS, AP Statistics, AP Environmental Science,

AP Chinese, AP Government, AP Economics를 듣기로 했다. 11학년 봄에 치른 SAT는 Math 680, Critical Reading 520, Writing 540으로 총 1,740점을 받았고, 과목별 SAT에서 Math II 710점을 받았다.

학과 외 활동으로는 교회에서 다녀온 1주일 동안의 멕시코 Mission Trip에 두 번 참가했고, 체육 대신 테니스팀에 들어가 4년간 주니어 대표팀과 대표팀에서 뛰었다. 그 외에 100시간의 병원 봉사와 15시간 내외의 봉사단체 기록이 있었다. 조슈아는 아이비리그 대학 한 곳과 UCLA, UC 버클리를 목표로 하고 있었고, 대학 졸업 후 의과대학 진학을 희망하고 있었다.

만나 보니

11학년 6월에 만난 조슈아의 약력을 보니 아쉬운 점이 여러 가지 있었다. 첫 번째로 좋은 학과목과 성적에 비해 학과 외 활동이 너무 평범했다. 미국 어느 대학에도 당당히 지원서를 낼 수 있을 만한 학과목과 성적을 가지고 있지만, 그 외의 조건이 성적과 균형이 맞지 않았던 것이다. 이러한 경우 아이비리그 대학에서 조슈아를 뽑아야 할 이유를 찾게끔 내세우는 것은 분명 쉬운 일이 아니었다.

뿐만 아니라 좋은 학과목과 성적에 비해 SAT 점수가 극도로 부족한 것도 눈에 띄는 문제였다. SAT 점수가 학교 성적에 비해 심하게 낮아 입학사정관들을 만족시키기 어려운 상태였다. 게다가 SAT 과목 시험도 아직 다 치르지 않아 가을에는 꼭 치러야 했다. 좋은 점수를 받아야 할 시험이 너무 많다는 부담이 있었다.

조슈아는 빠른 이해력을 통한 학습에는 강했으나 노력을 통해서 점수를 받아야 하는 과목에 매우 약했다. 한마디로 머리를 쓰지 않고 노동력이 많이 들어가는 과목에 약한 셈이었다. 예를 들어, 단어 시험에서는 각 단어의 대략의 의미를 이해하는 수준에서 공부를 마치기 때문에 여러 개의 보기가 나오는 시험이라면 좋은 점수를 얻을 수 있지만, 빈칸 채우기나 용례 만들기 등의 시험에서는 여지없이 낮은 점수를 받는 식이다.

어처구니없게도 이런 공부 습관 때문에 SAT에서 생각보다 점수가 나오지 않았던 것이다. 대체 가능성을 파악해 보기 위해 치른 ACT 평가 점수도 SAT와 크게 다르지 않았다. SAT 점수는 너무 낮고, 과목별 시험은 치러야 하는데다 학과 외 활동은 미진했다. 이대로는 아이비리그 대학은커녕 UCLA도 먼 이야기였다.

이렇게 조언했습니다

조슈아의 학과목과 성적에 걸맞으면서 목표 대학에 안착하기 위한 SAT 목표 점수를 2,250점으로 잡았다. 대학 지원까지 6개월이 남아 있는 시점에서 무려 500점 이상의 차이가 나는 목표였다. 그러나 조슈아가 한 번도 SAT 준비를 해 본 적이 없었다는 것과 조금만 노력하면 Math 800점은 확실히 도달할 수 있겠다는 판단, 그리고 조슈아의 공부 습관을 파악한 결과 문제 유형에 대한 이해와 파악을 통해 점수를 높이는 것은 시간문제라는 생각에서였다.

그러나 2,250점의 목표는 달성하지 못해도 낭패요, 달성해도 문제인 목표였다. 달성해도 문제인 이유는 조슈아가 11학년 5월에 SAT 시험을 치렀기 때문에 다음 시험 시기인 10월까지 불과 5개월 차이라서, 만약 이렇게 짧은 기간에 큰 점수의 향상을 이루는 경우 ETS$^{Educational\ Testing\ Service}$가 시험 점수를 무효화시킬 수 있기 때문이었다. 그럴 경우에는 재시험을 치러야 하는데, 대학 지원 시기는 물론 합격 발표 때까지 해결이 나지 않을 수도 있었다. 어쨌든 SAT 시험은 10월에 목표가 달성되든지 않든지 간에 한 번으로는 부족하기 때문에 10월과 12월에 걸쳐 두 번을 치르기로 했고, 두 번 모두 실수 없이 잘 치르도록 준비하기로 했다.

조슈아의 경우는 남은 6개월 동안 SAT 점수를 얼마만큼 올리느냐가 관건이었다. 현재 조슈아의 예상 합격률은 UCLA의 경우 50% 남짓이지만, SAT 점수가 2,000점이 되면 70%, 2,200점이 되면 95%로 예상할 수 있기 때문이다. 과목별 SAT는 11월에 치르기로 하고, 비교적 점수를 따기 쉬운 Korean과 가장 자신 있는 과목인 Biology를 준비하여 치르고, Math II는 800점을 목표로 다시 치르기로 했다.

조슈아는 UCLA, UC버클리 등 UC 상위 대학들과 시카고, 에모리대학교$^{Emory\ University}$, 카네기멜론대학교 등의 분자생물학 전공학과로 목표를 정했다.

결과

10월에 치른 SAT에서 조슈아는 다행인지 불행인지 목표를 달성하지 못했다. Math 760, Critical Reading 610, Writing 650으로 총점 2,020점을 받았으며, 결과적으로 ETS의 제재도 없었다. 12월 시험에는 Math 800, Critical Reading 680, Writing 700으로 총점 2,180점을 받아 역시 목표에는 미치지 못했으나 자신에게 꼭 필요한 점수를 획득했다.

11월에 치른 과목별 SAT에서는 Korean 760, Math II 780, Biology 750으로 적절한 점수를 받았다. 최선을 다한 조슈아는 UCLA, UC샌디에이고, 에모리, 카네기멜론 등으로부터 합격 통보를 받았다.

14

서울대 낙방으로 공부 의욕을 상실했던 수재 연이

— 미국 유학으로 활로를 뚫는 데는 토플 성적이 관건이다

사전 정보

연이는 서울의 한 여고에서 3년 내내 전교 1등을 차지한 우수 학생이었다. 학교 선생님들은 연이를 지난 수년 내를 통틀어 그 학교에서 가장 뛰어난 학생이라고 칭찬하면서 꼭 서울대 경제학과로 진학하여 한국 경제에 기여하는 사람이 되라고 말씀하곤 했다. 그러나 아쉽게도 연이는 서울대에 합격하지 못했다.

연이는 큰 충격을 받았다. 다른 학교는 생각해 보지도 않았고, 당연히 지원조차 하지 않았다. 이제 정해진 수순은 재수를 하는 것이었다. 그러나 연이는 자신감과 공부에 대한 의욕이 떨어져 몇 달 동안 공부를 제대로 하지 못했다. 재수를 해서 합격한다는 자신도 없었고, 그렇다고 다시 불합격한다는 것은 도저히 상상조차 할 수 없었다. 안타까운 것은 12년간

줄곧 1등만 해 온 연이가 자존감에 큰 상처를 받아서 다른 학교나 다른 학과로 지망하는 것에 극도의 저항감을 가지고 있다는 점이었다.

그러던 중 이를 안타깝게 지켜보던 어머니가 연이를 데리고 사촌의 결혼식 참석을 위해 미국을 방문하게 되었고, 미국 여행을 하면서 연이는 새로운 가능성에 도전해 보고 싶다는 마음이 생겼다.

만나 보니

서울대 최고 인기학과를 목표로 하던 연이는 미국 유학에서도 마찬가지로 가장 경쟁률이 높은 우수 대학들을 고집할 것이 자명해 보였다. 연이는 출신 고교에서 훌륭한 성적을 유지했기 때문에 분명히 미국의 우수 대학에서 관심을 가질 만한 학생이었다. 또한 미국의 어느 대학에 가더라도 적응기만 지나면 학업을 훌륭하게 수행할 것이 분명했다. 이제 적절한 대학 선택과 꼼꼼한 준비만 남아 있었다.

요즘은 한국의 특목고 유학반을 통해 고교 졸업 후 바로 미국 대학으로 진학하는 경우가 상당히 증가하고 있다. 물론 아직 소수이기는 하지만, 한국의 우수 학생들이 미국 대학의 구미에 맞는 지원 조건을 완벽하게 갖추어 지원하고 있는 터라 미국 유학을 염두에 두지 않았던 연이로서는 그들과 비교했을 때 어느 정도 손해를 보고 있는 것은 분명했다.

영어권 국가를 방문한 경험이 전혀 없다던 연이의 영어 실력은 Toefl―IBT(Test of English as a Foreign Language-Internet Based Test : 토플시험의 시험지를 사용하는 시험인 paper based test와 구별하여 인터넷으로 치르는 시험) 85점 정도였다. 요즘 한국 학생들의 영어 실력이 하루가 다르게 발전하고 있다는 것과 미국 주요 대학의 글로벌 리더 프로그램에 합격하기 위한 IBT 토플 점수가 110점에 육박하고 있다는 것, 그리고 90점 후반대는 받아야 한국의 특목고에 합격한다는 추세를 감안하면 연이의 점수는 그다지 훌륭한 점수는 아니었다.

이렇게 조언했습니다

연이는 현재 상태로는 돌아오는 가을 학기에 원하는 대학으로 진학하는 것이 불가능했다. 자연히 시간을 두고 다음 해 봄 학기나 가을 학기 신입생으로 도전하기로 했다. IBT 토플 점수는 대학에서 해외 유학생에게 요구하는 커트라인을 이미 넘겼기 때문에 지원 자체에는 문제가 없었다.

사실 미국의 대학이 해외 유학생, 특히 비영어권 유학생의 영어 실력을 중요하게 생각하고 있기는 하다. 그러나 이것은 대학 진학 후의 학업을 수행할 능력이 있는지를 알아보기 위한 것이지 다른 조건보다 영어 점수를 더 중요하게 본다는 의미는 아니다. 그것보다는 고교 성적이 더욱 중요한 잣대가 되는데, 이것은 연이의 강점이었다. 그러나 아이비리그 대학이나 우수 인문대학은 워낙 지원자들의 수준이 높아서 입학 후 충분히 학업을 수행할 능력이 있다는 것을 보여주는 차원에서 우수한 영어 실력을 확인시키는 것이 필요했다.

그래서 가을에 치르는 IBT 토플에서 100점을 목표로 공부에 전념하도록 했다. 특히 약점인 듣기와 말하기에 중점을 두고 점수를 올릴 수 있는 방법을 강구했다. 남은 기간 중 절반은 한국의 토플 학원에서 공부하고, 여름부터는 미국에 들어와서 준비하기로 했다. 우선 커뮤니티칼리지에서 I-20(입학 허가서)을 받아 한국에서 F-1 비자를 획득하도록 했다.

그런데 한 가지 문제가 더 남아 있었다. 다름 아닌 연이의 약점이라고 할 수 있는 학과 외 활동이었다. 고등학교 생활기록부에 적힌 활동을 간추리면 일부 수상 내역과 간단한 봉사 내역뿐이라서 이를 보완하는 것이 절대적으로 필요했다. 연이는 남은 6개월 동안 한국과 미국에서 주 5시간 정도 봉사할 곳을 찾아 봉사 활동을 하기로 했다.

결과

비록 차선책으로 미국 유학길에 올랐지만, 연이는 미국 유학 결정에 매우 만족했다. 연이는 토플 학원에서 2개월 동안 열심히 공부한 후 유학생 비자를 받아 미국에 들어왔고, 커뮤니티칼리지에서 듣기와 말하기에 전념한 결과 가을에 치른 IBT 토플 시험에서 105점을 받았다.

한국에서 하루 종일 공부벌레처럼 공부하던 것과 달리 미국에서는 지원하고 싶은 대학을 정하여 학교 측과 자신의 조건을 가지고 상의할 수도 있고, 이런저런 가능성을 타진해 볼 수 있다는 것이 연이에게 만족감을 더해 주었다. 1년 후 돌아온 따스한 봄날, 연이는 카네기멜론대학교를 비롯한 상위권 종합대학과 인문대학으로부터 합격 통지를 받았고, 4년 후에는 하버드대학원에 도전할 것을 다짐했다.

15

{ 오랜 외국 생활 끝에
외고에 입학한 제시카 }

— 학과 외 활동을 병행해 미국 대학에 입학하다

사전 정보

제시카의 아버지는 외교관이다. 제시카는 부모와 함께 여러 나라를 다니면서 다수의 언어를 익혔고, 교육 환경이 열악했던 곳에서는 외국인 학교에서 미국식 공부를 하기도 했다. 최소 6개월 이상 거주했던 나라가 5개국이며, 여행으로 다녀본 곳을 포함하면 20여 개국이 넘었다. 그래서인지 제시카는 편견이 없고 넓은 포용력을 가졌으며, 합리적이면서 이성적 판단에 익숙했다. 누구에게나 다가가 대화할 수 있는 붙임성도 장점이었다.

    제시카는 영어와 간단한 중국어, 스페인어 등을 구사할 수 있었다. 능력과 형편을 볼 때 제시카는 미국의 명문대학에 진학할 수 있는 우수한 학생임이 분면했다. 그러나 정작 제시카는 아버지의 뒤를 이어 한국에 있는 아버지의 모교에 진학하여 대한민국의 직업 외교관이 되겠다는 희망을 가지고 있었다. 또한 반기문 UN사무총장처럼 대한민국의 기상을 높이는 여성으로 성장하겠다는 꿈도 있었다.

마침 아버지가 서울로 발령을 받아 한국으로 돌아간 제시카는 외고에 입학하게 되었다. 같은 학교 유학반 학생들이 미국 대학 진학을 꿈꾸며 준비하는 동안 제시카는 중국어를 배우면서 서울대 진학을 꿈꾸는 학생들과 어깨를 나란히 하며 그 속에서 공부에 전념했다.

그러나 얼마 지나지 않아 제시카가 부딪치게 된 문제는 어이없게도 한국의 입시 제도와 그에 맞추어 진행되는 교과 과정이었다. 오랜 외국 생활 때문에 자율적인 공부 환경, 토론식 수업, 그룹 과제와 프레젠테이션, 그리고 클럽 활동 등에 익숙한 제시카는 피를 말리는 한국식 입시 준비에 맞춘 생활 때문에 많은 스트레스를 받게 되었다. 학교생활뿐만 아니라 방과 후 계속되는 학원 생활과 끊임없는 시험에서 헤어날 길이 없었다.

만나 보니

제시카는 외고에 쉽게 합격하기는 했지만, 그에 비해 좋은 성적을 받기가 쉽지는 않았다. 제시카처럼 외국에서 살았던 경험으로 외국어에 익숙한 친구들도 많았고, 대다수의 학생들은 미국이나 중국 등으로 어학연수나 단기 유학을 다녀온 학생이었다. 게다가 제시카가 보기에 그들은 어려서부터 경쟁적인 한국적 교육 환경에서 자라서인지 어떤 환경도 문제되지 않는 역전의 용사처럼 보였고, 어떻게 하면 시험을 잘 보는지를 터득한 시험 전문가 같았다.

제시카는 외국에서 다녔던 한국어 학교와 한국어 가정교사 등의 도움으로 한국어 읽기, 쓰기 등에는 어느 정도 자신이 있었다. 하지만 대부분의 학교생활과 수업은 한국어로 진행되었기 때문에 학교생활에서 문제가 되었고, 언어뿐만 아니라 문화와 사고방식의 차이에 이르기까지 많은 어려움을 겪었다. 이런 상황에서 제시카의 서울대 진학은 결코 쉬운 일이 아니었다.

이렇게 조언했습니다

제시카는 목표에 대한 확신을 잃어버렸다. 성적은 대부분 90점 이상을 받고 있었지만, 학교 내에서의 석차는 또 다른 문제였다. 같은 학교 안에서만 해도 수많은 학생들이 높은 성적과 뛰어난 실력으로 경쟁하고 있었던 것이다. 그 속에서 제시카의 재능과 실력은 도저히 드러날 수 없었던 것이다.

한편 제시카는 한국에서 대학 진학을 할 경우 아버지의 모교인 서울대학교만을 목표로 하고 있었고, 만약 서울대 진학이 어렵다면 미국 대학으로 진학하겠다는 마음을 가지고 있었다. 현실적으로 제시카에게는 미국 대학 준비가 훨씬 수월할 수 있었기 때문에 서울대 진학 준비와 더불어 미국 유학 준비를 함께 진행하도록 조언했다.

두 가지 진로가 요구하는 내용이 각기 다른 점이 많아서 사실상 어느 한쪽을 준비하는 것이 도리어 다른 쪽에 방해가 되는 안타까운 점도 있었다. SAT의 경우 중학교 때 이미 존스홉킨스대학 영재프로그램에 참여하기 위해 치러 본 경험이 있었는데, 당시 수학에서 700점 이상을 받았고, 다른 과목도 600점 이상이었기 때문에 Math 750, Critical Reading 700, Writing 700 등 총점 2,150점 이상을 목표로 정하여 1년 동안 주당 서너 시간씩 SAT 준비를 하도록 했다.

과목별 SAT는 Korean, Math II, Chinese, World History로 정하고 준비했다. 학과 외 활동에 할애할 시간이 없으므로 영어 경시대회 등에서 수상 기회를 찾아보기로 했고, 유사한 행사성 활동에 적극적으로 응시 또는 참여하도록 했다. 영어와 중국어, 한국어 구사 능력을 이용한 봉사 활동으로는 베이징올림픽 자원봉사 프로그램을 신청하도록 했다.

결과

제시카는 수학능력시험을 치렀고, 자신이 원하던 만큼의 능력 발휘를 하지 못했다는 것을 시험 당일 깨달았다. 시험장을 나오면서부터 제시카는 자신의 서울대 진학이 순조롭지 않을 것이라는 판단을 했고, 곧바로 미국 대학 진학으로 방향을 잡았다. 재수는 처음부터 제시카의 선택 사항에 없었기 때문이다.

미국 대학 진학 준비는 이미 입학에 필요한 시험 점수를 확보했고, 여름부터 대학 지원을 위한 에세이를 써 보았기 때문에 중요한 준비 사항들은 어느 정도 완료된 상황이었다. SAT도 전 과목 750점 이상을 받았고, 학과 외 활동으로는 고교 3년간 꾸준히 여러 개의 영어 경시대회에 참여하여 수차례 수상했으며, 베이징올림픽 기간에 3주간 자원봉사 활동도 했었다. 고등학교 성적은 석차로는 상위권이 아니었지만, 거의 모든 과목에서 A와 B를 받았다.

수능 점수는 예상했던 대로 기대에 미치지 못했고, 실패할 것을 알면서도 서울대에 지원했으나 낙방했다. 고교 졸업 후 대입에 성공한 친구들은 그들대로 바쁘고, 재수를 결정한 친구들도 다시금 수험생으로서의 생활을 시작할 즈음 제시카는 USC, 웰슬리, 워싱턴, 에모리 등의 미국 명문대학으로부터 합격 통지를 받았다.

16

{ 한국에서 대학을 마치고 적성이 안 맞아 고민했던 시민권자 민규 }

··· 커뮤니티칼리지를 다니며 대학원에 도전하다

사전 정보

아버지의 미국 유학 시절에 태어난 민규는 미국 시민권자였다. 아버지가 미국에서 학위를 취득한 후 미국 직장에서 잠시 일하다가 한국의 대기업 연구소로 직장을 옮기면서 한국에 들어갔다. 초등학교 4학년 때 한국으로 가게 된 민규는 생각보다 빨리 적응했고, 초등학교를 우수한 성적으로 졸업했다.

민규가 중학교에 다닐 즈음 한국에 특목고 열풍이 몰아쳤고, 그 영향으로 민규도 외고로 진학하게 되었다. 길지는 않았지만 초등학교 시절의 미국 생활이 도움이 되었는지 민규는 토플 점수도 어렵지 않게 잘 받았고, 대화에 불편이 없는 영어 회화 실력으로 유명 외고에 합격한 것이다.

별다른 생각 없이 외고에 진학한 민규는 공대 진학을 목표로 삼았는데, 외고의 학과 과정이 주로 외국어와 문과 중심이어서 사실상 민규에게는 도움이 되지 않았다. 그러한 점들은 이과로 진학하는 학생에게 여러 가지로 불리했다. 그러나 민규는 난관을 뚫고 공부하여 공대로 진학했다. 목표했던 공대에 들어가기는 했지만, 민규의 성적표에 의하면 공대 입학에서 수학, 과학 분야의 성적보다는 영어, 국어 등의 성적이 더 큰 역할을 했다. 그래서인지 민규는 무기재료공학을 선택했는데, 본격적인 전공 공부를 시작하게 되면서 어려움을 겪었다.

고등학교에서 수학과 과학을 깊이 있게 공부할 기회를 얻지 못했던 민규에게는 다른 학생들에 비해 이공계 공부가 쉽지 않았던 것이다. 민규의 성적은 떨어졌고, 자신의 전공에 대해 회의적인 자문을 해 보면서 적성을 고려하지 않은 전공 선택이었다는 것을 깨닫게 되었다. 뒤늦게 전공을 바꾸려고 했지만 경직된 학사 정책 때문에 불가능했다. 그가 할 수 있는 방법은 복수 전공을 선택하는 것뿐이었다. 어쩔 수 없이 민규는 영문학과 공학을 복수로 전공하게 되었고, 결과적으로 양쪽 전공 모두 좋지 않은 성적으로 졸업했다.

대학 졸업 후 민규는 대학원 진학과 취업을 생각하면서 큰 고민에 빠졌다. 공학 전공으로 취업하는 것은 내키지가 않았고, 그렇다고 영문학 전공으로 취업하는 것도 쉽지 않았다. 우수 외고와 우수 대학을 졸업하고도 민규의 앞날은 막막하기만 했다.

만나 보니

민규는 자신의 적성과 무관한 전공을 선택함으로써 귀중한 대학 생활을 힘들게 보냈다. 공부에 많은 노력을 기울였으나 결과가 좋지 않았고, 학업에 대한 애착도 잃었다. 시간이 지나면서 자신감까지 떨어졌고, 미래에 대한 확신도 가질 수 없었다.

민규의 떨어진 자신감을 회복하는 동시에 희망을 북돋우는 일이 시급했다. 이를 위해 외고에 합격할 수 있었던 원동력이며, 전공으로도 인정받은 영어 실력에 대한 자긍심을 사용해야 할 것으로 판단되었다.

적성검사 결과 민규는 창조적이고 분석적이며, 다른 사람을 돕는 직종에 탁월함을 보였다. 또한 예술, 패션, 인문학 교수, 번역, 언어학, 외국어 교육 등에서도 적성을 보였다. 실제로 상담해 본 결과도 이러한 분야에 큰 관심을 보였다. 민규가 꿈꾸는 미래의 모습으로는 언어학 등의 학문을 공부하여 대학 교수가 되는 것, 해당 영역에서 활약하는 것, 패션디자인이나 상업 미술 등에서 활약하는 것 등이 있었다.

이렇게 조언했습니다

민규가 한국에서 새로운 공부를 다시 시작하기에는 여러 가지로 불리하다는 판단 아래, 미국 유학을 권하게 되었다. 미국 시민권을 가지고 있으므로, 일단 미국으로 건너와 생활할 것을 제안했다. 주립대학이나 대학원으로 진학할 경우 거주자 학비 혜택을 받기 위해서라도 하루 빨리 미국 생활을 시작하는 것이 필요하다는 판단에서였다.

민규에게 언어학 대학원의 박사 과정 이수를 목표로 할 것을 제안했다. 학교 선택, 지원과 합격, 입학 절차에 1년이 걸리기 때문에 민규는 커뮤니티칼리지의 비전공 영어 과목 등을 선택하면서 미국 생활을 시작했다. 대학원 지원에 필요한 토플과 GRE$^{\text{Graduate Record Exam}}$ 준비를 시작하고 시험 날짜를 정했다.

아직 전공에 대한 확고한 마음의 결정이 되지 않았으므로, 예술 분야에 대한 자신의 재능과 열정도 점검할 겸 아트 실기 수업도 선택하도록 했고, 추후 예술대학 진학 가능성을 고려하여 포트폴리오 조사도 해보도록 했다. 이미 한 번의 실패 경험이 있는 민규로서는 이러한 새로운 시도가 심적으로 큰 부담이 될 것이다. 그러나 대학원에 합격하고 난 이후 영어 등의 문제로 또다시 자신감을 잃을 가능성도 있다는 점을 간과할 수 없기 때문에 언어 공부를 위한 과목을 완전히 배제하지는 않도록 했다.

결과

민규는 몇 개월을 열심히 공부하여 GRE와 토플에서 괜찮은 점수를 받았다. 커뮤니티칼리지 기초 작문 수업을 수강하고 써낸 자신의 새로운 배움에 대한 열정을 훌륭하게 표현한 에세이, 한국에서의 복수 전공 경력, 고교 때 미국 명문대 서머코스에 참가했던 기록 등으로 민규는 USC, UC 샌디에이고, 뉴욕, 미시간, 에모리, 유펜 등의 영문학, 언어학, 영어교육학 등에 합격했다. 결국 민규는 자신의 적성에 맞는 전공을 찾아 새로 시작할 수 있게 되었고, 비로소 자신만의 꿈을 이루기 위해 첫걸음을 내딛게 되었다.

점차 미술에도 더욱 흥미를 갖게 되어 대학 진학과 함께 지속적으로 공부하기로 했다. 미국에서의 공부 과정에서 부가적으로 얻은 미술 취미는 민규가 평생을 즐기며 일가견을 이루는 단계까지 발전하게 되리라고 본다.

17

{ 공부는 잘하지만
개인 교습에 의존했던 제인 }

··· 스스로 학습하는 능력을 키우다

사전 정보

제인은 한국에 아버지를 두고 어머니와 함께 미국에 와 있는 기러기 가족이다. 서울 강남에서 초등학교를 다녔는데, 친구들이 해외로 빠져나가는 바람에 교실 절반이 텅 비어 수업이 제대로 진행되지 않을 때도 있었다. 게다가 대부분의 아이들이 단기 해외 유학 경험을 가지고 있어서 이러한 경험이 전혀 없었던 제인은 친구들과의 대화에 끼지 못할 때도 많았다.

중학교에 입학한 후 영어 실력이 중요해진 시점이 되자 제인은 학교를 장기간 결석하며 어학연수를 받고 돌아온 친구들의 영어 실력이 월등하게 높아진 것을 보고 심한 스트레스를 받았다. 이런 이야기를 들은 아버지는 더 늦기 전에 제인에게도 그러한 기회를 주어야 하겠다고 생각하여 캘리포니아 오렌지카운티의 한 사립학교에 제인을 입학시켰다. 마침 제인은 학교 근처에 이민을 와서 생활하고 있던 친구 집에서 함께 지내며 통학했다.

친구는 동네 공립학교에 다녔고, 자신은 사립학교에 다녔지만 친구가 있어서 외롭지 않았다. 학교에서 영어에 대한 스트레스를 받기는 했지만, 그런대로 재미있게 학교생활을 했다. 그러던 중 우연히 제인의 피아노 연주를 들은 학교 선생님이 제인을 치켜세우며 크게 칭찬해 주었고, 이후 학교의 연극 무대에서 연주 시간을 따로 내주는 등의 대우를 받아 별도의 음악 시간이 없었던 학교 안에서 일약 스타가 되기도 했다.

제인은 공부를 열심히 해서 성적도 우수했다. 서울 강남에서의 공부에 비하면 어려울 것도 없었다. 이렇게 즐겁게 지내다가 예정된 1년이 지나 한국으로 돌아온 제인은 영어 실력도 많이 늘었고, 다시 적응하는 데도 어려움이 없었다.

그런데 고등학교에 진학하고 나서 문제가 생겼다. 학교와 학원을 오가는 생활 속에서 대입에 대한 스트레스가 점점 커지자 미국에서의 학교생활을 그리워하게 되었고, 미국에서의 학교생활을 동경하게 되어 공부가 손에 잡히지 않았다. 그때 마침 아버지가 미국 오렌지카운티에 지사를 설립하게 되면서 제인은 어머니와 함께 미국으로 왔다.

만나 보니
제인은 9학년 성적을 평균 A 학점으로 마무리할 만큼 열심히 공부하는 학생이었다. 강남의 여느 어머니들처럼 제인의 어머니는 곁에서 일거수일투족을 뒷바라지하며 제인에게 부족함이 없도록 모든 것을 챙겨 주었다. 과목별 개인 교습에 상당히 의존하고 있기는 했지만, 덕분에 성적 관리를 잘할 수 있었다. 그러나 학교 수업에서는 교사와의 반응에 소극적이었고, 문제 해결을 학교에서 하기보다는 집에서 하는 편이었다.

제인에게는 명문대에 들어가겠다는 막연한 목표만 있을 뿐, 정확한 적성 파악이나 뚜렷한 목표 설정이 되어 있지 않았다. 적성검사 결과 제인은 창의력이 있고, 감성이 뛰어나서 공연이나 작품 만들기 등에 흥미가 많았고, 학업에 대한 열정과 능력도 가지고 있었다. 그러나 제인의 부모는 교수, 법조인, 사업가 등 전통적인 직업에 걸맞은 전공을 원하고 있었다.

이렇게 조언했습니다

10학년에 들어서면서 일단 제인에게 본인이 스스로 열정을 가질 수 있는 분야를 찾아 나가는 것이 필요하다는 판단에서 좋아하는 활동을 해 볼 수 있는 기회를 제공하기로 했다. 제인이 하기 싫어하는 활동은 모두 중단시키고, 하고 싶거나 자신 있는 활동을 하도록 했다.

학교에서는 성적 우수 학생들의 기본적 활동인 아너소사이어티와 키클럽 등에 참여하도록 했고, 주 두세 시간의 봉사 활동을 지속하도록 했다. 제인이 원하는 미술과 중학교 때 중단한 피아노 교습, 그리고 기본적으로 자기 의견이 별로 없는 제인이 자신의 생각을 조합하여 표현할 수 있도록 하는 특별 개인지도 프로그램을 고안해서 실행에 옮겼다.

또한 제인의 개인 교습 의존율이 높아서 대학 진학까지 필요한 당면 문제에 대한 스스로의 해결 능력이 떨어진다는 점을 감안하여 제인이 의존적 개인 교습형에서 협동 학습형으로, 그리고 더 나아가 주체적 도움 찾기형으로 변화할 수 있도록 유도했다.

11학년 여름이 되면서는 지난 1년간의 주체성 찾기와 목표 정하기를 통해 구체화 된 활동 한두 개에 집중하도록 했고, 틈틈이 SAT 공부를 하도록 했다.

결과

의기소침했던 제인은 10학년을 지나면서 자기가 해 보고 싶었던 미술 공부도 하고, 다시 시작한 피아노에 심취하는 등 괄목할 정도로 자긍심이 향상되었다. 미술은 주 1회의 교습을 받으며 취미로 시작했지만, 상당한 수준으로 발전해서 미술을 전공하려는 학생들 틈에서도 자신의 개성을 보이게 되었다.

11학년 여름, 제인은 노스웨스턴대학교에서 고교생을 위한 비즈니스 수업을 수강한 후 비즈니스를 전공으로 결정했고, 학업에서도 방향을 잡아 차근차근 실천해 나갔다. 12학년에도 명문대학에서 개설한 비즈니스 관련 과목을 수강했다.

그런데 제인의 강점이 생각지 못했던 곳에서 나타났다. 어차피 피아노를 전공할 생각이 없었기 때문에 전통적인 단계 학습 대신 자신이 원하는 곡을 선별하여 배우는 교습을 했었는데, 이때부터 제인은 여가 시간을 피아노 연습에만 사용했다. 제인의 재능과 열정을 발견한 피아노 선생님의 지도와 훈련에 따라 제인은 2년간 엄청난 발전을 이루어냈고, 콘서트에도 여러 번 참여했다.

제인은 학업과 여러 가지 활동, 그리고 피아노 연습으로 24시간이 모자라는 바쁜 삶을 살게 되었고, 학업에서도 자신의 약점을 찾아내 개인 교습 의존율을 줄이면서도 평균 A 학점을 유지했다.

12학년까지 AP 여섯 과목을 이수하며 UC GPA 4.2를 기록했고, SAT는 2,200점을 받았다. 결국 UCLA, UC버클리, 에모리, 노틀담(University of Notre Dame) 등에 합격했고, 제인은 뉴욕대학교에서 비즈니스와 Tisch School of Arts에서의 음악 복수 전공을 꿈꾸며 뉴욕대학교로 진학했다.

18

{ 영어 부족에 어중간한 성적의 조기 유학생 세원 }

― 난이도 높은 과목을 피하고 중위권 대학을 공략하다

사전 정보

세원이는 어려서부터 주어진 규범을 잘 지키고, 주어진 의무를 다하려는 착하고 성실한 학생이다. 한국에서 탄탄한 중소기업을 운영하고 있는 세원이의 부모는 늘 모범적인 아들 덕분에 지금까지 사업에만 전념할 수 있었다며 아들에게 고마워했다.

세원이는 초등학교와 중학교를 다니며 언제나 중간쯤에서 자기 자리를 찾고 있었다. 모든 과목에서 성적을 고르게 받는 편이어서 뛰어난 분야도, 그렇다고 부족한 분야도 찾기가 쉽지 않았다. 세원이의 고교 진학을 앞두고 아들의 전공과 대학 진학에 대한 고민을 하게 된 세원이의 부모는 유학을 고려해 보게 되었다.

현재 세원이에게 뚜렷하게 나타나는 강점은 없지만, 어디를 가도 중간 정도는 해낼 수 있는 적응형이어서 유학을 보내도 중간은 할 것이고, 또한 중위권 대학에는 진학할 수 있다고 생각했기 때문이다. 그래서 부모는 세원이의 유학을 결정했고, 마침 명문대를 졸업하고 LA 인근의 학군 좋은 동네에 살고 있는 동창 집에서 홈스테이가 가능하게 되어 세원이의 유학이 성사되었다.

만나 보니

세원이가 미국에 와서 처음 들어간 고등학교는 입학 절차가 수월한 편이었다. 명문대학에 많은 학생을 진학시키지는 못했지만, 졸업생들 거의 대부분이 대학에 진학하는 나름대로 괜찮은 학교였다. 학교 측은 영어가 되지 않는 세원이를 위해 정규 수업에 들어가기 전 단계로 먼저 영어 집중 교육을 시킨 후 수업에 참여시키겠다는 계획을 세웠다. 그래서 세원이는 ESL과는 다른 Self-Paced(개인별 학업 습득 속도에 따라 진행되는 수업) 영어 교육을 시작했다.

자유로운 분위기와 친절한 교사들, 그리고 새로운 문화와 환경 속에서 세원이는 즐겁게 학교생활을 시작했다. 영어 공부를 제외하고도 보고 듣는 모든 것에서 배울 것이 있었다. 체육 시간은 교우들과 하고 싶은 운동을 하거나 개인 운동으로 웨이트트레이닝을 할 수도 있었다.

그러나 학교 측에서 원하는 만큼 세원이의 영어 실력이 늘지 않는 것이 문제가 되었다. 영어 실력이 어느 정도 수준에서 멈춘 채 더 이상 늘지 않았기 때문에 이해력이 늘었다고는 해도 문법이나 어휘 등에서 체계적인 훈련을 받아야 할 필요성이 있었다. 또한 약간의 주의력 결핍 증상도 나타났다.

결과적으로 이대로는 정규 수업 진입이 어렵다고 판단되었다. 다행히 주변에 뛰어난 한인 심리학자가 있어서 교정 상담을 시작하게 되면서 개인적인 영어 훈련도 함께 시작했다. 그로부터 1년이 지난 후 비로소 세원이가 9학년 정규 과정을 시작할 수 있다는 학교의 판정이 내려졌다.

이렇게 조언했습니다

생각보다 늦어진 적응 때문에 세원이의 학업을 나이에 맞추어 진행시키기가 어려웠다. 졸업과 대학 진학을 하기 위해서는 고등학교 4년을 꼬박 다녀야 하는데, 세원이는 11학년과 나이가 같아질 무렵에 고등학교 과정을 시작하게 된 것이다. 앞으로 4년 동안 다시 고등학교 생활을 더 하는 것에 부담을 느낀 세원이는 어떻게 하면 빨리 수업을 진행할 수 있을지에 관심을 갖게 되었다.

세원이가 원하는 방식으로 빨리 고등학교를 졸업하기 위해서는 새로운 시스템의 대안학교 외에는 방법이 없었다. 그래서 정규학교의 시스템은 아니지만, 고교 과정을 이수하고 졸업장을 획득하면서 대학 진학이 가능한 학교로의 전학을 제안했다.

세원이는 능력은 조금 부족하지만 의지와 성실성 측면에서는 어느 정도 준비가 되어 있었다. 규모가 작고, 정해진 교과 진행 속도를 제공하는 학교가 아니라 학생에 맞추어 학생이 해결할 수 있는 속도로 교과 진행이 결정되는 맞춤형 개인 교습 시스템을 가진 학교로 옮겨서 고교 졸업과 대학 진학을 동시에 해결할 수 있도록 했다. 일종의 홈스쿨링과 같은 교과 과정을 제공하고 있기 때문에 부족한 과목은 천천히, 수학처럼 세원이가 자신 있어 하는 과목은 빨리 진행하는 방식이었다.

여기서도 역시 영어가 걸림돌이었다. 다른 사람보다 언어 습득에 좀 더 많은 시간을 필요로 하는 세원이에게는 영어 실력을 높이기 위해 더 많은 노력이 필요했다. 자율학습과 질의응답 시간, 그리고 진도 시험으로 진행되는 시스템에서 과목 이수를 위해서는 각 과정마다 지정된 점수 이상을 받아야 했기 때문에 종종 더 이상의 진행이 어려운 과목도 생겼다.

약간의 주의력 결핍까지 지니고 있던 세원이는 방과 후의 개인 교습이 필요한 과목도 생기는 등 어려움을 겪었지만, 방학도 없이 꾸준히 노력한 결과 2년 안에 고교 졸업 과정을 이수할 수 있었다. 물론 세원이가 선택한 학과목에는 AP 과목과 같은 고급 과목은 포함될 수 없었지만, 주 교육청이 지정하는 고교 졸업 과정은 무사히 마칠 수 있었다.

결과

비록 우수한 과목을 배우거나 깊이 있는 공부를 할 수는 없었지만, 세원이는 미국 고교 졸업에 필요한 학업을 마칠 수 있다는 것에 스스로 만족했다. 여러 번 우여곡절의 순간이 있었고, 학교를 포기하고 귀국하여 일단 군대부터 다녀와야겠다는 생각도 한 적이 있었으나 결과적으로 무사히 제 나이에 고교를 졸업하고 미국 대학에 진학할 수 있었다.

대학 지원 자격을 갖추기 위해 시간이 필요했던 세원이는 초봄까지 지원 학생을 받는 대학 중 너무 어려운 분야를 선택하기보다는 진학 후 대학 교육을 무사히 마칠 수 있는 것에 중점을 두고 대학을 찾았다. 세원이는 현재 비즈니스를 전공하고 있으며, 학위를 취득한 후 귀국하여 아버지 사업에 도움이 되겠다는 생각을 하면서 행복한 대학 생활을 보내고 있다.

19

미국과 한국을 오가며 학교 적응에 실패한 지혜

— 좋아하는 과목을 찾아 자신감부터 회복하다

사전 정보

지혜의 부모는 모두 미국에서 박사 학위를 받은 대학 교수이다. 지혜는 부모가 모두 박사 공부를 하느라 미국에서 보낸 10여 년의 기간 중 태어났다. 어머니가 박사 과정 막바지에 있을 때 아버지가 연구소에서 일했기 때문에 지혜 가족은 미국의 여느 중산층 가정처럼 도시에서 여유롭고 자유로운 생활을 누렸다. 미국의 교육 과정을 잘 따라가고 있던 지혜는 귀국을 앞두고 적응을 위해 어머니에게 한글도 배우고 수학 연습 문제를 풀면서 제법 자신감을 키워 갔다.

지혜가 가장 좋아하는 것은 언제나 미술이었고, 그 다음으로 좋아하는 것은 플루트였다. 플루트에 적합한 입술을 가졌다는 것과 재능이 있다는 선생님의 칭찬에 정말 기뻐했었다.

그런데 지혜가 초등학교 후반기, 그것도 학기의 중간 시점에 가족이 귀국하게 되었고, 그때부터 지혜의 고난이 시작되었다. 금방 적응할 줄 알았던 한국어에 어려움을 겪으면서 지혜는 학업에서 자신감을 완전히 잃었다. 그러나 지혜를 더욱 힘들게 만든 것은 친구들의 한국식 또래문화였다. 친구들과의 관계에서 지혜는 항상 혼란스러워했고, 그것은 막 사춘기에 접어들기 시작한 지혜에게 정체성 혼란과 더불어 넘어설 수 없는 문화적 충격으로 다가왔다.

3년간 한국 생활을 하면서 지혜는 차츰 심리적인 적응은 되었지만, 학업 성적은 중위권 이상을 넘어서지 못했다. 고교 진학을 앞두고는 대학 진학에 대한 두려움까지 몰려왔고, 결국 지혜는 미국의 보딩스쿨로 진학했다. 그러나 안타깝게도 보딩스쿨에서의 재적응도 쉽지 않았다. 문화적으로는 적응에 문제가 없었지만, 한국 생활에서 생긴 의존성 때문에 문제 해결 능력이 부족해져서 스스로 공부하며 자기 관리를 해야 하는 보딩스쿨에서 성적 관리에 어려움을 겪게 되었다.

만나 보니

10학년 중반의 지혜를 만나 보니 더 이상 보딩스쿨에서의 생존이 어렵다는 것을 직감했다. 적성검사와 몇 번의 대화를 통해 볼 때 지혜는 또래 학생들보다 감성적이며, 창의력과 예술성에서 앞서 있었다. 미술에 소질과 관심은 많지만 집중적인 훈련은 받지 않았다. 대인관계에서는 내성적이기는 하지만, 다른 사람의 감정을 이해하는 깊이 있는 대화에 관심이 많았다.

또한 스스로 부모처럼 공부를 많이 해야겠다고 느끼기는 하지만, 실제로 학업에 대한 관심은 별로 없었다. 수강하는 학과목에 깊이가 적었고, 성적 관리 능력이 부족한데다 뚜렷이 내세울 만한 강점도 없었다. 사고 패턴이나 문제 해결에서 주입식 위주의 공부에서 성공할 가능성은 적어 보였다. 그러나 자신의 관심 분야에 대한 흥미가 충분히 유지될 수 있는 토론식, 자기계발식 대학 교육에서는 진가를 발휘할 수 있다고 판단되었다.

지혜의 또 다른 심각한 문제는 그동안 환경에 적응하기 위해서 어려움을 겪다 보니 지속적인 성적 관리가 힘들었고, 따라서 자연히 본인이 가지고 있던 자존감이 바닥났다는 점, 그리고 심리적으로 외로움과 우울증까지 찾아온 것이었다. 게다가 진로 문제에 대한 경직된 사고가 어려움을 더하고 있었다. 지혜는 유명 대학과 전통적 우수 전공 외에 별다른 대안을 가지고 있지 않았기 때문이다.

지혜는 Pre-Med, Pre-Law, Business International Relations만을 고집할 뿐, 자신이 무엇을 하고 싶은지조차 모르고 있었기 때문에 자신의 적성에 대한 본인과 부모의 새로운 인식이 필요했다.

이렇게 조언했습니다

지혜에게는 우선 가족의 지원이 무엇보다 절실했다. 그래서 어머니가 학교에서 안식년을 받아 지혜의 막바지 고교 생활에 합류하도록 했다.

또한 지혜를 보딩스쿨에서 공립 고등학교로 전학시켜 어머니와 함께 생활하면서 대입 준비에 몰두하도록 했다. 어머니가 곁에서 보살펴 주는 것이 지혜의 심리적 안정에 크게 기여할 수 있다고 판단했기 때문이다.

필요한 학업 보충을 위해 과목별로 방과 후 개인 교습을 받도록 했다. 또한 꾸준한 상담을 통해 자신이 바라는 전공에 대한 조사를 시킨 결과, 자신의 감성과 다른 사람을 돕는 일에 대한 관심을 종합하여 최종적으로 예술을 통한 심리 치료 분야로 진로를 정하게 되었다.

학부에서의 전공으로 미술, 심리학 또는 연관 분야를 준비할 것을 조언했다. 또한 학교에서도 미술 과목을 선택하고, 미술 실기를 고교 졸업 때까지 지속하도록 요청했다. 학업의 부담을 줄여 균형감 있는 성적을 유지할 수 있도록 고급 과목 수강은 자제하도록 했다.

대학 지원은 자신이 감성이 풍부하고, 인간 심리와 내면, 예술과 창조 등에 관심을 가지고 있다는 것이 부각될 수 있도록 대입 지원 패키지를 구성하도록 했다.

결과

거의 2년으로 연장된 전폭적인 어머니의 지원으로 지혜는 놀랄 만큼 심리적으로 안정되었고, 혼자 있으면서 생겼던 만성 소화불량과 불면증에서도 완전히 해방되었다. 성적에서는 고급 과목이 부족했지만 A와 B를 균형 있게 받았고, 꾸준한 실기 연습을 통해 미대 지원에 충분할 정도로 포트폴리오 준비를 마쳤다.

미술 전공과 심리학 전공으로 나누어 신중하게 학교 선택을 마친 후 UCLA 미대, 시러큐스대학교Syracuse University, 캘스테이트대학교-롱비치Long Beach, 오하이오주립대Ohio State, 템플대Temple 심리학 등 광범위한 수준의 대학들에 합격했다. 실로 어머니의 전폭적이고 헌신적인 지원과 자신의 미래에 대한 새로운 시각, 현실적이면서 효과적인 준비가 어우러져 이루어 낸 성공이었다.

20

{ 명문 과학고 1학년을 마치고 온
조기 유학생 지은 }

— ESL 월반하며 영어를 극복한 후 UC버클리에 진학하다

사전 정보

지은이는 언론사 특파원인 아버지를 따라 미국에 왔다. 과학고 1학년 한 학기를 다니다가 여름방학 때 친구들에게 제대로 인사도 못하고 갑작스럽게 미국에 온 것이다. 다행히 지은이가 또래보다 나이가 어려 아버지의 3년 재임 기간 안에 10~12학년을 마치고 고교 졸업이 가능하다는 점, 그리고 미국 대학과 한국 대학으로의 특례 입학을 동시에 추진할 수 있다는 점은 유리한 조건이었다.

지은이는 아버지 지인들의 권유로 학군이 좋은 지역에 자리를 잡고 9월 신학기에 10학년으로 진학했다. 영어는 과학고 입학을 준비하며 미리 공부했기 때문에 크게 어렵지 않으리라 생각했지만, 시험 결과 ESL 과정을 들어야만 했다. 게다가 시험 결과가 좋지 않아 가장 낮은 단계의

반에 배정되었고, 결과적으로 외국어와 사회 과목도 정규 과목을 배정받지 못했다. 다만 수학은 성적이 좋아 Algebra I을 뛰어넘을 수 있었고, 과학도 정규 과목을 선택할 수 있게 되어 Biology Honors를 선택했다.

선택할 수 있는 과목에 제한이 주어지자 자신의 능력을 알아주지 않는 미국의 교육 제도에 지은이는 크게 실망했다. 이렇게 나가면 우수 대학 진학에 문제가 생길 것이라는 생각이 든 지은이는 학기 초부터 학교생활에 만족하지 못한 채 우울감에 빠졌다.

만나 보니

처음 만난 지은이는 한국에서의 생활을 이야기하면서 많은 자신감을 보이는 우수한 학생이었다. 그러나 동시에 현재 자신의 학교생활에 만족하지 못하면서 불확실한 미래에 대한 이야기를 할 때는 눈물을 보이는 우울한 학생이었다. 지은이가 수집한 정보로는 10학년과 11학년 성적으로 대학 진학을 해야 하는데, 선택한 과목들이 약해서 경쟁자에 비해 이미 불리한 입장이 되었으니 어떻게 그들과 경쟁이 되겠느냐면서 속상해했다. 같은 학년의 우수 학생들은 이미 두어 개의 AP 과목을 듣고 있는 상황이었으므로 지은이의 걱정이 틀린 것은 아니었다. 그러나 인터뷰와 평가를 해 본 결과 지은이는 빠른 시간 내에 우수 대학 진학 준비생의 면모를 갖출 수 있는 재원이라는 판단이 섰다.

SAT 평가 시험을 치러 보니 막 도착한 10학년생으로서는 매우 우수한 1,750점이 나왔다. 충분히 고득점을 기록할 수 있는 기반을 갖춘 학생이었다. 지은이의 딜레마는 다른 무엇보다도 영어였다. 우수 대학을 진학하기 위해서는 최소한 1개 이상의 AP 영어를 비롯한 4년의 영어가 있어야 하는데, 당시 상황은 ESL 진행 상황에 따라 최악의 경우 기껏해야 2년의 영어만 수강이 가능했다. 시작이 가장 높은 단계의 ESL이었다면 그래도 3년 수강이 가능하고, 1년의 부족분만 해결하면 될 텐데 아쉽게도 시작이 최하위권 단계였던 것이다. 또한 영어가 해결되어야 사회 과목과 외국어 과목 수강도 유리해진다.

이렇게 조언했습니다

비록 현실성이 매우 낮지만 우수 대학 진학을 위한 과목들을 졸업 전에 모두 이수할 수 있는 3년 계획을 함께 세워 보았다. 과학과 수학에 강한 지은이의 강점을 최대한 살리도록 했다. 첫 해에는 수학을 Algebra II와 Geometry를 동시에 선택하고, 다음 해에 Math Analysis를, 그 다음 해에 Calculus를 선택하기로 했다. 상황을 보아 필요하면 수학에서 더욱 앞서 나가기로 했다. 과학의 경우 첫 해에 배정받은 Honors Biology를 필두로 이후 AP Chemistry, AP Physics 등을 계획했다.

그러나 무엇보다도 낮은 등급을 받은 영어가 지은이에게는 대학 진학 향방의 가장 큰 문제였다. 다행히 첫 해에 배정받은 과목들을 해결하는 데는 어려움이 없었으므로 남는 역량을 전부 영어에 쏟아 붓도록 했다. ESL에서 빨리 나오기 위해 학기 초반에 다시 치르는 평가에서 우수한 실력을 보이고, 세심하게 사소한 것에서도 능력을 보여야 하기 때문이다. 영어 공부 외에도 지은이가 추후 듣기로 결정한 일본어와 세계사 과목의 예습을 주문했다.

결과

다시 치른 평가 시험에서 지은이는 두 단계 높은 ESL 반으로 올라갔고, 학생의 자질과 능력을 제대로 평가해 주는 좋은 교사 덕분에 곧이어 ESL 최고급 반으로 배정받았다. 조금 늦었지만 유연성 있는 학교 측의 배려로 초반에 허락되지 않았던 외국어와 사회 과목 배정이 뒤따랐다. 이로써 지은이의 대학 진학 여정의 첫 번째 관문이 기적처럼 열렸다.

11학년에 AP Euro, 12학년에 AP US로 사회 과목도 해결했다. 외국어 3년과 영어 부족분을 채우기 위해 11학년에 2개의 영어 과목을 선택했고, 12학년에 AP 과목을 선택했다.

학과 외 활동으로는 시간 부족으로 학교 클럽 활동인 키클럽, 수학클럽, 일본어클럽, 과학클럽 등에 가입하여 활동하는 외에 마칭밴드에도 들어갔다. 12학년 전 여름방학에는 유명 대학 캠퍼스에서 천문학을 들었으며, SAT에서도 2,280점의 고득점을 기록했다. 자신의 능력을 십분 발휘하여 매 학기마다 어려운 관문을 하나씩 해결하다 보니 미국에 온 지 2년이 지났을 때 지은이는 언제 걱정을 했었냐는 듯이 여유 있게 대학 지원을 할 수 있게 되었다. 지은이는 마침내 UC버클리, UCLA, 카네기멜론, 웰슬리, U Mass.(매사추세츠 주립대 앰허스트 캠퍼스) 등으로부터 합격 통보를 받았고, 최종적으로 UC버클리에 진학했다.

21

호주로 조기 유학한 후
미국 대학에 입학하려던 진호

… 토플 점수를 올리고, SAT 고득점에 주력하다

사전 정보

진호의 아버지는 중견 제조업체를 경영하는 사업가이다. 중국과 동남아를 돌며 사업을 하다 보니 많은 한국인들이 해외 무대에서 사업을 하고 있는 것뿐만 아니라, 수많은 한인 조기 유학생들이 각국에서 유학 생활을 하는 것도 피부로 느끼게 되었다. 가족들로부터 누누이 들어왔던 특목고나 조기 유학으로 대변되는 한국의 교육 열기를 몸소 깨닫게 되자 진호에게도 유학 기회를 주는 것이 좋겠다는 생각을 하게 되었고, 여러 가지 정보를 수집하기 시작했다.

그러던 중 중국과 동남아의 많은 중국인과 한인들이 자녀를 호주의 대학으로 진학시키려는 것을 보면서 관심을 갖게 되었다. 때마침 같은 로터리클럽(Rotary Club : 사회봉사와 세계 평화를 표방하는 실업가 및 전문 직업인들의 단체) 회원인 지인의 부인과 자녀들이 호주에서 생활하고 있다는 것을 알게 되었고, 그로부터 진호를 자신의 가족에게 맡길 것을 권유받았다. 그렇게 해서 진호의 유학이 결정되었고, 진호는 호주의 한 중학교로 유학을 가게 되었다. 그런데 문제가 발생했다.

잘 적응하는 것 같던 진호는 HSP$^{\text{High School Preparation}}$라고 하는 일종의 준비반에 들어가서 영어를 배우게 되었는데, 생각보다 적응이 빠르지 않았다. 게다가 온실 속의 화초처럼 보호받고 지내던 진호는 홈스테이 가족들과의 문화 차이로 집에서도 그다지 순탄한 적응이 이루어지지 않았다. 학교에서는 영어와 문화적 차이로, 방과 후에는 함께 지내는 가족과의 어려움으로 이중고를 겪고 있다는 것을 진호의 부모가 알게 된 것은 시간이 한참 지난 후였다.

홈스테이를 하는 집의 두 자녀는 진호보다 학년이 높았고, 이미 호주에서 적응기를 마친 상태였다. 게다가 그 집의 큰 아이는 다음 해에, 그리고 그 다음 해에는 둘째 아이가 미국 대학으로 유학을 떠나게 되어 있었다. 이미 자녀들의 호주 유학과 미국 대학 진학까지 성사시킨 분이 자신의 자녀들이 떠나도 진호를 책임지고 미국 대학으로 진학시켜 주겠다고 호언장담을 했기에 진호의 부모와 진호는 아무 걱정이 없었던 것이다.

그런데 문제는 그 집의 두 자녀가 미국 대학으로 진학한 후 반년이 지나서 가정 사정을 이유로 진호를 다른 홈스테이 가정에 인계하고 호주를 떠나버린 것이다. 진호는 대학 진학 준비기에 다다랐지만, 새로 이사한 홈스테이 가정에서는 진호의 진학 문제를 도와줄 능력은 없고 식사와

주거 문제만 해결해 주겠다고 했다. 이역만리에 자식을 보내놓고 갑자기 도움의 손길을 놓친 부모는 진호의 대학 진학을 앞두고 막막한 벽에 부딪치고 만 것이다.

만나 보니

사정을 전해 듣고 진호의 기록들을 받아 보니 ESL 수업을 졸업하고 10학년 수료증을 받아 놓은 상태였다. 당장 11학년 때 치르는 졸업시험을 위한 준비가 필요한 상황이었다.

졸업에 필요한 과목 이수는 12학년 동안 빠듯하게 마칠 수 있다고 생각되었다. 진호가 미국 대학으로 진학하려면 일단 호주의 고교 졸업장이 있어야 했다. 학업 성적을 보니 Math, Arts, Health & Personal Development, Technology의 분야에서는 문제가 없었고, 수학의 경우 천재라는 말까지 들었으나 대학 진학에서 중요한 영어, 과학, 사회와 환경, LOTE$^{Language\ other\ than\ English}$ 과목들에서 고전한 흔적이 성적표 곳곳에 보였다. 외국어로 선택한 Japanese와 Modern History에서 B와 C를 넘나들고 있었고, 미국 대학 진학을 위한 영어 실력 입증을 위해 필요한 IBT 토플은 70점 수준으로 상당히 낮았다.

영어로 대화가 가능하고 수업을 듣기는 했지만 기본적인 문법과 어휘가 약해서 자연히 수준 높은 과목의 이수가 어려웠던 것이다. 무엇보다도 가족과 떨어져 있었던 탓에 감정적으로 매우 우울하고 외로운 상태에서 학업에 대한 동기 또한 매우 약해져 있었다. 1년 남짓 남은 호주 생활을 잘 마무리하고, 무리 없이 대학 진학을 하기 위해서는 특단의 조치가 필요했다.

이렇게 조언했습니다

여러 가지 어려운 여건에도 불구하고 진호를 위해서 어머니가 서둘러 진호 곁으로 갈 것을 요청했다. 한국에 있는 초등학교 저학년의 두 자녀를 돌보는 것도 중요했지만, 진호의 앞날을 위해 마지막 남은 과정을 잘 마칠 수 있도록 돕는 일이 더 시급했기 때문이다. 또한 미국 대학 진학은 뒤로 하더라도 얼마 남지 않은 11학년 졸업시험을 위해 계획표를 짜고 학교 측과 공조하여 진호를 도와줄 과외 선생님을 섭외했다. IBT 토플도 90점 이상으로 올리기 위한 계획이 필요했다.

12학년에는 고교 12년 과정 수료증 Senior Secondary Certificate of Education 을 받을 수 있도록 학교 측과 상담하여 필요한 절차를 해결할 수 있도록 했고, 미국 대학 진학을 위해 필요한 과목 선택을 최대한으로 할 수 있도록 했다. 미국은 호주와 학기 기준이 달라서 호주의 12학년이 끝나는 연말이 미국 대학 지원 시기이므로 대입 준비는 조금 미루도록 했다.

진호의 성적과 학과목, 그리고 IBT 토플 점수, 필요한 SAT 점수 등을 통해 상대적으로 외국 유학생들에게 관대한 대학, 학교의 이름이 알려져 있는 대학, 입학 지원 마감일이 1월 말이나 그 이후인 대학 중에서 목표 학교를 정하도록 했다.

결과

어머니와 함께 지내게 되면서 진호는 상당히 안정된 학교생활을 하게 되었다. 특히 학교와 상의하여 마련된 개인 지도 프로그램으로 진호는 졸업시험 준비를 시작했으며, 방과 후에도 필요한 도움을 받게 되었다. 덕분에 11학년 졸업시험을 잘 치렀고, 성적도 조금 더 나아진 상태로 마무리할 수 있었다. 12학년 과정은 이보다 더 좋은 성적으로 마무리했다.

무엇보다 중요한 것은 12학년 한 해 동안 진호가 자신감을 회복했다는 점, 그리고 이제는 미국에서 독립적으로 대학 생활을 할 준비가 되어가는 것이었다. 연말에 치른 IBT 토플에서 95점을 받았고, 1월에 치른 SAT는 Critical Reading 540, Writing 610, Math 770을 받았다. Weighted GPA는 3.4를 얻었으며, 결국 느지막이 지원한 인디애나대학교, 오번대학교 Auburn University, 애리조나대학교 University of Arizona, 마이애미대학교 University of Miami 등에 합격했다.

22

{ 미국 명문고 진학 후
심한 경쟁으로 힘들어했던 혜리 }

… 과감한 전학으로 학점 만회 후 UCLA에 진학하다

사전 정보

혜리는 어려서부터 우수한 학생이었다. 초등학교에서도 줄곧 좋은 성적을 유지했고, 활달한 성격과 튼튼한 체력으로 친구들을 이끌어 반장을 하기도 했다. 그러던 중 아버지가 미국 현지 법인에 파견 근무를 나가면서 초등학교 후반을 미국의 소도시에서 보내게 되었다.

생각보다 쉽게 미국 생활에 적응한 혜리는 학교에서 좋은 성적을 받았고, 친구들과도 재미있게 지냈다. 아버지가 근무하는 회사의 사업도 성공적이어서 미국에서의 생활이 계획보다 더 길어지게 되자 혜리가 중학교를 졸업한 후 우수 학군 지역에 새집을 장만하여 이사했다. 혜리가 다니게 된 고등학교는 그 주에서 가장 우수한 학교 중 하나였고, 미국 전역에서도 손꼽히는 유명 공립 고등학교였다.

그런데 입학 후 문제가 생겼다. 학교 공부가 어려워졌다며 이전보다 더 열심히 공부하면서 숙제와 시험 준비를 하는 등 늘어난 학습량을 잘 따라가는 것이 기특했는데, 문제는 혜리의 얼굴에서 점차 미소가 사라지기 시작한 것이다. 게다가 친구가 없어서 외로워했고, 헤어진 친구들이 그립다면서 주말마다 예전 친구들을 만나게 해달라고 어머니를 졸랐다. 혜리의 부모도 학부모 중에 아는 사람이 없었고, 여러 가지 조언을 얻기 위해 학부모회에 나가도 이전 학교와 달리 사람 사귀는 일이 쉽지 않다는 생각을 하게 되었다. 이렇게 두세 달이 지나면서 곧 적응이 될 것이라고 생각했으나 연말이 되고 새해가 되면서 혜리의 성적은 점점 더 떨어졌다.

그동안 한 번도 A를 놓쳐 본 적이 없었던 혜리가 B를 받기 시작하자 부모는 비로소 혜리가 새로운 환경에 적응하는 데 어려움이 있다는 것을 실감하게 되었다. Honor 트랙을 숨 가쁘게 좇아가던 혜리는 열심히 공부하여 10학년에도 어려워하던 AP US History에서 B를 받았고, Chemistry에서도 B를 받는 등 그런대로 좋은 성적을 받았다. 그러나 야심차게 3개의 AP 과목을 선택하며 시작한 11학년에 들어서자 혜리의 성적은 곤두박질쳤다. 1학기말에 A, B, C, D가 골고루 포함된 성적표를 받아 들고 혜리는 절망에 빠지고 말았다.

만나 보니
혜리는 그런대로 자신이 있었던 과학 과목에서 안타깝게도 가장 까다롭다고 소문난 교사의 수업에 배정되었고, 약한 역사 과목은 과제와 시험이 너무 어려웠다. 그리고 새로 사귄 두 친구가 각자의 사정으로 학교를 떠나게 되면서 혜리에게 악재가 계속되었던 것이다. 밤을 새는 일이 허다했고, 과제에서 모두 A를 받아도 시험에서 형편없는 점수를 받는 일이 많았다. 이제까지 자신이 해 오던 공부 방식이 통하지 않는 수업을 만난 데다 고민을 나누며 함께 공부할 친구도 없었기 때문에 혜리는 어찌할 바를 몰랐다.

이러한 상태에 놓인 혜리에게 도움의 손길을 주는 교사도 없었다. 떨어지는 성적을 보고도 학교에서는 학생이나 학부모에게 상담을 요청하지도 않았고, 걱정이나 격려의 말 한 마디도 없었다. 이름은 최우수 학교였지만 학생들을 관심과 사랑으로 대하는 진정한 교육은 없었던 것이다.

11학년 첫 학기에 받은 C와 D 때문에 어려움 속에서도 어느 정도 성공적이라 할 수 있었던 혜리의 대입 준비에 짙은 먹구름이 드리우게 되었다. 평균이 내려간 것뿐만 아니라 C와 D가 포함된 성적표로는 원하는 대학 지원이 불가능했다. 2학기 성적을 정상화하고, 12학년을 잘 마무리한다면 아쉬운 대로 대학 진학은 하겠지만 문제는 혜리의 마음 상태였다. 자신의 성적을 용납할 수도 없었고, 남은 학기에 재기할 수 있을지도 자신 없어했다. 결국 혜리의 성격과 공부 방식은 지금처럼 경쟁이 심하고, 교우 관계도 없는 이 학교와 맞지 않는다는 결론을 내렸다.

이렇게 조언했습니다

가능한 한 빨리 혜리를 다른 학교로 전학시킬 것을 처방했다. 학교 선택의 우선순위는 첫째로 경쟁이 덜하고, 둘째로는 교우 관계가 원만한 학교여야 하며, 빠른 시간 내에 적응할 수 있어야 했다. 11학년 중이어서 소모할 시간이 없었기 때문이었다. 전학 후 학과목 선택에서의 우선순위는 첫째로 성적 관리를 할 수 있는 과목이어야 하고, 둘째로 이전 과목들보다 너무 단계가 낮지 않은 것이어야 했다. 그렇게 해서 11학년을 성공적으로 마무리한 후 이전에 받은 D는 여름 학기나 12학년 때 재수강하기로 했다.

만일 적응이 빠르고 성공적일 경우, 지난 학기에 D를 받은 과목의 AP 시험 준비가 가능하다면 5월에 AP 시험을 치르기로 했다. 대학 선정은 11학년을 마무리하는 것을 보고 결정하기로 했고, 혜리의 성격과 공부 방식에 맞는 대학으로 진학하여 대학 생활에서도 이전과 같은 어려움을 겪지 않도록 했다.

결과

혜리 가족은 고민 끝에 이전에 살던 지역의 다른 고등학교를 정해 긴급히 이사했다. 옮긴 학교에서는 지난번 학교보다 훨씬 공부하기가 수월해서 지난 학기와 동일한 과목을 선택할 수 있었다. 교사들도 훨씬 친절해서 진도가 맞지 않아 어려움을 겪지 않도록 여러모로 배려해 주었다.

예전의 친구들을 다시 만나게 된 혜리는 마치 고향에 돌아온 듯 마음이 차분해졌다. 혜리는 놀라울 정도로 변화를 보여 학교에 가는 것을 좋아하게 되었고, 성적을 잘 받을 수 있다는 자신감까지 갖게 되었다. 부모도 마음을 비우고 혜리의 행복을 최우선으로 하게 되었고, 혜리는 새로운 학교에서 2학기 성적을 모두 A로 받아 부모의 기대에 화답했다. 또한 D를 받았던 과목을 포함한 2개 과목의 AP 시험에서 4점과 5점을 받았고, D를 받았던 과목은 재수강 후 A로 바뀌었다. 혜리는 12학년 때도 여러 개의 우수 과목을 선택하여 훌륭하게 마무리했고, 자신의 어려웠던 고교 시절을 주제로 한 에세이도 훌륭하게 써냈다.

이러한 어려움을 겪었지만 혜리는 AP 과목 7개, UC GPA 3.9, SAT 2,280, 과목별 SAT 4개 과목 평균 750점을 기록하면서 마침내 꿈꾸던 UCLA로 진학했다. 과감한 전학이 대학 진학의 성공 요인이 된 것이다.

23

{ 보딩스쿨에 적응하지 못했던 필립 }

— 일대일 멘토링을 통해 자신감을 찾도록 하다

사전 정보

필립은 아버지의 미국 파견근무를 계기로 미국에서 중학교를 다니게 되었다. 다행히 미국에서는 좋은 학군에 속한 중학교 7학년에 들어갔고, 부모의 관심과 정성 덕분에 A와 B로 채워진 좋은 성적을 받았다. 아버지의 2년 임기가 끝나갈 즈음 부모는 필립의 보딩스쿨 진학을 결정했다. 필립은 갑작스러운 결정에 준비 없이 SSAT를 치른 결과 지원했던 보딩스쿨에 모두 불합격했다. 이어 다음 해에도 여러 보딩스쿨에 지원했지만, 아쉽게 또다시 모두 불합격 판정을 받았다.

    들어 보니 필립은 첫 해에 상위 10위권 학교에 지원했고, 다음 해에는 상위 25위권 학교에 지원한 것을 알게 되었다. 필립의 성적과 준비 상황으로 볼 때 이들 학교의 합격 가능성은 애초부터 없었던 셈이었다.

만나 보니

상담을 해 본 결과 필립은 매우 조용하고 의존적이어서 경쟁이 심하고 관심이 줄어든다면 성공하기 힘든 성격이었다. 찾아서 하기보다는 지시를 따르는 편이었고, 지속적인 독려가 필요한 유형이었다.

필립은 관리 체계가 훌륭해서 수업을 잘 따라가면 성적 관리가 용이한 학교, 그리고 좋아하는 운동을 비롯한 그룹 활동으로 사회성을 향상시켜 줄 수 있는 학교를 가야 한다고 판단되었다.

이미 보딩스쿨 입학사정이 마감 단계에 있었기 때문에 적절하다고 생각되는 학교 중에서 인맥을 통해 다급히 몇 학교에 필립의 입학 가능성을 타진했다. 그 결과 70위권에 드는 학교 중 한 곳에 조건부로 지원할 수 있었다. 9학년 성적을 3.5 이상 받을 것과 SSAT를 80% 수준으로 향상시킨다는 조건이었다.

필립은 집중적으로 SSAT를 준비하여 수학은 97%를 받았고, 50%였던 종합 성적을 79%로 올렸으며, 성적도 3.5 이상을 받아 150년의 역사를 가진 보딩스쿨에 합격할 수 있었다.

결과

한국으로 들어간 필립의 부모로부터 다시 연락을 받은 것은 다음 해였다. 필립이 학교에 제대로 적응하지 못하는 것 같다면서 알아봐 달라는 것이었다. 심상치 않은 생각이 들어 곧바로 연락을 취해 필립과 통화하고, 학교 측 관계자와도 통화할 수 있었다.

과목별 교사들로부터 필립의 상태가 좋지 않다는 이야기를 들었고, 1~2교시 수업에 지각하거나 결석하는 경우가 잦다는 이야기도 들었다. 필립은 극도로 자신감을 잃어버린 상태였고, 자연히 성적 관리도 엉망이었다.

다행히 필립은 자신의 심각한 상황을 잘 인식하고 있었다. 집에 돌아가고 싶은 생각이 컸고, 내성적인 성격 때문에 질문을 하거나 발표를 꺼려 수업 참여도에 비중을 두는 과목에서 성적이 급락했으며, 자기조절 Self-Discipline이 약해 몸이 피곤하면 숙제를 하지 않는 경우도 많았다.

학교 측에서도 필립과 부모 양쪽 모두와의 의사소통에 어려움이 있었는데, 문제 해결을 위해 가족이 발걸음을 내디딘 것에 감사를 표시했다. 필립이 자신의 어려움을 드러내어 도움을 요청할 수도 있었는데, 그런 시스템을 활용하지 않았다는 점과 부모와 학교도 대화가 단절되어 있어 협조가 빨리 이루어지지 않았던 점이 문제였다. 학생은 학생대로, 학교는 학교대로, 부모는 부모대로 문제 해결을 위한 소통이 어려웠던 것이다.

이렇게 조언했습니다

학생과 학부모, 학교의 중간에서 서로를 이해시키면서 문제 해결의 실마리를 풀어야 했다. 먼저 필립의 자기조절을 위해 학교 측에 특별히 주의를 기울여 출석과 숙제를 제대로 할 수 있도록 철저한 감독을 부탁했다. 학교 측에서는 이를 위해 일대일로 조언자가 필립을 관리하는 계획을 마련했다. 조언자는 필립이 성적을 올릴 때까지 자신의 거처로 초대하여 밀린 숙제 등을 완료하도록 도움을 주었고, 개인 공부를 위한 교사도 배정해 주었다. 성적이 많이 떨어졌던 스페인어 과목 교사도 필립의 성격을 감안하여 자발적인 발표를 기다리기보다는 적극적으로 수업에 참여할 수 있는 기회를 부여하기로 했다.

결과

필립은 생활과 학업에 대한 자신감을 빠르게 회복해 갔고, 첫 AP 시험에서 4점을 받았다. 성적 향상과 더불어 자신감과 독립심, 책임감이 발전하면서 대학 진학을 위한 동기와 목표가 생겨 11~12학년을 성공적으로 마치게 되었다. 어려운 고비를 잘 넘긴 필립은 위스콘신대학교, 레이크포리스트칼리지Lake Forest College, 어메리칸칼리지American College, 시러큐스대학교, 사라로렌스칼리지Sarah Lawrence College, 보스턴대학교 등에 합격했다.

24

영어 부족으로 ESL에서 헤매던 철수

— 치밀한 로드맵으로 명문대 도약에 성공하다

사전 정보

캘텍에 진학한 후 공학자가 되는 것이 꿈이라는 철수는 미국에 갓 들어온 학생답게 사용하는 영어의 어휘와 용법이 모두 한국식 사고에 기초를 둔 콩글리시Broken English 수준이었다. 그래서 영어 실력이 그대로 영향을 미치는 역사 계열, 외국어 계열, 영어 계열 과목에서는 경쟁 상대인 다른 학생들보다 한두 단계 떨어지는 상태였다. 세계 최고의 공과대학을 목표로 하는 학생이 강점으로 가져야 하는 수학 계열과 과학 계열 과목에서도 언어 장벽 때문에 갈 길이 멀어 보였다.

학과 외 활동에서도 철수는 특별히 경쟁력을 갖추고 있는 것이 없었다. 다만 안 되면 되게 하겠다는 불굴의 정신을 앞세워 남은 3년 여의 고등학교 기간을 통해 기적 같은 성공을 이루겠다는 투지만은 강했다. 미국의 교육 체계가 요구하는 마라톤식 개념과는 거리가 먼 한국적인 속전속결식 교육 개념을 가지고 있었다.

만나 보니

철수는 미국에 온 지 얼마 되지 않았기에 자신의 상황이나 대입 가능성을 제대로 파악할 경험이나 자료도 없었고, 명문대를 목표로 삼기에는 갖춘 것도 너무 없었다. 오자마자 9학년으로 들어가 Honors Chemistry와 Algebra II를 선택하여 A 학점을 받기는 했지만, 영어는 ESL 수업에 들어가 있었고, 외국어와 역사는 선택하지 않았다. SAT 모의고사를 치러 보니 Critical Reading 450, Writing 480, Math 650로 총점 1,580점이었다.

대화를 해 보니 철수는 상황 판단력과 이해력이 뛰어난 것으로 판단되었고, 영어도 에세이 샘플을 보니 어휘가 좀 부족하기는 해도 짧은 시간에 자신의 생각을 적어 내는 능력이 있었다.

이렇게 조언했습니다

철수가 앞으로 3년간의 질주를 통해서 원하는 대학에 진학하려면 몇 가지 원칙이 필요하다는 결론을 내렸다.

첫째, 강한 목표와 동기에 걸맞은 로드맵을 작성한다.

둘째, 문제가 발생했을 때 신속한 개입과 빠른 해결 방법을 찾기 위해 다른 경우보다 좀 더 자주, 좀 더 유용한 정보와 자료를 수집할 수 있도록 긴장을 늦추지 않는다.

셋째, 로드맵을 재조정할 만큼의 상황에 유연하게 대처할 수 있도록 제 2, 제 3의 로드맵을 함께 만든다.

이에 따라 철수의 과목별 계획을 수립했다. 영어는 9학년 목표를 ESL 탈출로 잡아 시험 준비에 집중할 것, 10학년에는 정규 과목에서 안전하게 성적 관리를 할 것, 11학년은 SAT 준비를 비롯해 Honor 과목에 몰입할 것, 12학년에는 AP 과목을 선택할 수 있도록 할 것 등의 계획을 세웠다.

외국어는 10학년부터 12학년까지 3년을 하도록 했고, 필요한 경우에 좀 더 하기로 했다. 과학은 Chemistry, Biology, Physics 세 과목은 모두 AP 과목을 공략하기로 했고, 9학년에 이수한 Chemistry에 이어 10학년에는 AP Chemistry부터 시작해 이후 성적을 보아 가며 Physics와 Biology 순으로 조절하기로 했다.

10학년을 앞둔 여름은 AP Euro History, Spanish 1, AP Chemistry 등 가을 학기 예습을 시켰다. 9학년 여름, 10학년 여름, 11학년 여름을 연구 활동이나 대학 과목 수강 등을 통해 이공계 학생으로서의 면모를 충분히 보일 수 있도록 활용하기로 하고, 남는 기간은 예습과 SAT 점수 향상에 전념하도록 했다.

첫 여름은 동부의 C대학에서 공학 기초와 분자생물학 기초 중 한 과목을 선택하여 이수하기로 했다. 이후의 모든 일정과 계획은 철수의 학업 성적 변화에 따라 조정할 수 있도록 근접 관찰을 지속하기로 했고, 예습과 복습을 철저히 하는 공부 습관을 갖도록 요구했다. 문제 해결식 공부법이 아닌 문제 예방식 공부법을 도입하여 선행학습으로 다가오는 문제를 해결하도록 했다.

결과

철수는 9학년을 마치고 유명 대학의 고등학생을 위한 여름 수업에 참여했다. 전국에서 모인 미국인 학생들과 함께 먹고 자면서 말하기와 듣기가 부쩍 발전했고, 미국식 사고를 좀 더 이해하게 되었으며, 자신의 목표를 더 구체화하는 기회가 되었다.

10학년에 올라가서는 과학 올림피아드팀에 합류하게 되었고, 주 챔피언십에서 2등을 하는 행운도 얻었다.

10학년 동안 철수는 학과목에 다소 무리한 계획을 세웠음에도 불구하고 로드맵에 근접하는 성과를 이루었다. AP Chemistry와 AP Euro History를 위해 밤잠을 줄여 가며 강행군을 했고, 어려운 고비는 개인 교사의 도움과 교사와의 협의를 통해 해결해 나가며 성적은 B를, AP 시험에서는 5점을 받았다. 한 단계 올라서면서 철수는 자신감을 얻었고, 이는 로드맵의 다음 단계를 하나씩 해결해 갈 수 있는 원동력이 되었다.

정기적으로 모의고사를 치르면서 지속적으로 준비했던 SAT는 2,260점을 받았고, 내셔널 메릿 장학생(National Merit Scholarship) 최종 결선자에 포함되었다.

11학년과 12학년 여름에도 유명한 과학 계통 서머프로그램에 참여했다. 결국 계획했던 모든 과목을 성공적으로 이수했고, 졸업까지 AP 과목 7개를 이수할 수 있었다. 과목별 SAT에서 Chemistry, Physics, Biology는 모두 800점을 받았고, UC GPA 4.2를 기록했다.

철수는 아쉽게도 캘텍 조기 지원에는 합격하지 못했지만, MIT에 대기 합격자가 되었고, 그 외에 지원했던 대학(UC버클리, UCLA, USC, 듀크Duke, 라이스Rice, 카네기멜론, 노스웨스턴)에는 모두 합격했으며, 꽤 괜찮은 학자금 패키지까지 받았다. 소수의 학생들만이 이루어 낼 수 있는 어려운 로드맵을 성공적으로 실행할 수 있었던 것은 철수의 확고한 목표의식과 불굴의 의지, 그리고 부모의 뒷받침이 있었기 때문이었다.

미국 유학을 위한 사전 지식

1. 대학 입학 절차 \ 2. 대학 선택하기 \ 3. 진학 지도
4. 학자금 지원 \ 5. 아이비리그
6. 한인 학부모들이 자주 묻는 질문 20가지

Chapter | 03

1. 대학 입학 절차

사립대학 지원 마감일과 합격 발표일

하버드를 비롯한 아이비리그와 기타 우수 사립대학의 경우 1월 1일이 지원 마감일입니다. 1월 1일이 공휴일이므로 12월 말일, 즉 연말로 생각하면 됩니다. 지원 마감이 끝나면 대학들은 지원서를 검토하여 3월이나 4월 중에 합격자 발표를 합니다.

미국의 대학은 중복 지원 제도를 채택하고 있어서 학생은 지원하고 싶은 대학의 수에 상관없이 마음대로 지원할 수 있고, 대학 역시 자유롭게 선발하고 싶은 학생들에게 합격증을 발부합니다. 그래서 학생들은 여러 대학에 동시에 지원하고, 여러 곳에 합격되기도 합니다. 즉 미국에서의 대학 입학은 자유, 무한 경쟁인 셈입니다.

조기 지원

특정 대학이 마음에 들어서 그 학교에 꼭 가고 싶을 때는 조기 지원을 하게 됩니다. 조기 지원은 말 그대로 정규 지원보다 2개월 먼저 지원하는 제도인데, 반드시 해야 되는 것은 아닙니다. 그러나 미리 지원하고 합격 여부를 정규 지원 마감 이전에 통보받기 때문에 조기 지원을 해서 합격만 한다면, 여러 대학에 지원해야 하는 수고를 덜 수 있다는 장점이 있습니다.

합격자 발표를 크리스마스 이전에 하기 때문에 조기 지원 합격생은 다른 학생들이 12학년 겨울 방학과 연말을 대학 지원서로 골머리를 앓을 때 부담 없이 방학을 즐길 수 있습니다. 정규 지원 학생들이 3~4월까지 합격 여부를 걱정한다고 생각하면, 유익한 점이 크다고 하겠습니다. 물론 조기 지원에서 불합격한 학생은 연말까지 정규 지원 마감 시한에 맞추어 새로운 대학에 다시 지원해야 합니다.

조기 지원은 크게 두 가지가 있습니다. 하나는 합격하면 반드시 그 학교로 진학하겠다는 조건으로 지원하는 '얼리 디시전Early Decision'이고, 다른 하나는 합격해도 진학에 제약을 받지 않는 '얼리 액션Early Action'입니다. 얼리 디시전은 합격했을 때 해당 대학에 반드시 진학하겠다는 서약서에 사인을 해서 보내야 합니다. 정규 지원 전에 한 대학에만 조기 지원하겠다는 것과 합격하면 반드시 진학하겠다는 서약서에 사인을 해야 하기 때문에 합격한 후 꼭 가겠다는 대학에만 얼리 디시전 지원을 해야 합니다.

조기 지원을 해서 얻는 장점이 다른 사람들보다 먼저 합격 통지를 받는 데만 있는 것은 아닙니다. 실제로 조기 지원서를 받는 대학들은 조기 지원 학생들에게 합격증서를 주면, 반드시 자기 학교로 진학할 것을 알기 때문에 합격하고도 다른 학교로 갈 수 있는 정규 지원 학생들보다 우선적으로 뽑으려는 경향이 있다는 겁니다. 동시에 학생들도 조기 지원으로 합격하면 반드시 진학해야 하므로 자신이 꼭 진학할 학교에만 지원하게 되어 상대적으로 우수한 학생들이 집중되는 경향이 있습니다.

결과적으로 우수 대학의 조기 지원 합격률은 정규 지원 합격률보다 월등히 높습니다. 그러므로 조기 전형을 전략적으로 사용하는 것은 꼭 필요한 일입니다. 학교에 따라서는 정규 지원 합격률보다 조기 지원 합격률이 두 배 또는 세 배가 되는 곳도 있습니다. 그러나 나름대로 우수 학생 선발에 자신이 있는 하버드, 프린스턴, 예일, 스탠퍼드는 얼리 디시전이 없습니다.

이에 반해 얼리 액션은 다른 학교에 지원해도 되고, 합격하더라도 다른 대학에 진학하는 것이 가능합니다. 여기에는 구속력이 있는 서약서 같은 것은 없고, 단지 미리 지원하고 미리 결과를 받는 것뿐입니다. 명문대 중 캘텍, 시카고대학교, 조지타운대학교Georgetown University, 빌라노바대학교Villanova University, 노트르담대학교 등 많은 대학들이 얼리 액션을 채택하고 있습니다.

예일과 스탠퍼드는 구속력은 없지만, 반드시 자기 학교 한 곳에만 조기 지원하겠다고 약속해야 하는 특별한 얼리 액션 제도를 채택하고 있는데, 이를 '싱글 초이스Single Choice 얼리 액션' 또는 '리스트릭티드restricted 얼리 액션'이라고 부릅니다. 재미있는 것은 프린스턴과 하버드는 얼리 액션을 없애버려서 아이비리그 대학 및 전체 사립대학의 조기 지원 프로그램 종식을 이끌고 있다는 겁니다. 일전에 하버드가 얼리 디시전 프로그램을 시작하면서 사립대들이 조기 지원 프로그램을 따르기 시작하여 이제는 거의 모든 우수 대학이 사용하고 있는데, 또다시 하버드가 앞장서서 조기 지원 프로그램의 종식을 선도하는 것이니 참 아이러니한 일입니다.

이외에도 조기 지원 프로그램을 사용하지 않는 대학으로는 캘리포니아주립대인 UC-University of California, 버지니아주립대인 University of Virginia[UVA], 서부의 명문 서던캘리포니아대[USC] 등이 있습니다.

조기 지원은 정규 지원에 비해 단점도 있습니다. 그 가운데 가장 큰 것은 합격 결정과 함께 Financial Aid, 즉 장학금 패키지도 학교에서 주는 대로 결정되는 셈이어서 장학금을 더 주는 대학으로 갈 수 있는 기회가 원천적으로 봉쇄되는 점입니다. 또 하나는 12학년 1학기 성적이 나오기 전에 결정되기 때문에 12학년 1학기 성적이 좋아지고 있는 경우나 12학년에 수상 경력 또는 새로운 업적이 추가되는 경우에는 그 성적과 기록을 사용할 수 없다는 점입니다.

조기 지원 마감이 대개 11월 1일, 즉 10월 말이기 때문에 아직 SAT 또는 ACT 시험을 치르지 않은 학생들은 정규 지원에 비해 시험을 볼 기회가 줄어든다고 볼 수 있습니다. 10월과 11월의 SAT, 그리고 9월과 10월의 ACT는 유효합니다. 사립대학 정규 지원은 대개 1월 1일, 즉 12월 말이라서 10월, 11월, 12월의 SAT, 그리고 학교에 따라서는 1월의 SAT도 유효할 수 있고, ACT의 경우는 9월, 10월, 12월, 2월 시험까지 모두 유효합니다.

조기 지원 경쟁이 심하지 않은 대학의 경우에는 지원 마감일이 아예 없는 대학들이 많은데, 이런 경우를 '롤링 어드미션Rolling Admission' 이라고 합니다. 이 말은 계속해서 지원서를 받고 입학 허가서를 준다는 뜻입니다. 이 경우에는 지원에 시한이 없기 때문에 조금 늦게 지원할 수도 있습니다. 즉 새해가 되어서 지원할 대학들도 있다는 것입니다. 캘리포니아 주립대 계열이 이에 해당하는 대표적인 대학입니다.

UC 지원 마감

UC(캘리포니아주립대)의 경우에는 사립대 지원보다 1개월 빠른 11월 말이 지원 마감입니다. UC에는 합격률 20%선의 UC버클리, UCLA, UC샌디에이고 등의 명문 캠퍼스부터 시작해 합격률 40%선의 UC데이비스, UC어바인, UC산타바버라, 그리고 지원자의 90%를 합격시키는 UC리버사이드나 UC산타크루즈, UC머시드까지 다양한 합격률, 다양한 수준의 캠퍼스가 있습니다. 따라서 캘리포니아 주에 사는 학생들의 경우 하나의 지원서를 가지고 이들 9개의 캠퍼스에 지원한 후 그 가운데 최소 한 곳의 대학에 진학하는 것이 보통입니다. UC는 사립대학과 달리 교사의 추천서를 요구하지 않아 지원이 간편합니다.

대학 지원서 준비

대학 지원서를 준비하는 학생들은 지원서에 대한 생각을 정리해 보아야 합니다. 학생들은 대개 지원서를 쓸 때 자기가 쓸 지원서를 누가 읽을지

고려하지 않습니다. 또 그 사람이 얼마나 많은 지원서를 읽어야 하는지에 대해서도 관심이 없습니다. 뿐만 아니라 자신의 지원서와 비교될 수 많은 다른 학생들의 지원서에 대해서도 별 생각이 없습니다.

하지만 조금 달리 생각해 볼 필요가 있습니다. 지원서는 쓰는 사람을 위해 있는 것이 아니라 읽는 사람을 위해 존재합니다. 지원서는 대학 측에서 학생을 선발할 때 효과적으로 쉽게 선발할 수 있도록 하기 위한 서류라는 것을 꼭 기억해야 합니다. 그러자면 대학 측에서 왜 나를 선택해야 하는지 그 이유가 분명하게 드러나도록 준비해야 합니다. 선택하는 사람이 나를 선택할 이유를 쉽게 발견하도록 도와주는 지원서가 되어야 한다는 겁니다.

또 한 가지는 학생을 선발하는 사람들은 엄청난 양의 지원서를 읽어야 한다는 겁니다. 따라서 가능하면 자신의 모습이 잘 드러나는 것이 좋습니다. 수백 개의 지원서를 읽는 사람의 입장에서는 일목요연하게 잘 정리된 지원서가 가장 보기 쉽습니다. 내용에 줄거리가 있고, 학생을 한 번에 잘 파악할 수 있는 지원서, 그리고 학업 성적과 이수 과목, SAT 점수가 서로 잘 보완되고 있으면 가장 좋습니다. 학과 외 활동과 에세이가, 교사의 추천서와 에세이가 서로 잘 보완된다면 역시 좋습니다. 예를 들어, 의학에 대한 관심을 에세이에서 잘 표현한 학생이 AP Biology를 선택하여 AP 시험에서 5점을 받고, SAT Biology 800점을 받는 등 서로 보완되는 사실들이 쉽게 눈에 띄면 좋습니다. 게다가 병원 자원봉사나 의료 분야 연구 참여 경험이 있다면 더욱 좋습니다.

에세이 준비

12학년이 되면 지원서에 채워 넣어야 할 자료들 대부분은 과거의 지나간 일들이 됩니다. 그러나 지금부터 만들어 나가야 할 중요한 것이 하나 있는데, 그것은 바로 '에세이^{Essay}'입니다. 다른 말로는 '개인 소견$^{Personal\ Statement}$'이라고 합니다. 에세이를 준비하는 학생에게 꼭 조언하고 싶은 말은 이것입니다.

"에세이를 쓰는 데 충분한 시간을 할애하십시오."

'리비전^{Revision}', 즉 여러 번 고치면서 완벽을 기하는 것이 필요합니다. 가을까지 끝내려면 초여름에는 시작해야 합니다. 읽고 또 읽고, 여러 사람의 의견을 들어보면서 완벽해지도록 해야 합니다. 사립대학에 지원할 경우에는 일반적으로 2개의 에세이를 쓰는데, 하나는 '학력^{Achievement}'에 관한 것으로서 150자 이내로 써야 합니다. 다른 하나는 5개의 주어진 주제 중에 하나를 골라 250자 이상으로 써야 합니다.

UC 지원서에는 2개의 에세이가 필요합니다. 더해서 1천 자 정도를 쓰게 되어 있습니다. 훌륭한 에세이를 제출하면 당연히 자신의 다른 기록들을 보완해 주어 합격에 큰 도움이 됩니다. 지원 패키지를 보완하고 통합해 주는 훌륭한 에세이 때문에 합격했다는 말도 있습니다. 에세이를 형편없이 쓰면 마찬가지로 에세이 때문에 떨어지는 경우도 있습니다.

교사의 추천서

사립대학의 경우에는 교사 추천서가 있습니다. 주로 영어 교사와 수학 교사에게 받으면 좋고, 상담사까지 더해 3개의 추천서를 받아야 합니다. 미리 에세이도 써 보고 입학 지원서도 써 보면 어느 교사에게 추천서를 부탁해야 하는지 생각이 떠오를 수 있습니다. 12학년이 되면 많은 학생들이 교사들에게 추천서를 의뢰하게 되므로 가능한 학기 초반에 다른 학생보다 먼저 도움을 청하는 것이 유리합니다. 일찍 부탁하여 교사가 시간을 충분히 갖도록 하는 것이 좋습니다. 교사에 따라서는 성적표와 학생의 에세이를 보고 싶다는 분이 있으니 그런 것들을 미리 준비해 놓는 것이 좋습니다. 좋은 인상과 함께 말입니다.

SAT, ACT 점수

대입 지원서와 함께 SAT, ACT 점수도 제출해야 합니다. 이제까지 받은 성적이 만족스럽지 않아 시험을 다시 치러야 하는 학생이나 아직 치르지 않은 학생은 시험 날짜와 시험 과목을 정해서 미리 신청하고 준비해야 합니다.

SAT는 10월, 11월, 12월, 1월에 볼 수 있습니다. 이 중 UC에 지원할 학생은 10월, 11월, 12월 시험을 볼 수 있습니다. 과목별 SAT와 SAT는 같은 날 볼 수 없습니다. ACT는 9월, 10월, 12월, 2월에 있습니다. 이 중 UC에 지원할 학생은 9월, 10월, 12월 것을 사용할 수 있습니다.

SAT 성적이 오르지 않는 학생은 ACT를 보도록 합니다. 그리고 과목별 SAT의 한국어 시험은 11월에 꼭 치르기 바랍니다. UC는 과목별 SAT에서 두 과목 또는 그 이상을 반드시 봐야 하는데, 염두에 둘 것은 두 과목만 제출하려면 Math level 2를 꼭 봐야 하고, 세 과목 이상 제출할 때는 제한이 없습니다. Math level 1을 봐도 됩니다.

학과 외 활동

학생들이 간과하는 것 중에 학과 외 활동, 즉 'Extra Curricular Activity'가 있습니다. 여기에는 봉사 활동, 취미 생활, 직업 경험, 연구 실적, 수상 경력 등을 잘 적어 내야 합니다. 학과 외 활동 내용을 기억 속에서 찾아내어 정리해 보는 시간을 충분히 가질 때 비로소 입학 지원서에 매력적으로 적어낼 수 있습니다. 무엇을 쓸지, 순서는 어떻게 할지, 무엇을 빼야 하는지 잘 생각해 보아야 합니다.

전공 선택

많은 학생들이 12학년이 될 때까지 앞으로 어느 대학에서 무엇을 할 것인지, 자신의 미래 직업이나 대학 전공에 대해 생각이 없는 것이 일반적입니다. 고등학생들이 자신의 인생을 생각할 때 막막한 것은 당연합니다. 다만 안타까운 것은 고등학생들에게 비전을 심어 줄 수 있는 주변 여건이 부재하다는 것입니다. 특히 이민 사회에서 자신이 닮고 싶은 롤모델을 주변에서 찾을 수 없다는 것이 더욱 안타까운 일입니다. 저는 학생들이 다음과 같은 몇 가지에 대해 한 번쯤 생각해 보았으면 합니다.

첫째, 내가 닮고 싶은 사람이 있는가? 있다면 어떤 점을 닮고 싶고, 그런 모습이 되고 싶다면 어떤 교육을 받아야 하는가? 그 사람은 어떤 교육을 받았는가?

둘째, 나는 무슨 일을 하고 싶은가?

셋째, 나는 어떤 것을 잘 하는가?

넷째, 나는 언제 가장 행복한가?

이런 것들에 대해 생각해 보면서 전공을 찾아야 합니다. 내가 어떤 전공이나 어떤 일에 맞추어 가는 방법도 있지만, 나에게 맞는 일이 어떤 것인지를 생각해 보는 것은 매우 중요합니다. 12학년에 올라가는 학생이라면 전문가의 도움을 받아 적성검사를 받아 볼 필요가 있습니다. 특히 'Interest and Skill Test(적성검사의 일종)'를 권유합니다.

대학의 선택

전공 선택도 마찬가지지만 대학 선택도 아주 중요한 결정 사항입니다. 지원 마감일을 앞두고 가고 싶은 대학이 최소한 10개는 되어야 한다고 봅니다. 지원하려는 대학에 대해 잘 연구해 보고 자신이 90% 정도 합격할 수 있는 대학 중 두어 개, 50~60% 합격할 확률의 대학 중 두어 개, 확률이 30%까지 떨어지더라도 꼭 가고 싶은 대학 중 두어 개를 선정해서 최소한 10개 내외를 정해 놓아야 합니다.

따라서 12학년이 되기 전에 부지런히 대학교에 대해 연구하는 것이 좋습니다. 이에 관한 정보는 인터넷 검색을 통해서 찾아보는 것도 좋습니다. 칼리지보드 웹사이트, US News and World Report 웹사이트, 그리고 제가 정리해 놓은 'useduconsulting.com'이나 'dryang.us'도 도움이 될 것입니다.

12학년생을 위한 대학 지원 절차

적어도 8월 중에는 대입 지원서 작성과 에세이 쓰기를 시작해야 합니다. UC는 그때까지 아직 온라인 지원용 웹사이트 로그인 화면이 열리지 않습니다. 10월부터 사용할 수 있으므로 연습용으로 마련된 지원 서류 양식을 다운로드 받아서 일단 써 볼 수 있습니다.

SAT를 봐야 하는 학생들은 시험을 치를 과목들을 준비하고, 시험 날짜를 정해서 시험 신청을 해야 합니다. 칼리지보드 웹사이트 주소는 'www.collegeboard.com' 입니다. 이곳으로 들어가면 학생용, 학부모용, 교사용이 있는데, 첫 번째 '학생용 Students'을 클릭하면 SAT 시험 신청 화면으로 들어갈 수 있습니다. ACT는 'www.act.org'에서 신청하면 됩니다. ACT 시험은 9월부터 있습니다.

10월이 되면 학자금 신청이 시작됩니다. 학교마다 '우선 마감일 Priority Deadline'이라는 것이 있는데, 보통은 2월 초입니다. 신청은 'www.collegeboard.com'에 들어가서 'CSS Profile'을 클릭하면 시작할 수 있습니다.

10월이 되면 캘스테이트 Cal State University가 지원을 받기 시작합니다. 'www.csumentor.edu'에서 지원할 수 있습니다. 또 10월에는 초반에 SAT 시험이 있고, 후반에는 ACT 시험이 있습니다. 조기 지원 마감일도 10월 말입니다.

11월이 되면 UC 온라인 지원 로그인 화면이 열립니다. 'https://admissions.ucop.edu/pathwaysW2011/Pathways'로 가시면 지원할 수 있습니다. 11월 말일은 UC 지원 마감일입니다. 11월 SAT는 월초에 있고, 한국어 시험은 연중 이때 한 번뿐입니다.

12월 1일부터는 우수 사립대학 지원이 시작됩니다. 서던캘리포니아나 컬럼비아 등의 대학은 아직도 본교의 지원서를 고집하지만, 그 외의 사립대학들은 공동 지원서인 'Common Application'을 받습니다. 이 지원서를 이용하려면 'www.commonapp.org'에 들어가면 되고, 보통 7월부터 로그인 화면이 열려 있습니다. 12월 SAT는 12월 초에 있고, ACT는 12월 중순에 있습니다. UC를 지원하는 학생들에게는 12월 시험이 마지막 기회입니다. 조기 지원 합격 발표는 크리스마스 전에 있습니다.

1월이 되면 'FAFSA$^{\text{Free Application for Federal Student Aid}}$ 신청' 창이 열립니다. 'fafsa.ed.gov'로 가면 되고, 시민권자와 영주권자만 신청할 수 있습니다. FAFSA 자체는 마감이 6월 말이지만 지원하는 대학의 우선 마감일에 맞추어 지원을 마쳐야 합니다. 대개 2월 초라고 보면 되고, 각 대학 지원 시 확인하도록 합니다. 1월 SAT는 1월 말에 있고, ACT는 2월 초에 있습니다. 사립대학을 지원한다면 이 시험들까지 사용이 가능합니다.

2월이 되면 사립대학의 합격자 발표가 시작됩니다. 3월 말까지 모든 UC 캠퍼스의 발표가 있고, 사립대학도 3월 말이면 본격화 되며, 늦어도 4월 초에 발표가 끝납니다. 마음의 결정을 하여 5월 1일까지 하나의 대학을 선정한 다음 등록 예정 통보를 하는 것으로 대입 지원 절차는 마무리됩니다.

물론 5월 1일 이후에도 불합격된 학생이 대학 측에 이의 제기를 할 수 있고, 그에 대한 추가 합격이 있기도 합니다. '합격 대기자 명단$^{\text{Wait listed}}$'에 들어간 학생들에 대한 추가 합격 발표도 여름 내내 이어질 수 있습니다.

6월에는 고등학교를 졸업하고, 고등학교에서는 12학년 마지막 성적표를 지원 대학에 통보합니다. 성적이 많이 떨어진 학생에 대해 대학이 불합격 확정 통보를 하기도 하는데, 7월 또는 8월까지 이어질 수도 있습니다.

2. 대학 선택하기

미국 대학의 종류

미국 대학의 종류를 간단하게 분류하면 '리버럴 아츠칼리지Liberal Arts Colleges인문대학', '종합대학Universities', '커뮤니티 칼리지Community Colleges', 그리고 '직업학교Vocational Schools' 등이 있습니다.

리버럴 아츠칼리지Liberal Arts Colleges

인문학을 중시하여 가르치기 시작한 미국 초기의 대학에서 시작된 대학이라고 보면 됩니다. 중세부터 인문학이라고 하면 크게 문법, 수사학, 논리학과 산수, 기하, 음악, 천문학 등을 가리키는 말이었고, 미국 초기의 대학들은 이러한 과목을 가르치는 곳이었습니다. 지금도 '인문대학'이라고 하면 'Liberal Arts' 또는 'Letters and Sciences' 또는 'Arts and Sciences'라고 불리는 인문계 학과들을 수용하고 있는 대학입니다.

인문대학의 주요 학과를 보면 고전학, 각종 언어학, 언어별 문학, 비교문학, 철학, 수사학, 예술사, 고대문명, 인문학, 연극, 무용, 음악, 사회과학 분야의 인류학, 경제학, 지리학, 역사학, 언어학, 정치학, 사회학, 종교학, 심리학, 공공복지학, 수학과학 분야의 천문학, 지구과학, 수학, 물리학, 통계학, 화학, 생물학 분야의 분자생물학, 세포생물학, 생화학, 발달생물학, 유전학, 면역학, 신경생물학, 체육학 등이 있습니다. 우리나라를 기준으로 보면 1970년대까지의 문리대, 그리고 그 이후의 인문대, 사회대, 자연대 등을 합한 것이라고 보면 됩니다.

종합대학 Universities

다양한 인문과학 분야는 물론 그에 더하여 비즈니스, 교육, 기술공학(공대), 건축조경 분야, 정보컴퓨터 분야, 언론 커뮤니케이션 분야, 법학 분야, 검안학 Optometry, 공공건강학 Public Health 분야, 공공정책학 Public Policy 분야, 영화방송 분야 등 각종 전공을 망라해서 제공하는 대학이 종합대학입니다. 대부분의 미국 주립대학과 'University'라는 이름을 가진 대학은 거의 이 분류에 해당됩니다. 캘리포니아의 경우 UC와 캘스테이트도 이에 해당합니다.

커뮤니티칼리지 Community Colleges

커뮤니티칼리지는 공공교육정책에 의해서 고교 졸업 후 약간의 대학 교육을 받을 수 있는 단기 과정의 대학으로서, 인문학의 기초를 배울 수도 있고, 일부 단기 직업 교육을 받을 수 있는 2년제 대학입니다.

직업학교 Vocational Schools

인문학이나 기초 교양 등의 일반대학 교육까지는 필요 없지만 고교 졸업 후에 특정 직업 전선에 뛰어들기 위해 필요한 기술교육 등을 전담하는 학교를 말합니다. 예를 들면 요리학교, 냉동기술학교, 패션디자인학교, 치과기공학교, 2년제 간호대학 등이 해당됩니다.

캘리포니아 주정부에서 운영하는 대학

캘리포니아의 주정부에서 운영하고 있는 대학은 3개로 나뉘어져 있습니다. 박사 학위까지 수여하고 전문 대학원을 포함한 종합대학인 UC, 석사 학위까지 수여하고 직업 위주의 교육에 중점을 맞춘 캘스테이트, 그리고 2년제인 커뮤니티칼리지 등이 있습니다. 2009년 현재 대략 330만 명의 학생들이 주정부가 운영하는 대학교에 다니고 있습니다.

UC Universty of California

먼저 UC는 종합대학으로서 학부와 일반 대학원Graduate School, 그리고 전문 대학원Professional School을 모두 수용하고 있습니다. 학사, 석사, 박사 학위뿐만 아니라 의사Medical Doctor, 법학박사Juris Doctor, 약사Doctor of Pharmacy, 치과의사Doctor of Dental Surgery, 수의학박사Doctor of Veterinary, 경영학석사MBA 등을 수여하는 전문 대학원을 포함하기도 합니다. 현재 10개 UC 계열 대학에 22만 명이 다니고 있습니다.

UC는 1868년에 시작한 버클리Berkeley 캠퍼스를 필두로 1873년 샌프란시스코San Francisco, 1908년 데이비스Davis, 1919년 UCLA, 1944년 산타바

버라Santa Barbara, 1954년 리버사이드Riverside, 1960년 샌디에이고San Diego, 1965년 산타크루즈Santa Cruz와 어바인Irvine, 그리고 강성모 총장이 있는 머시드Merced 캠퍼스가 2005년에 더해져 총 10개가 있습니다. 이외에도 법대만을 가지고 있는 UC해스팅스UC Hastings College of Law도 있습니다. 10개의 캠퍼스 중 Health Science 계통의 대학원만 가지고 있는 UC샌프란시스코를 제외한 9개의 캠퍼스가 학부 신입생을 받고 있습니다.

북가주에서는 버클리가 가장 들어가기 어렵고, 그 다음이 데이비스, 산타크루즈, 머시드 순이며, 남가주에서는 UCLA, 샌디에이고, 어바인, 산타바버라, 리버사이드 순입니다. 통상 이 9개의 UC 캠퍼스에 1개의 지원서를 공통으로 보내는 복수 지원을 하게 되는데, 자연적으로 캠퍼스 간의 우열에 따라 학생들이 자신의 수준에 맞게 합격하고 진학하도록 되어 있습니다.

• UC 캠퍼스별 순위 _ 9개 캠퍼스를 2009년도 합격생의 평균 GPA 순으로 배열해 보면 UCLA 4.16, 버클리 4.15, 샌디에이고 4.08, 어바인 4.01, 데이비스 4.00, 산타바버라 3.93, 산타크루즈 3.76, 리버사이드 3.61, 머시드 3.53입니다.

UC는 'Comprehensive Review(포괄적 심사)'라고 해서 GPA 외에도 최소한 40개의 다른 요인을 보고 있기 때문에 정확히 GPA 순서대로 합격되는 것은 아닙니다. 하지만 80%는 GPA와 SAT로 결정된다고 보면 정확합니다.

9개 캠퍼스를 2009년도 합격생의 평균 SAT 순으로 배열해 보면 버클리 2,033점, UCLA 2,010점, 샌디에이고 1,964점, 데이비스 1,887점, 어바인 1,873점, 산타바버라 1,863점, 산타크루즈 1,797점, 리버사이드 1,666점, 머시드 1,623점입니다.

참고로 2009년도 합격률 순으로 보면 UCLA 21.7%, 버클리 26.6%, 샌디에이고 37.3%, 어바인 42.3%, 데이비스 46.2%, 산타바버라 49.2%, 산타크루즈 63.2%, 리버사이드 78.3%, 머시드 77.8%입니다.

• UC 진학을 위해 반드시 해야 하는 것

① GPA : UC로 진학하기 위해서는 높은 성적을 유지하는 것이 가장 중요합니다. UC 전체 캠퍼스가 고교 졸업생의 8분의 1을 수용하고 있으니까 최소한 상위 8분의 1에는 속해야 합니다. 버클리나 UCLA에 진학하려면 그 중에서도 4분의 1이니까 평균 상위 3% 정도는 되어야 합니다.

UC에서는 고교 10학년과 11학년 성적으로 학생을 선발하고 있으며, UC에 지원하기 위해서는 GPA 3.0 이상이 되어야 한다고 명시되어 있습니다. 이때 GPA는 10학년, 11학년 성적 중 Honor 과목과 AP 과목에 1점의 가산 보너스를 주어서 계산합니다. 즉 A는 4점 대신 5점을, B는 3점 대신 4점을 주는 식입니다. 아무리 많은 Honor 과목과 AP 과목을 들어도 총 8개의 과목에만 보너스 점수를 주므로 최대 4.4 정도가 한계인 셈입니다.

② SAT : 'SAT Reasoning Test(SAT)'나 'ACT Test with Writing(ACT)'을 꼭 치러야 합니다. 이에 더해서 최소 2개의 다른 과목에서 '과목별 SAT(SAT II)'를 치러야 합니다. 따라서 2,400점 만점인 SAT, 과목당 800점 만점의 과목별 SAT도 2개 이상 보는 것입니다. 현재 10학년, 즉 2012년 신입생부터는 과목별 두 과목 이상 필수가 선택 사항으로 바뀝니다. 그러나 경쟁력을 갖추기 위해서는 꼭 치를 것을 권합니다.

③ 15개 과목의 필수 학과목 : 영어 4년, 수학 3년, 외국어 2년, 사회 과목인 미국 역사와 세계사 2년, 과학 2년, 예능 과목 1년 등 14개 과목에 더해 이 과목군에서 한 과목을 더 선택하여 총 15개 과목을 이수해야 합니다. 현재 10학년생부터는 이 중 11개 과목을 11학년 말까지 선택해야 합니다. D나 F를 받은 경우에는 다시 선택하여 좋은 성적을 받으면 이전에 받은 D나 F는 UC GPA 계산에 포함되지 않습니다.

④ ACT : SAT 대신 ACT를 볼 때는 'Writing Test'를 꼭 치러야 합니다.

⑤ 우수 학군 vs 보통 학군 : 우수 학군에 속한 경우 학교에 따라서는 8분의 1보다 더 많은 학생들이 UC에 합격하며, 수준이 조금 낮은 학교에 다니는 학생들은 합격자 수가 더 적어지기도 합니다. UC로 진학하려는 학생 중에 학교 수준이 낮아서 다른 사람만큼 Honor, AP 과정을 선택하지 못했다거나 형편상 준비를 못해 SAT 점수가 낮은 경우도 있습니다.

그러한 학생들을 구제하기 위해서 자기 학교의 상위 4%에 속하는 학생을 UC 중 최소한 1개의 캠퍼스에는 합격을 시키겠다는 일종의 'Guaranteed Admission 프로그램(ELC)'이 있습니다. 그러나 한인 중에 ELC의 혜택을 받아야 하는 학교에 다니는 학생은 거의 없다고 봅니다. 이 제도는 2010년 봄 현재 10학년 학생의 경우 9%로 확대됩니다.

CSU California State University

45만 명이 다니고 있는 23개의 캘스테이트 대학들은 UC와 달리 박사 학위를 수여하지 않았지만, 최근 Ed. D(교육학 박사)와 몇 개의 특수한 박사 학위를 수여할 수 있는 '법적 근거(SB 724)'가 마련되었습니다. 따라서 캘스테이트의 학위들은 직업 교육과 관련되어 있는 것이 많습니다. UC의 수업료가 연간 8천 달러 수준이라면 캘스테이트는 그의 절반인 연간 4천 달러 수준이어서 인민의 대학, 또는 '국민의 대학The People's University'으로 불리기도 합니다.

UC의 목표가 고교 졸업생의 상위 8분의 1을 흡수하는 것이라면, 캘스테이트는 상위 3분의 1까지의 학생을 흡수하기 위해 존재합니다. 자연히 들어가기가 수월하고, 일부 인기 캠퍼스를 제외하고는 원하는 학생들은 거의 모두 받아줄 수 있는 형편입니다.

• 캘스테이트 계열 진학을 위해 반드시 해야 할 것 _ 캘스테이트 계열은 지원 자격이 GPA 2.0 이상입니다. GPA 3.0 이상의 학생이라면 SAT

를 제출하지 않아도 됩니다. 하지만 그 이하의 학생은 SAT를 제출해야 하고, GPA가 낮을수록 SAT가 높아야 하는데 2.0이라면 1,300점은 받아야 합니다.

캘스테이트는 10월 1일부터 웹사이트 'www.csumentor.edu'에서 지원할 수 있습니다. 경쟁이 치열하지 않아 원하는 학생들을 거의 수용하는 대부분의 캠퍼스는 새해가 되어도 제한 없이 계속 학생들을 선발하는 캠퍼스가 많습니다.

그러나 캘스테이트 중 '인기 캠퍼스 Impacted Campus'와 '인기 전공 Impacted Major'인 경우에는 다른 학생들을 제치고 합격해야 하기 때문에 초기 지원 기간인 10월 1일 ~ 11월 30일까지 반드시 지원해야 하며, 다른 캠퍼스와 달리 SAT 점수를 제출해야 합니다. 이때 중요한 점수는 Math와 Critical Reading입니다. ACT 점수를 제출해도 되며, Writing은 없어도 됩니다.

• 인기 캠퍼스와 인기 전공 _ 인기 캠퍼스로는 샌루이스 오비스포 San Luis Obispo, 포모나 Pomona, 풀러턴 Fullerton, 롱비치 Long Beach, 샌디에이고주립대 San Diego State University 등이 있습니다. 특히 샌루이스 오비스포는 11월 SAT 시험이 마지막이며, 롱비치와 샌디에이고주립대는 10월 SAT가 마지막 시험입니다.

또한 경쟁이 치열한 인기 전공이 있는데, 마찬가지로 초기 지원 기간인 10월 1일~11월 30일까지 반드시 지원해야 합니다. 주요 인기 전공은 17개 캠퍼스에 있는 간호학과 전부를 비롯해서 롱비치의 Art, Criminal Justice, Film and Electronic Art, 모든 Business Major, Psychology와 Social Work, Radiology Technology와 Kinesiology 등이 있고, 또한 포모나의 Architecture Major 등이 해당됩니다. 캠퍼스에 따른 인기 전공을 알고 싶다면 'www.calstate.edusasimpactioninfo.shtml'나 'www.useducon.com'을 참조하면 됩니다.

CC Community Colleges

그 외에 캘리포니아 주에는 72개 교육구에 110개의 커뮤니티칼리지가 있는데, 무려 260만 명의 학생이 다니고 있습니다. 커뮤니티칼리지는 고교 졸업생의 절반을 흡수할 수 있으며, 현재 어떤 조건도 따지지 않고 원하는 학생은 입학할 수 있습니다. 심지어 고교 졸업생이 아니어도 입학할 수 있습니다.

학비가 싸다는 것도 큰 장점입니다. 캘리포니아 거주자의 경우 지난 학기까지 한 학점에 30달러 정도로, 풀타임 학생의 경우도 450달러면 가능합니다. 요즘은 경제 상황이 어려워져 커뮤니티칼리지를 거쳐 편입하려는 학생이 증가하고 있는 실정입니다.

커뮤니티칼리지는 2년제로서 'Associate Degree'라는 준학위를 수여하고 있습니다. 공부가 적성에 맞지는 않지만 고교 졸업으로 충분치 않다고 여기는 학생이나 성인이라도 좀 더 공부하고 싶은 경우에 쉽고 저렴하게 배울 수 있는 아주 훌륭한 제도입니다. UC와 캘스테이트는 커뮤니티칼리지를 마친 학생들이 편입하여 학사 학위를 받을 수 있도록 3, 4학년 정원을 많이 확보해 놓고 있습니다. UC나 캘스테이트 3학년으로의 편입이 1학년으로의 입학보다 상대적으로 훨씬 쉬운 이유도 여기에 있습니다.

아이비리그 대학

아이비리그 8개 대학은 미국 독립 전 영국 이민자들이 자리를 잡기 시작한 뉴잉글랜드 지역에 집중되어 있습니다. '아이비리그'라는 말은 원래 'Athletic league', 즉 학교 간 스포츠 시합을 하는 그룹의 이름이었습니다. 아이비리그 대학 중 가장 잘 알려져 있는 하버드대학은 북미 일부가 영국의 식민지이던 1636년, 보스턴 근교 케임브리지에서 'New College'라는 이름으로 시작했는데, 미국에서 가장 먼저 생긴 대학입니다. 그 후 1701년에 예일대학교가 코네티컷에 세워지고, 유펜이 1740년, 뉴저지의 프린스턴대학교가 1746년, 뉴욕의 컬럼비아대학교가 1754년, 로드아일랜드의 브라운대학교가 1764년, 뉴햄프셔의 다트머스칼리지가 1769년에 교회나 기독교인들에 의해 만들어졌습니다. 이들 7개 학교는 미국 독립 전인 1776년 이전에 세워진 대학입니다. 100여 년 후인 1865년에 막내격인 코넬대학교가 뉴욕 변방에서 개교합니다.

사실 아이비리그란 것은 1902년에 컬럼비아, 코넬, 하버드, 예일, 프린스턴이 'Eastern Intercollegiate Basketball League'를 만들어 농구 시합을 하면서 만들어졌다가 이후 유펜, 다트머스, 브라운이 참여했고, 이것을 1945년에 공식적으로 '아이비리그 협약'이라고 부르면서 그때부터 '아이비리그'라는 이름으로 각광을 받고 있습니다. 이제는 모두 리버럴 아츠칼리지의 규모를 벗어나 종합대학으로 발전했고, 전국에서 가장 들어가기 어려운 대학이 되었습니다.

명문 사립대학

한편 '아이비플러스'라는 이름으로 아이비리그 못지않은 명문 사립대학이 많이 있습니다. 여기에는 아이비리그 대학 8개를 포함하여 스탠퍼드, MIT, 시카고 등이 포함되기도 하고, 이외에 존스홉킨스를 추가하기도 합니다. 어떤 때는 UC버클리, 캘텍, 조지타운, 듀크, 영국의 케임브리지와 런던정경대 London School of Economics, 그리고 공군사관학교 Air Force Academy, 육군사관학교 West Point, 해군사관학교 Naval Academy까지 포함하기도 합니다.

그밖에도 뉴잉글랜드의 리버럴 아츠칼리지 LAC 중에서 역사가 깊고 수준이 높은 대학들로 '리틀 아이비 Little Ivies'라 불리는 명문 대학들이 있는데, 윌리엄스칼리지, 보든칼리지, 미들베리칼리지 Middlebury College, 해밀턴칼리지 Hamilton College, 콜비칼리지 Colby College, 앰허스트칼리지, 트리니티칼리지, 웨슬리안칼리지, 하버포드칼리지, 터프츠대학교 Tufts University, 베이트칼리지 Bates College, 스와스모어칼리지가 해당됩니다. 이들 대학은 1793년부터 1864년 사이에 모두 기독교인이나 교회에 의해 세워졌습니다. 이후 1911년에 세워진 코네티컷칼리지 Connecticut College까지 '리틀 아이비'로 불리고 있습니다.

캘리포니아의 명문 리버럴 아츠칼리지로는 클레어몬트칼리지 Claremont Colleges, 포모나, 옥시덴탈 등이 있습니다. 생각보다 들어가기 어려운 대학들입니다. 보통 Unweighted GPA 3.8~4.0 정도, AP 8~10개 정도, 상위 5~10%를 유지한 학생들이 지원하고 있습니다.

대학교 중에는 GPA 3.5에 SAT 1,800점 정도의 학생들이 갈 수 있는 곳도 있고, GPA 3.0~3.5 정도의 학생들이 갈 만한 곳도 많습니다. 이때 어려운 문제가 훌륭한 학교를 추천받았지만 학부모나 학생이 그 학교의 이름을 들어본 적이 없는 경우입니다. 학교 선택에서 '평판 reputation'을 생각하지 않을 수 없는데, 자신이 들어보지 못한 학교이기 때문에 평판이 낮은 학교가 아닐까 걱정하는 것입니다. 이런 이유로 많은 학생들이 UC나 캘스테이트만을 선택하려는 경향이 있지만, 그 외에도 전국적인 명성을 가지고 있거나 훌륭한 교육을 제공하는 대학은 많이 있습니다.

3. 진학 지도

대학을 선택할 때 고려해야 할 점

학생들과 상담할 때 학생들에게 가고 싶은 대학이 있는지 물어보면 많은 학생들이 하버드나 그 외의 아이비리그 대학을 많이 말합니다. 이를 보면 명성으로는 역시 아이비리그 대학이 최고인 것만은 부정할 수 없는 사실입니다. 그러나 아이비리그 대학의 입학 정원을 전부 더해도 미국 고교 졸업생의 0.7%밖에 되지 않으니까 150명 중 1명에게만 아이비리그에 합격하는 영광이 주어지는 셈입니다.

    아이비리그 대학으로 진학하려면 우선 성적이 아주 높아야 합니다. 공부한 학과목의 난이도와 SAT가 GPA와 학과목에 걸맞게 잘 나왔는지도 매우 중요합니다. UC버클리나 UCLA에 합격할 수준에 있는 학생이 평균 상위 2~3% 안에 속한다고 한다면, 그런 학생 중의 25~30% 정도가 아이비리그에 합격할 수 있는 학생이라고 볼 수 있습니다. 이렇게 우수한 학생들은 이미 학업 면에서 비교하기 어려울 만큼 우수하기 때문에 아이비리그 대학들은 학업 외의 플러스 요인을 찾아 비교할 수밖에 없습니다. 그것이 바로 '학과 외 요인 EC-Extracurricular' 입니다.

    아이비리그 대학에서 원하는 학생은 리더십이 있으면서 사회 친화적이고, 무엇이든지 하고자 하는 열정과 자세를 가지고 있으며, 학과 외 활동에도 심도 있는 활동을 한 학생입니다. 학교 교사들과 상담사에게 높은 평가를 받았는지도 평가합니다. 요즘은 학생 자신의 특별한 점을 돋보이게 하는 것도 매우 중요합니다.

그러면 대학을 선정할 때 고려해야 할 것을 정리해 보겠습니다.

만약 10학년 이상이라면 지금부터 조금씩 대학 선택의 가능성을 이야기해 보는 시간을 가져야 합니다. 먼저 가고자 하는 대학, 전공과 대학원이나 향후 진로와의 연관성도 고려해야 합니다. 대학 진학시 전공을 따로 정하지 않고 입학할 수도 있습니다. 아직 무엇을 해야 할지 모르는 신입생들이 일단 대학 입학 후 여러 가지 학문을 접해 본 다음 3학년이 되면서 전공을 결정하는 것인데, 처음부터 전공을 정하여 입학하는 것보다 나중에 다시 전공을 바꾸는 일이 적기 때문에 아직 전공을 확실하게 결정하지 못한 학생들에게는 이 방법을 추천합니다.

그리고 종합대학이 맞을지 인문대학이 맞을지도 고려해야 합니다. 인문대학에 비해 종합대학은 훨씬 크고 대학원이 있어서 석·박사 학위 과정을 이수할 수 있으며 Law School, Medical School, Business School, Engineering School 등이 포함되어 있는 대학이 대부분입니다. 인문대학이 처음 2년간 전공에 상관없이 문예나 문학, 과학 등 교양 과목에 치중하는 반면 종합대학에서는 1학년부터 Pre-Medicine, Pre-Business, engineering 등의 프로그램을 제공하는 대학이 많고, 원하는 전공이나 연구 활동을 일찍 접할 기회가 주어지고 있습니다. 또한 대학의 규모가 커질수록 대학에서 제공하는 학문적 다양성도 확대되고, 도서관이나 컴퓨터

실의 규모도 커지기 때문에 대학에서 연구 활동에 참여하고 싶다면 큰 대학의 장점을 이용하는 것도 좋습니다.

대학 선택을 위한 조언

사람의 시각이 넓어진다거나 가지고 있는 선입견을 없애고 자신에게 맞는 것을 찾는 데는 많은 시간이 필요합니다. 그래서 충분한 시간을 두고 학생에게 가능한 한 여러 가지 특성과 장점을 가진 대학을 제시한 후 각 대학에 대해 연구 조사해 보라는 요구를 많이 합니다. 그 중에는 작은 인문 사립대학도 많은 부분을 차지하고 있습니다. 처음에는 들어보지 못한 대학들이라서 학생들은 '아마 내가 성적이 모자라서 이런 학교를 추천하는 건가?'라고 생각하는 것 같습니다.

하지만 나중에 학생들이 스스로 파악한 결과를 토대로 이야기를 나누다 보면, 많은 학생들이 어떻게 자신이 몰랐던 대학인데 이렇게 입학이 어려운지 놀라워합니다. 반가운 것은 학생들 스스로가 작은 인문 사립대학의 장점을 이해하고 수용하면서 그러한 대학에서 상당한 매력을 발견한다는 겁니다.

규모가 작은 대학일수록 교수들이 학생 개개인의 신상을 세세히 알고 있는 경우가 많습니다. 수업 방식도 작은 대학일수록 교수와 학생 간에 의견을 주고받는 대화식 수업을 진행하기 때문에 학생이 수업에 활발하게 참여할 수밖에 없습니다. 또한 인문대학들은 학부 중심의 대학이라서 앞으로 일반 대학원이나 전문 대학원에 진학하더라도 훌륭한 성과를 낼 수 있도록 기본 교육에 충실한 교육 과정이 짜여 있습니다.

이들 인문대학의 교수들은 종합대학의 교수들이 연구 활동에 우선순위를 두는 데 비해서 학부 학생을 가르치는 일에 최우선 순위를 두기 때문에 정성을 다해 수업 준비를 합니다. 학생 개개인의 학문적 발전과 인성의 발전을 위해 온 힘을 쏟으면서 학생을 교육하는 일에 전념합니다. 그래서 인문대학 졸업생이 대학원에 진학할 때 종합대학 졸업생보다 진학률이 높은 것은 인문대학 출신이 고등 학문에 대해 준비가 더 잘 되어 있음을 시사하는 것입니다.

편입을 위한 커뮤니티칼리지 진학

4년제 대학 편입을 목표로 커뮤니티칼리지에 입학하는 경우에는 목표로 하는 대학에서 필수 과목으로 정해 놓은 과목을 잘 선택해서 목표한 대학의 해당 학과에서 요구하는 적정 학점을 받는 것에 집중해야 해야 합니다. 예를 들어, 캘리포니아주립대학이 목표라면 'IGETC(Intersegmental General Education Transfer Curriculum : 편입을 위한 필수 이수 교양 과목들)'라는 이수 과목을 빠짐없이 들었는지, 그리고 목표로 하는 대학에서 요구하는 학점 이상을 받고 있는지를 항상 점검해야 합니다.

또 한 가지, 커뮤니티칼리지는 해당 주의 주립대학으로의 편입을 목표로 하기 때문에 다른 주나 사립대학으로 편입을 원하는 경우에는 이수 과목의 차이가 있는 것도 확인해야 합니다. 아울러 하버드대학은 더 이상 편입생을 받지 않는다고 발표한 바 있고, 그 외의 아이비리그 대학도 편입은 매우 어렵다는 것, 그리고 작은 사립 인문대학의 경우도 편입이 쉽지 않다는 것을 알고 있어야 합니다.

닥터 양이 추천하는 여자대학

저는 여자대학에 대해 매우 긍정적인 생각을 가지고 있습니다. 아이비리그를 비롯한 미국의 대학들이 초기에는 남자대학이었고, 1960년대에 들어서야 비로소 남녀 공학으로 바뀌어 이제는 거의 모든 대학이 남녀공학입니다. 여성들에게 교육의 기회가 적었던 초창기의 미국에서는 여자들만을 위한 대학들이 생겨났는데, 대표적인 대학으로는 'Seven Sisters'라는 역사 깊은 7개의 여자 리버럴 아츠칼리지가 있습니다. 마운트 홀요크를 필두로 바사, 웰슬리, 스미스, 래드클리프칼리지Radcliffe College, 브린머, 버나드칼리지Barnard College가 1837년부터 1889년 사이에 설립되었으며, 역사와 전통은 물론 그 수준도 아이비리그에 버금가는 훌륭한 대학입니다. 당시부터 최근까지 아이비리그 대학들과 일종의 파트너 학교처럼 긴밀한 관계를 맺어 오고 있습니다.

미국의 여자대학은 역사적으로 교육의 평등한 기회를 제공하고자 시작된 만큼 여성의 자긍심 향상과 지도력 계발에 많은 노력을 하고 있고, 아직도 이것이 중요한 교육 철학이 되고 있습니다. 실제로 많은 여성 지도자들이 이들 여자대학에서 배출되었고, 사회 각 분야에서 각각 훌륭한 업적을 쌓아 가고 있는 것을 볼 수 있습니다. 힐러리 클린턴의 경우 웰슬리칼리지를 졸업했습니다.

4. 학자금 지원 Financial Aid

학비의 차이

대학 학자금은 크게 주거비, 교통비, 생활비, 교재비, 그리고 가장 큰 비중을 차지하는 학비 등으로 생각해 볼 수 있습니다. 이 중 학비를 제외한 나머지는 지역에 따라, 개인 형편에 따라 달라질 수 있으므로 여기서는 학비 부분만 살펴보겠습니다.

학비도 대학마다 차이가 커서 대학의 종류에 따라 나누어 살펴보아야 합니다. 우선 학비가 가장 싼 곳으로는 학비 면제 학교가 있는데, 'Service Academy' 즉 사관학교입니다. 사관학교는 학비는 물론 생활비까지 모두 지원하고 있습니다. 그 다음으로 싼 곳은 커뮤니티칼리지이고, 주립대학과 사립대학이 그 다음이라고 생각하면 됩니다.

110개의 커뮤니티칼리지가 있는 캘리포니아는 주 경계 내에 거주하는 주민의 경우 한 학점당 학비가 30달러(2010년 기준)입니다. 풀타임 학생으로 15학점을 듣는다면 한 학기 학비가 450달러입니다.

4년제 대학은 캘리포니아의 캘스테이트의 경우 2010~2011년도 기준 연간 4,026~5,000달러 정도입니다. UC는 연간 8,850달러, 사립대는 연간 3만 달러가 넘는데, 소위 명문 사립대는 이 정도 수준입니다.

대학에서 학생을 위해 필요한 경비를 계산할 때 총경비가 5만 달러라고 하는 것은 보통 학비 3만 달러, 생활비 1만 5천 달러 등 교통비와 교재비 및 생활비와 건강보험 등을 모두 포함한 금액입니다. 여기서 총경비는 여름 방학을 제외한 기간을 말하며, 사립대학을 제외하고는 시민권자와 영주권자에게 해당되는 비용입니다.

사립대학은 학비에서 외국인과 내국인의 구별이 없지만, 다른 곳은 그렇지 않습니다. 커뮤니티칼리지는 다른 주 거주민이나 외국인의 경우 학점당 220달러 이상이며, 캘스테이트의 외국인 연간 학비는 1만 달러 정도입니다. UC는 외국인이며 해당 주 거주민인 경우는 8,850달러, 다른 주 거주민이나 외국인은 31,050달러 정도입니다.

장학 제도 Financial Aid System

미국의 모든 장학 제도는 일관성 있게 연방정부와 교육성 Department of Education이 주관하고 있는 FSA(Federal Student Aid : 연방학생보조)의 학자금 보조 정책과 맞물려 있습니다. 그 규모도 엄청나고 공부를 하겠다는 의지를 가진 학생들에게는 별다른 조건 없이 보조하는 것을 제도화하고 있습니다. 그래서 4천 개가 넘는 모든 대학의 장학 제도는 연방정부의 학자금 보조를 근간으로 하고 있습니다. 'FAFSA Free Application for Federal Student Aid'라는 학자금 신청 절차도 FSA가 관장하고 있습니다.

FAFSA

금액이 가장 큰 것으로 그랜트^{Grant} 장학금이 있는데, 이것은 연방정부가 학생에게 무상으로 지급하는 것입니다. 법안 제안자였던 Pell 상원의원의 이름을 따서 'Pell Grant'라는 이름으로 연간 5,350달러까지(2009~2010학년도 기준) 지급합니다. 또 'Federal Work Study'라는 이름으로 학생들에게 일을 하고 임금을 받을 수 있는 기회를 주어 연간 수천 달러를 지원합니다.

그래도 모자라는 학비는 융자^{Loan}를 해 줍니다. 여기에는 학생 명의로 정부에서 직접 빌려 주거나 정부가 상환보증, 즉 코사인을 해 주어서 융자기관이 빌려 주게 하는 'Stafford Loan'이 있는데, 학생은 졸업 후 10년 내에 갚으면 됩니다. 현재 1학년 5,500달러, 2학년 6,500달러, 3·4학년 각 7,500달러를 학생에게 융자해 주며, 담보나 신용도, 상환 능력에 상관하지 않습니다. 부모로부터 독립한 학생의 경우에는 융자 액수가 더 커서 1학년 9,500달러, 2학년 10,500달러, 3·4학년 12,500달러, 대학원생은 20,500달러를 연 6.8%의 고정 이율로 융자해 줍니다.

형편이 아주 어려운 경우에는 퍼킨스론$^{Perkins\ Loan}$을 사용할 수 있는데, 5% 이자율에 학부생은 연간 5,500달러씩 총액 27,500달러까지, 대학원생은 연간 8천 달러씩 총액 6만 달러까지 융자해 줍니다. 그래도 학비가 더 필요한 경우에는 연방정부가 지불을 보증하여 부모 이름으로 융자를 해 주는 플러스론$^{Plus\ Loan}$이 있는데, 액수는 부모의 신용도에 따라 나머지 모두를 융자받을 수 있습니다.

연방정부 차원과는 별도로 주정부도 학자금 보조 제도를 갖추고 있습니다. 일례로 캘리포니아 주정부는 GPA 3.0 이상의 학생의 경우 재정 상태에 따라 UC 학생 7,788달러, 캘스테이트학생 4,026달러, 사립대학생 9,708달러를 상한으로 하는 캘그랜트를 무상 지급합니다.

학자금 혜택 대상과 학부모 부담금(EFC)

FAFSA를 신청하기 위해서는 영주권이나 시민권자여야 하며, 학자금 지원과 액수를 결정하는 기준은 FAFSA 지원서입니다. 기본적으로 FAFSA는 학생과 학부모의 경제적 상황으로 학부모가 부담할 수 있는 학자금이 얼마나 되는지를 계산합니다. 각 가정의 지난 1~2년간의 경제 상황을 토대로 연방정부기관인 미국 교육성이 대학을 대신하여 판정해 주는 제도입니다. 그래서 각 가정별로 해당 학생을 위해 부담할 수 있는 학자금 액수(EFC : Expected Family Contribution, 학부모 부담금)를 산출합니다.

예를 들면, 철수 가족은 지난 2년간 부모의 세금 보고 자료를 토대로 FAFSA를 신청했습니다. 부부의 세금 보고 액수가 6만 달러이고, 다른 재산이 없는 상태에서 FAFSA를 제출한 뒤 판정서(SAR : Student Aid Report)에 학부모 부담금[EFC]이 5천 달러가 나왔습니다. 이것은 연방정부가 '철수 부모는 철수의 대학 교육을 위해 그 해에 5천 달러를 쓸 수 있다.'라고 판정한 것입니다. 철수가 어떤 학교로 진학하든지 철수 부모는 5천 달러를 낼 능력이 있다는 것입니다. 그러면 철수가 지원한 모든 대학으로부터 이 결과를 통보받게 되고, 대학에서는 철수의 총 필요 학자금 중 부모가 감당할 5천 달러를 제외한 나머지 금액을 다른 방법으로 충당할 계획을 세우게 됩니다.

그래서 학교는 철수를 합격시킬 때 학부모 부담금 5천 달러를 제외한 나머지 금액을 연방정부의 보조금, 연방정부가 상환 보증을 해 주는 융자, 철수가 학교에서 아르바이트로 일하고 받을 돈, 부모에게 빌려 주는 융자 등으로 채워서 결정된 결과를 합격 통지를 할 때 '학자금 패키지 Financial Aid Package' 라는 이름으로 합격 통보와 함께 보내 줍니다.

FAFSA 신청을 하면 학부모는 72시간 내에 자신의 학부모 부담금(EFC)을 알게 됩니다. 그렇다고 반드시 학부모 부담금과 정확하게 들어맞도록 보조금 액수가 정해지는 것은 아닙니다. 예를 들었던 철수의 경우, 어떤 학교에서는 학부모 부담금 5천 달러를 제외한 나머지를 모두 해결해 주는가 하면, 어떤 학교는 학자금 전액을 해결해 줄 수도 있고, 또 어떤 학교는 연방보조금 외에 나머지 액수 중 상당 부분을 학부모 융자로 채우기도 합니다.

따라서 학자금 패키지는 학교마다 내용이 다른 경우가 많고, 어떤 경우에는 크게 차이가 나기도 합니다. 그러나 대부분의 연방정부 혜택은 학교별로 큰 차이가 없고, 주로 학교 측의 학교 보조금에서 차이가 많이 납니다.

FAFSA 외에도 사립학교에 장학금을 신청할 때는 'CSS Profile'이 있는데, 이것도 FAFSA와 유사하지만 요구하는 서류나 질문이 좀 더 세부적입니다.

우수 사립대, 특히 리버럴 아츠칼리지 등은 자체 장학금을 많이 주고 있습니다. 하버드와 스탠퍼드의 경우에는 학자금 융자를 없애서 학부모나 학생이 대학을 졸업한 후 갚아야 할 빚을 없애 주겠다는 방침을 세우고 있으며, 연소득 6만 달러 이하의 가정에는 학부모 부담금 여부에 상관없이 학자금 전액을 학교 측이 부담하고 있기도 합니다.

학부모 부담금(EFC) 예측 실례

	FAFSA EFC			Profile EFC		
	Assets Total (주택 자산과 스몰비즈니스 제외)			Assets Total (주택 자산과 스몰비즈니스 포함)		
AGI(소득)	$0	$100K	$300K	$0	$100K	$300K
$20,000	$0	$1000	$7,800	$1,550	$3,600	$13,600
$50,000	$5,000	$7,000	$18,000	$4,800	$6,300	$16,100
$70,000	$11,000	$13,500	$25,000	$8,500	$9,300	$19,000
$90,000	$17,500	$20,000	$31,000	$12,500	$13,000	$22,000
$120,000	$26,800	$29,000	$41,000	$18,600	$18,500	$27,000
$150,000	$36,400	$38,800	$50,120	$26,400	$26,400	$33,800

시민권자 특별 혜택

성적이 우수한 시민권자 학생에게는 연방정부에서 1학년 750달러, 2학년 1,300달러를 지급해 주는 ACG$^{Academic\ Competitiveness\ Grant}$가 있습니다. 또 이과계 성적 우수 시민권자 학생에게 연방정부에서 3, 4학년에 각각 4천 달러를 지급하는 SMART$^{National\ Science\ and\ Mathematics\ Access\ to\ Retain\ Talent\ Grant}$가

있습니다.

비시민, 비영주권자 또는 서류 미비자

서류 미비자가 주립대학에 진학할 경우에는 학자금 혜택이 없고 융자도 받을 수 없습니다. 그러므로 커뮤니티칼리지를 통한 편입이나 개인 융자, 장학재단 등을 통해 개별적으로 장학금을 조달해야 합니다. 하지만 'AB540'이라는 서류 미비자 구제책이 있습니다. 캘리포니아 주 내의 고교에 3년 이상 다니고 졸업하는 경우에는 해당 주 거주민 혜택을 받을 수 있습니다. E2비자 부모의 자녀는 학자금 혜택은 없지만, 1년 이상 거주했을 때 해당 주 거주민 혜택을 받습니다.

기타 외국인 학생들은 거주민 혜택도 없고, 연방 보조나 주 보조를 모두 받을 수 없기 때문에 사실 UC나 사립대학의 학비 차이가 없지만, 사립대학에서는 학교 장학금이나 학교 융자 혜택을 받을 수 있습니다.

학자금 신청 시기

사립대의 경우 얼리 디시전이나 얼리 액션 지원 마감과 합격 발표가 FAFSA 신청 시작 이전이라서 반드시 CSS Profile을 대입 지원시에 신청해야 합니다. 추후 학생이 FAFSA 신청을 하면 필요 부분이 조정됩니다.

CSS Profile은 대학에 지원하는 12학년 10월부터 신청할 수 있습니다. 사립대학은 우선 마감일이 있으므로 가능한 일찍 하는 것이 좋습니다(www.collegeboard.com 참조).

FAFSA는 매년 1월 1일에 온라인 신청 창을 열고 있습니다. FAFSA를 신청하기 위해서는 부모 중 한 사람과 학생이 사회보장번호를 가진 시민권자나 영주권자여야 합니다. 이것 역시 가능한 한 빨리 신청하는 것이 좋습니다(www.fafsa.ed.gov 참조).

FAFSA는 모든 대학이 사용하고, CSS Profile은 사립대학이 사용합니다. 아이비리그 대학, 명문 리버럴 아츠칼리지, 그리고 명문 사립대학이 사용하고 있는데, 그 수가 540개 대학에 이르고 있습니다.

FAFSA의 첫 F는 '무료'라는 뜻의 'Free'입니다. 그러나 Profile은 유료입니다. 기본료 9달러에 학교 1개당 16달러씩 더해집니다. CSS Profile 지원은 적어도 10월 중에, FAFSA 지원은 1월 중에 끝내야 합니다. 대학에 입학하는 자녀가 있는 해의 세금 보고는 예년보다 일찍 시작하여 늦어도 2월 중에는 끝내야 합니다.

5. 아이비리그

통계로 본 아이비리그 대학

미국의 국립교육통계센터 National Center for Education Statistics에 의하면 2009년 고교 졸업생은 311만 명입니다. 칼리지보드 자료는 330만 명입니다. 아이비리그 대학의 입학 정원은(2009년 기준) 하버드 1,666명, 유펜 2,400명, 코넬 3,055명 등으로 총 13,682명입니다. 3백만 명 중 13,700명이라면 0.45%에 해당하는 수치입니다.

2009학년도 합격률은 하버드 7%, 예일 7.5%, 프린스턴 9.8%, 코넬 17.4% 등으로 이를 경쟁률로 바꿔보면 하버드는 15:1, 코넬은 6:1이라는 매우 높은 경쟁률을 보이고 있습니다. 특히 아이비리그 대학은 하버드와 프린스턴을 제외하고는 올해까지 모두 조기 지원을 실시했는데, 조기 지원 합격률은 예일 13.8%, 컬럼비아 22.5%, 브라운 23.7%, 다트머스 25.5%, 유펜 31.5%, 코넬 36.7%로 정규 지원에 비해 상당히 높습니다.

이렇게 조기 지원으로 신입생의 상당 부분을 미리 합격시키는데, 예일은 신입생 정원의 38%, 컬럼비아 45.9%, 브라운 37.4%, 다트머스 35%, 유펜 48.2%, 코넬 39.7%로 이들 학교는 전체 합격생 중 40~50%를 조기 지원에서 선발하고 있으며, 합격률도 모두 두 배 이상 높습니다. 살펴보면 예일 2.6배, 컬럼비아 2.7배, 브라운 2.5배, 다트머스 2.4배, 유펜 2.2

배, 코넬 2.4배입니다. 자연히 정규 지원 합격률은 현저히 떨어져 하버드 6.4%, 예일 5.2%, 프린스턴 9.8%, 컬럼비아 8.2%, 브라운 9.5%, 다트머스 10.8%, 유펜 14.4%, 코넬 15.5%입니다.

[아이비리그 합격률]

학교명	입학 정원	합격률	조기 지원 합격률	정규 지원 합격률
다트머스	1,096명	12%	25.5%	10.8%
프린스턴	1,243명	9.8%		9.8%
예일	1,318명	7.5%	13.8%	5.2%
컬럼비아	1,356명	9.8%	22.5%	8.2%
브라운	1,548명	10.8%	23.7%	9.5%
하버드	1,666명	7%		6.4%
유펜	2,400명	17.1%	31.5%	14.4%
코넬	3,055명	17.4%	36.7%	15.5%

(2009년 기준)

아이비리그 대학 입학 요소

아이비리그 대학에서 학생을 선발하는 이유는 학생이 독특하거나 특별한 열정이 있기 때문이거나 추후 가치를 발휘할 사람, 즉 '가치^{Value}'가 있기 때문입니다. 결국 아이비리그 대학의 학생 선발은 미국과 세계를 이끌 인재를 찾아내려는 노력입니다.

그러므로 학생들은 내가 대학 측에서 선택할 만큼 '특별^{unique}'하다거나 '열정passion'이 있다는 것, 또는 투자 대비 가치(향후 학교의 이름을 빛내고 사회에 이바지할 가능성)가 있다는 것을 보여 줄 수 있는지를 점검하며 대입 준비를 하는 것이 필요합니다.

학업 부문

아이비리그 대학이 가장 중요하게 생각하는 것을 한 가지만 꼽으라면 단연 '성적'입니다. GPA가 높아야 하는 것은 당연합니다. 그러나 성적이 높다고 학업 능력이 우수하다고는 볼 수 없습니다. 쉬운 과목, 부담이 적은 과목을 선택해서 좋은 성적을 얻는 것과 어려운 과목, 부담이 많은 과목을 선택해서 좋은 성적을 얻는 것은 큰 차이가 있습니다. 그래서 좋은 성적을 받되 난이도가 높은 과목을 선택해서 받은 좋은 성적이어야 합니다.

아이비리그 대학 진학을 원하는 학생은 자신이 할 수 있는 한 가장 어려운 과목을 선택해서 가장 우수한 성적을 기록해야 합니다. 성적에서도 최고, 학과목 난이도에서도 최고여야 합니다.

학업 외의 부문

우수한 학업 부문 즉 GPA와 우수한 학과목이 아이비리그 대학 입학의 첫째 요소라면, 둘째 요소는 학업을 제외한 부문에서도 무언가 발군의 모습을 보여야만 한다는 겁니다. 당연히 학과 외 활동인 클럽 활동이나 학생회 활동을 통해 지도력을 계발한 경우, 음악이나 체육 특기를 가진 경우, 학교 스포츠 팀에서 훌륭한 활동을 했다거나 학교 간 대항 또는 개인 대항에서 우수한 성적을 기록한 경우, 봉사 활동 기록, 장학금 수상 경력, 직업 활동 경험, 건강이나 경제적 역경을 극복한 경우, 연구 활동의 성과 또는 특별한 인종에 속해서 학교의 다양성^{diversity}에 기여할 무언가를 가졌다면 좋은 조건이 됩니다.

그러나 한인 학생들은 이 부문이 매우 취약합니다. 학업에서 우수한 한인 학생들은 학업 외 부문 기록도 비슷합니다. 그래서 모든 학생이 비슷하고 특색이 없습니다. 이러한 모습은 아이비리그 대학 진학에 매우 불리하게 작용합니다.

아이비리그 입학을 위한 10가지 조언

첫째, 아이비리그 대학에 대해 미리 알아보십시오. 각 대학의 특색과 차이점에 대해 조사하고, 기회가 된다면 캠퍼스를 직접 방문해 봅니다. 아이비리그 출신 동문이 주변에 있으면 친하게 지내면서 조언을 구하도록 합니다.

둘째, 학비를 비롯한 제반 경비에 대해 전문가가 되십시오. 어느 학교가 얼마고, 어떤 경비가 더 들고, 장학 제도는 어떤지, 학부모 부담금은 얼마나 되는지를 알아야 합니다.

셋째, 학업 우수 학생임을 보이기 위해 가장 어려운 학과목을 선택하십시오. 학교에서 AP 과목이나 IB 코스가 있으면 그 과목을 선택합니다.

넷째, SAT에서 고득점을 받으십시오. 최소 2,100점 이상, 그리고 ACT는 최소 31~32점을 받아야 합니다. 연습 시험을 치러 보고 준비를 거쳐 점수를 확보하도록 합니다. 과목별로 최소한 700점 이상씩 받도록 노력해야 합니다.

다섯째, '학과목 전후 연관성 academic contextual relevance' 이 있는 과목을 선택하십시오. 자신의 지원 영역, 능력 영역에 맞추어서 학과목을 집중하고, 여름 학기 과목, 조사 등에 연관되는 과목을 선택해야 합니다.

여섯째, 강력한 학과 외 활동 기록을 만드십시오. 가짓수보다 깊이와 성취에 집중하기 바랍니다. 최소한 한 가지 분야에서 다른 아이비리그 지원자에 뒤지지 않는 모습을 보일 수 있도록 중대한 헌신과 성취를 이루어야 합니다.

일곱째, 교사들과 좋은 관계를 유지하십시오. 추후에 자신의 추천서를 잘 써 줄 수 있는 교사를 선택하고, 이들 과목에서 최고의 성과를 내도록 합니다. 또한 추천서 부탁은 일찍 해야 합니다.

여덟째, 상담사와 좋은 관계를 유지하십시오. 멋진 모습을 보이고 상담사를 감동시켜야 합니다. 자신의 꿈을 빨리 말하고 조언을 구하는 것이 좋습니다. 그로 하여금 자신의 조언을 따라 학생이 발전하고 있다는 것을 느끼도록 합니다.

아홉째, 지원 패키지를 통해 자신의 모습을 가장 바람직한 모습으로 표현할 수 있도록 최선을 다하십시오. 에세이의 주제도 전체 지원 패키지 모습에 맞추어 선택합니다. 에세이는 모든 부문과 잘 연결되는 것이 좋고, 특히 자신의 강점과 특색을 잘 표현해야 합니다.

    열째, 인터뷰를 잘 준비하십시오. 인터뷰는 내용도 중요하지만 임하는 자세도 중요합니다.

6. 한인 학부모들이 자주 묻는 질문 20가지

① 과목별 SAT 중 한국어 시험

Q _ 한국인이 과목별 SAT에서 한국어 만점을 받는 것에 대해 대학에서 안 좋게 보지는 않을까요?

A _ 우수한 대학은 학교 측이 세심하게 지원서를 보기 때문에 한국인 학생이 한국어 만점을 받는 것은 그다지 큰 효과를 얻을 수는 없습니다. 그러나 어느 정도의 긍정적인 영향은 가능합니다.

과목별 SAT의 다른 과목을 좋은 점수로 받고 여기에 한국어 800점을 더한다면 전체적인 수준이 올라가게 됩니다. 혹은 과목별 SAT를 좋은 점수로 채울 수 없다면 한국어라도 잘 보는 것이 더 중요합니다. 예를 들어, 제출해야 하는 두 과목이 Math 770, US History 600으로 한 과목의 점수가 낮다면 낮은 과목을 Korean 800점으로 대체하는 것이 좋습니다. 만약 세 과목을 제출해야 한다면 Math 770, US History 600, Korean 800이 되겠지요.

결론적으로 좋은 점수를 낼 수 있는 과목은 꼭 점수를 확보해 놓아야 하며, 낮은 점수가 나올 과목은 준비를 철저히 해서 반드시 좋은 점수를 받도록 해야 합니다. 그러니 한국어에서 꼭 800점을 확보하세요. 참고로 한국어 시험은 11월에만 있습니다.

② ESL 과정의 학자금 혜택

Q _ 영주권자이고 대학에서 ESL 과정 후 편입하려고 합니다. ESL 과정도 FAFSA 지원으로 학자금 혜택이 가능한지 알고 싶습니다.

A _ 예, 영주권자는 가능합니다. 미국의 교육 제도는 시민권자와 영주권자의 차별이 없습니다. 참고로 외국인이나 서류 미비자는 사립대학의 학자금 보조 신청인 CSS Profile을 이용할 수 있습니다.

③ 시민권자의 학자금 혜택 범위

Q _ 저는 시민권자이지만 고등학교를 한국에서 다녔기 때문에 아직 해당 주 거주자는 아닙니다. 현재 미국에서 대학을 다니고 있는데, FAFSA 신청시 장학금 혜택을 받을 수 있나요?

A _ 받을 수 있습니다. 장학금 중에는 연방정부가 주는 것, 주정부가 주는 것, 대학에서 주는 것 등이 있습니다. 시민권자에게는 연방정부 장학금인 Federal Pell Grant에 제한이 없습니다. 이 중에는 시민권자만 받을 수 있는 것도 있습니다. 그러나 주정부 장학금은 해당 주 거주자만 받을 수 있습니다. 그 외 학교 장학금은 대학의 재량입니다.

④ 거주자 학비 혜택

Q _ UCLA에 진학하게 된 아이 학비 문제로 고민입니다. 제가 올 여름에 영주권을 받습니다만, 과거 3년 정도 캘리포니아에서 비이민비자로 거주했던 적이 있습니다. 이 경우 거주자 학비 혜택을 받을 수 없는

지요?

A_ 안타깝게도 캘리포니아 거주자 학비 혜택을 받으려면 대학 시작 전 최소 366일을 연속적으로 거주한 증명이 있어야 합니다. 학비를 절약해야 한다면 입국 후 대학과 상의하여 학생 신분을 유지하면서 휴학을 했다가 1년 후부터 다닌다거나 파트타임 학생으로 첫 해에 필요한 경비를 줄이고, 다음 해부터 혜택을 받는 등의 방법을 생각해 보세요.

⑤ 공통 지원서

Q_ 12학년 학생의 학부모인데, '공통 지원서 common Application'에 대해 궁금합니다. 이 지원서 하나만 작성하면 원하는 모든 대학에 지원이 가능하다고 하는데, 어떤 대학들이 이 지원서를 사용하고 있는지 궁금합니다.

A_ 미국 내 주류 사립대학교와 몇 개의 공립대학에서 이 지원서를 받고 있습니다. 우리가 잘 아는 하버드, 예일, 브라운, 프린스턴, 코넬, 다트머스, 유펜 등 아이비리그 대학을 비롯해서 캘리포니아의 명문 사립인 클레어몬트칼리지(맥케나, 포모나, 하비머드, 피처, 스크립스), 로욜라 매리마운트대학교 Loyola Marymount University, 페퍼다인과 캘텍, 옥시덴탈, 스탠퍼드, 그리고 동부의 앰허스트, 미들베리, 윌리엄스, 스미스, 웰슬리, 보스턴칼리지 Boston College, 보스턴대학교, 카네기멜론, 뉴욕, 노스웨스턴 등 잘 알려진 대학들은 거의 사용하고 있습니다.

2009년 3월, 현재 391개의 대학교에서 사용하고 있으며, 점점 더 많은 대학에서 선택하고 있습니다. 이 지원서를 사용하는 대학의 전체 목록은 'www.commonapp.org'에서 확인할 수 있습니다. 그러나 한인 학생들이 많이 지원하는 사립대학 중 서던캘리포니아, 컬럼비아, 바이올라대학교 Biola University 등은 자체 지원서를 사용하고 있으니 꼭 확인하시기 바랍니다.

⑥ 수학 과목 수강 전략 - 1

Q_ 9학년 학생의 학부모입니다. 현재 제 아이는 8학년 때 Algebra II를 선택하여 A를 받았으며, 어려서부터 수학을 매우 잘합니다. 이번 9학년에 Pre-Calculus를 듣기 시작하는데, 학년말인 내년 5월이나 6월에 SAT Level II 시험에 응시해 보려고 합니다. 9학년이 그러한 시험에 응시하는 것이 바람직한지 궁금합니다.

A_ Math Level II 시험은 기본적으로 Pre-Calculus를 끝내고 보는 시험입니다. 만약 학생이 수학을 잘하고 배운 내용을 완벽하게 소화하고 있다면, 9학년이라도 Pre-Calculus가 끝나는 시점에 맞추어 Math Level II 시험 응시를 적극 추천합니다. SAT 과목 시험은 각 학기가 끝나는 5월이나 6월에 응시하는 것이 가장 효과적입니다. 6월 시험에 늦지 않도록 미리 등록하셔서 좋은 결과를 얻으시기 바랍니다. 만약 시험 전에 점수를 미리 예측해 보고 싶다면 시중에 나와 있는 연습 시험을 구하셔서 학생의 실력을 가늠해 보는 것도 좋은 방법입니다.

⑦ 수학 과목 수강전략 – 2

Q_ 올 가을에 9학년에 올라가는 딸이 9학년 수학 과목을 Geometry Honor로 배정받았습니다. 그런데 여름방학에 커뮤니티칼리지에서 Geometry를 하고, 9학년에는 Algebra II를 듣겠다는데 너무 힘들지 않을까요?

A_ 우수한 성적과 뛰어난 수학 실력이 있는 학생들이 빠른 트랙을 밟아 나갈 때 한 가지 조심할 점이 있습니다. 지금은 수학을 잘하고 있지만 11학년, 12학년이 되어서도 계속 유지될 수 있는지를 조심스럽게 생각해 보아야 합니다. 그때가 되면 AP 과목들을 해야 하는데, 많이 힘들어질 수 있으므로 천천히 진행할 필요가 있습니다. 이런 상황에 처한 학생들을 많이 보아 왔기 때문입니다.

그러나 자신감이 충분한 학생이라면 여름에 Geometry를 하고, 가을에 Algebra II로 가는 것도 좋은 방법입니다. 특히 Geometry가 Algebra II에 영향을 주는 과정이 아니라서 더 좋습니다. 드물기는 하지만 Algebra II를 여름에 하는 학생도 있는데, 이 방법은 권하고 싶지 않습니다.

⑧ ACT

Q_ 대학 입시에서 SAT와 ACT가 함께 적용된다고 하는데, 아이비리그에서도 그러한지 궁금하고, 어느 것을 더 유리하게 보는지 궁금합니다.

A_ 대학 입시에서 SAT와 ACT는 함께 적용됩니다. 아이비리그에서도

마찬가지이고, 어느 것을 더 유리하게 보는 것은 없습니다. 그러므로 학생이 자신에게 맞는 시험을 선택하면 됩니다. 경험으로 볼 때 많은 학생들이 두 시험에서 모두 비슷한 성적을 기록하지만, 간혹 SAT보다 ACT 점수가 높은 학생들이 있습니다. 연습 시험을 통해 두 시험을 접해 보고 점수 차이가 많이 나거나 시험에 대한 부담에 차이를 보이면 자신에게 유리한 것을 선택하기 바랍니다.

⑨ 공립학교 상담사

Q_ 아이의 학교 상담사에게 상담 요청을 했는데 답이 없고 전화 메시지에도 답이 없었습니다. 저의 상담 내용은 여름방학에 아이가 대학에서 이수한 프로그램을 학점으로 인정해 줄 수 있는가 하는 것이었는데, 교장에게 물어보고 연락을 준다더니 답이 없습니다. 듣기로는 상담사 한 사람이 너무 많은 아이들을 담당하고(1 대 400 비율) 있어서 이런 일이 비일비재하다고 합니다. 나중에 아이가 대학을 지원할 때 상담사의 추천서가 많은 영향을 준다고 들었는데, 걱정이 됩니다. 그리고 미국 교사들은 부모가 아이에 관해 물어보는 것을 어떻게 생각하는지 궁금합니다.

A_ 공립 고등학교에서는 상담사 한 명이 너무 많은 아이들을 담당하고 있어서 그렇습니다. 현실이 그렇습니다. 그리고 방학이 되면 전혀 일을 하지 않습니다. 이렇다 보니 다른 사람들보다 조금 먼저 준비하고, 가능하면 이메일 대신 직접 학교로 가서 기다려 만나거나 약속을 정

하시는 방법을 권장합니다. 상담사와 얼굴을 익히기 위해서 PTA(학부모회) 등에 참여하여 학교일을 도와주고, 상담사에게 무료 봉사를 할 테니 도움이 필요하면 이야기하라고 말하면서 친하게 지내는 것도 좋은 방법입니다.

⑩ 봉사 활동 추천서

Q _ 봉사 활동을 했던 곳에서 추천서를 받아야 하는데, 그곳이 영어로 추천서를 써 줄 수 있는 상황이 안 되는 경우에는 어떻게 해야 할까요? 추천서는 꼭 영어로 받아야 하나요? 그리고 추천서는 몇 개를 받아야 하나요?

A _ 보통의 경우 봉사 활동을 한 곳에서 추천서를 받아 대학에 제출하는 일은 드뭅니다. 일단 대학 측에서 봉사 활동을 한 곳에서의 추천서를 요구하는 일이 거의 없기 때문입니다. 그러나 그곳의 책임자나 기관장 등이 주는 추천서가 있다면 받아서 잘 보관해야 합니다. 봉사 활동 자체에 대한 확인서 또는 자격증^{Certificate} 등을 받는 것도 중요합니다. 간혹 대학 측이 확인을 위해 서류를 요구할 경우 갑자기 증명하려면 매우 복잡해지기 때문입니다. 추천서나 확인서가 꼭 영어로 작성되어야 할 필요는 없지만, 최소한 기관의 이름과 책임자 이름 등은 영어로 알아 두는 것이 좋겠고, 연락처가 함께 적혀 있으면 좋겠습니다.

⑪ **수의학과 대학 편입**

Q _ 수의과 대학에 편입할 수 있는지요? 가능하다면 어느 커뮤니티칼리지가 있는지요?

A _ 수의과 대학은 학부가 아니라 의대, 치대, 법대, 약대 등과 같은 대학원으로서 전문 박사 학위를 받는 곳입니다. 따라서 커뮤니티칼리지에서의 편입은 불가능합니다. 먼저 4년제 대학으로 편입하여 학사 학위를 받아야 합니다. 수의대는 미국에 28개뿐이라서 경쟁이 매우 치열합니다.

⑫ **PSAT**

Q _ 이번 가을에 10학년이 되는 학생의 부모입니다. 우리 아이 주변에 벌써 PSAT를 준비한다는 학생들이 있는데, 10학년 때 PSAT를 보는 것이 좋은가요? 또 PSAT가 대입에 어떤 영향을 주는지 궁금합니다.

A _ 보는 것이 좋습니다. 대개의 고등학교에서 10학년 우수 학생들에게 PSAT를 권장하고 있고, 우수 사립학교는 10학년 때 PSAT를 보는 것이 필수입니다. 10학년 때 혹은 9학년 때 PSAT를 볼 학생은 학기가 시작하면 한두 주일 내에 상담사에게 이 시험을 보게 해 줄 것을 부탁하는 것이 좋습니다.

PSAT의 주요 목적은 National Merit Scholarship 수혜자를 선발하는 기준이 되는 것입니다. PSAT에서 215점 이상을 받을 수 있는 학생은 National Merit Scholarship 수혜자가 되기 위해 반드시 볼 것을 권장

합니다. 대학에 지원할 때도 유리하게 작용합니다.

⑬ 서류 미비자의 학자금 혜택 - 1

Q _ 서류 미비자입니다. 스탠퍼드에 합격할 경우 서류 미비자여도 장학금을 받고 다닐 수 있는지 알고 싶습니다. 7년 전, 아이의 어머니가 시민권자 기혼 자녀로서 영주권을 신청했고, 현재 대기 중입니다. 성적이 우수한 11학년 아들이 스탠퍼드대학을 가고 싶어 합니다. 그밖에 현재의 상황에서 장학금을 받고 갈 수 있는 학교가 어디인지 알고 싶습니다.

A _ 스탠퍼드를 비롯한 유명 사립대학들은 학생의 신분에 상관없이 우수 학생을 선발합니다. 수업료 등 총 비용이 한 해에 4만8천 달러로 올랐지만, 연간 수입 6만 달러 미만의 가족에게는 학비를 전혀 받지 않겠다고 선언한 바 있습니다. 서류 미비 가족의 경우 FAFSA 신청이 불가능하고 당연히 연방정부에서 주는 Pell Grant 등은 곤란하겠지요. 서류 미비 가족인 것이 합격에는 영향을 주지 않으며, 학자금 혜택이 필요하다고 인정되면 합격증과 함께 학자금 패키지를 학교 측에서 만들어 줄 것입니다. 세금 보고 등을 하셨다면 가족의 능력에 따라 학자금 혜택의 크기가 정해질 것입니다.

⑭ 서류 미비자의 학자금 혜택 - 2

Q _ 만약 합법적인 거주자가 아닌 서류 미비자일 경우 어떻게 학자금을

받아야 할까요?

A _ 안타깝게도 학자금 혜택은 없습니다. 그러나 합법적인 거주자가 아니라도 고등학교 3년을 캘리포니아에서 다니고 졸업하게 되면 'AB540'이라고 해서 UC나 캘스테이트의 경우는 외국인 학비 대신 해당 주 거주자로서의 학비를 내게 됩니다.

⑮ 영주권자의 사관학교 진학

Q _ 영주권자가 해군사관학교나 대학의 ROTC를 갈 수 있는지요? 갈 수 있다면 그 방법을 알려 주세요.

A _ 사관학교에 들어가거나 ROTC에 들어가서 미군 장교가 되려면 미국 시민이어야 합니다.

⑯ E2비자의 학비

Q _ 딸이 2010년 가을 학기에 UC 대학에 진학하려고 합니다. 가족 신분은 'E2비자'로 현재 3년 9개월이 되었으며, 한국에 있는 미국 대사관에서 비자를 받았습니다. E2비자 신분도 거주자와 동등하게 학비가 같은지, 학비는 1년 치를 한꺼번에 내야 되는지, 학비는 어느 정도 되는지 궁금합니다. 또 학자금 융자를 받을 수 있는 방법이 있는지도 궁금합니다.

A _ E2비자로는 학자금 신청을 하지 못합니다. 개인적으로 Home Equity Loan(주택 담보 대출)이나 개인 Line of Credit(신용 대출) 등 개인적인 경

로로 학자금을 준비해야 합니다. 다행히 E2비자로 충분한 기간 캘리포니아에 거주하셨기 때문에 UC에 내는 학비는 캘리포니아 거주자에 해당하는 학비를 내시게 됩니다. 연 2만 달러 이상 절약된 셈이며, 총 경비는 2만5천 달러 내외가 될 것입니다.

⑰ AP 과목

Q _ 제 아이는 현재 11학년입니다. GPA는 4.0 만점에 3.5를 유지하고 있고, 12학년에 들어야 할 과목을 정하는데 AP Civic Economics, AP Calculus, AP Psychology, AP Art history 등 4개의 AP 과목을 듣는 것이 부담된다고 합니다. 무리를 해서라도 듣는 것이 좋을까요?

A _ 성적이 좋더라도 11학년까지 AP 과목이 적은 학생이거나 AP 과목에서 A를 받기 어려웠던 학생의 경우, 그리고 이 학생처럼 일반 과목에서 평균 3.5를 받은 학생의 경우 갑자기 4개의 AP 과목을 선택하는 것은 부담이 됩니다. 학생 스스로 자신을 갖지 못하고 있다거나 선택하는 모든 AP 과목에서 최소한 절반은 A를 받을 자신이 있는 경우가 아니라면 줄이는 것이 바람직합니다. 4개의 AP 과목은 난이도를 떠나서 학습량이 너무 많아서 지칠 수도 있습니다. 또한 대학 지원 시기와 겹치면 스트레스를 견디기도 어렵습니다. 대학 지원 후 학생의 성적은 모두 대학으로 송부되며, 우수 대학에 지원한 경우 떨어진 성적은 합격 예정자의 불합격 처리로 이어지기도 합니다.

그러나 이미 11학년까지 여러 개의 AP 과목을 우수한 성적으로 마친 학생이거나 또는 다른 과목이 소진되어 해당 과목 그룹에서 AP 과목 이외의 선택을 할 수 없는 경우라면, 본인은 마음에 부담이 되더라도 사실은 정상적인 단계를 밟아 오고 있는 경우라고 볼 수 있습니다. 그런 경우라면 4개의 AP 과목 선택이 자연스러운 단계이며, 목표가 높고 충분한 동기가 있는 경우에는 도전해 볼 수 있습니다.

⑱ 영주권자의 의대 지원

Q _ 미국의 의과대학원 입학 및 자격에 대해 문의하려고 합니다. 현재 딸이 2008년에 영주권을 받았고, 올해 대학에 입학하게 됩니다. 5년이 지나야 시민권자가 될 수 있는데, 그 시점이 대학을 졸업하고 의과대학원에 진학하는 시점이 됩니다. 의과대학원 진학은 시민권자에게만 자격이 주어지는지요? 아니면 입학 후 의사 면허시험에 응시할 때 시민권자여야 하는지요?

A _ 미국의 의과대학은 다른 미국 대학과 마찬가지로 시민권자나 영주권자의 구별을 두지 않습니다. 의사 면허시험 응시에도 그런 구별은 없습니다. 2008년의 경우 125개의 의과대학에 들어가는 1만8천 명의 신입생 중 98%는 시민권자나 영주권자였고, 외국인은 2%인 170명이었습니다. 55만8천 명이 미국 의대에 지원해서 3.2%인 1만8천 명이 합격했는데, 그 가운데 외국인은 1,400명 지원에 170명이 합격했습니다.

⑲ 고교 미졸업자의 대학 진학

Q_ 좋은 고등학교를 다니며 좋은 성적을 받다가 안 좋은 친구들과 어울려 12학년부터 무단결석을 하면서 학교를 중퇴했습니다. 이후 후회가 되었지만, 방법도 모르고 대학에 대한 자신감도 없어 시간을 허비하며 6년이 지났습니다. 그러나 대학 진학에 대한 열정이 남아 다시 준비하려고 합니다. 고등학교 졸업장이 없어서 GED$^{General\ Educaion\ Development}$ 시험을 준비 중이고, 가을 학기부터 커뮤니티칼리지를 다니려고 생각 중입니다. 그런데 커뮤니티칼리지를 통한 편입이 아니라 GED와 SAT, 에세이, 봉사 활동에서 받은 추천서를 토대로 리버럴 아츠칼리지에 지원할 수 있을까요?

A_ 12학년을 마치지 않은 상태에서 6년이 지났는데, 학업의 길을 다시 시작하려 하신다니 먼저 그 결정에 박수를 보냅니다. 미국은 다시 시작해도 만회할 수 있는 기회가 충분히 주어지는 나라입니다. 원칙적으로는 GED로 고교 졸업 자격을 만들고, 중퇴 전의 좋았던 성적을 포함해서 몇 과목을 커뮤니티칼리지에서 선택하여 성적에 포함시키고, 추천서 등을 더하여 신입생으로 지원하는 방법이 있기는 합니다. 그러나 같은 정도의 노력을 들인다면 편입을 권장합니다. 다만 편입률이 5% 미만인 우수한 리버럴 아츠칼리지라면 그렇게 쉽지는 않을 겁니다.

원하시는 우수한 리버럴 아츠칼리지에 편입하기 위해서는 커뮤니티칼리지에서 최소 1년 동안 훌륭한 성적을 만들고, GED를 치러 고교 졸업 자격을 얻음으로써 자신의 의지와 신뢰성을 보여주는 것이 중요합니다. 이는 대학으로부터 인정을 받는 데 꼭 필요할 뿐만 아니라 본인의 자신감 회복을 위해서도 필요한 것이라고 생각합니다. 커뮤니티칼리지에 다니면서 성적 관리를 잘 해서서 편입하시는 방법을 강력히 추천합니다.

⑳ 9학년 재수강

Q_ 현재 공립학교 10학년에 다니는 학생입니다. 아버지가 주재원비자를 가지고 있는데, 갑자기 귀국하시게 되어 비자도 만료되고 더 이상 공립학교에 다닐 수 없게 되었습니다. 어쩔 수 없이 사립 고등학교로 옮겨야 하는데, 중간에 들어가는 것이 마음에 걸립니다. 9학년부터 다시 고등학교를 시작하고 싶은데 가능할까요? 학교 성적은 좋은데, 미국에 온 지 얼마 되지 않아 영어가 부족합니다. 9학년을 두 번 다닌 것이 기록에 남는지, 그리고 그것이 대학 진학에 불리한지요?

A_ 학생이 잘 받아들일 수 있을지가 중요할 것 같습니다. 또한 진학하려는 사립학교 측에서 허락해 줄 것인지가 관건입니다. 학교에 따라 가능하기도 합니다. 9학년을 반복하는 것은 10학년이나 11학년의 경우보다는 상대적으로 수월한 편이어서 꼭 그렇게 해야 한다면, 시기적으로는 좋습니다. 대학 측에서도 나쁘게 생각할 것 같지는 않습니다. 또한 특별히 그런 기록을 대학 측에 보낼 이유도 없습니다.

먼저 원하는 학교와 상의해 보시는 것이 좋겠습니다. 외국인으로서 사립학교를 가면 F1비자를 받게 됩니다. 만일 어머니도 귀국해야 한다면 사립 보딩스쿨에 진학하는 것도 좋은 방법입니다. 경비는 비슷할 것 같습니다.

200점에서 최고 1,000점으로 평가한다. 캘리포니아 교육부가 목표로 설정한 점수는 800점이며, 이 점수에 따라 1등급에서 10등급까지의 Statewide Rank(주 전체 순위)가 정해진다. 등급이 높을수록 우수한 학교다.

ASB : 'Associated Student Body'로서 '학생회'를 말한다. 학교에 따라서는 'Stduent Council'이라 부르기도 한다.

Associate's Degree : 커뮤니티칼리지 등 2년제 대학 과정을 마친 대학생들에게 부여되는 준학사 자격증이다. 학사 학위 아래 단계로 보면 된다.

Bachelor's Degree(BA) : 학사 학위를 말한다. 대개 풀타임으로 4년제 대학 과정을 거친 대학생들에게 부여된다.

Boarding School : 기숙사가 있는 사립학교이다. 학생들이 먹고 자고 공부하는 시설을 갖춘 학교를 말한다.

Class of(a particular year) : 'Class of' 뒤에 특정 연도를 표시하는 표현이 있다. 이는 특정 연도에 학업을 마친 학생들을 일컫는 용어다. 한국에서는 입학 연도를 중시하여 학번으로 이야기하지만, 미국에서는 졸업 연도를 중시한다. 예를 들면, 'Class of 2007'이란 2007년도에 졸업한 동문을 말한다.

CLEP : 'College-Level Examining Program'으로 대학 수준의 시험이라고 번역할 수 있다. 칼리지보드에서 관장하며, 충분한 경험과 지식을 갖고 있는 경우 대학의 학과목을 듣지 않아도 시험을 통해 학점을 인정해 주는 제도이다. 미국에서는 현재 2,900여 개 대학이 이 제도를 시행하고 있다.

College : University와 비교해서 주로 학부생들을 가르치기 위한 대학을 말한다. 2년과 4년 과정이 대표적이다. 간혹 칼리지에서도 석사 과정을 개설하고 있을 때가 있고, 다른 한편으로 종합대학의 한 '단과대학'이라는 뜻으로 쓰일 때도 있다.

College Board : 미국에서 전국적인 차원의 적성검사와 학습 성취도 시험을 주관하는 기관이다. 1900년에 설립되어 100여 년의 역사를 가진 전국 규모 비영리 회원제 협회이다. 미국의 4,200여 곳에 달하는 각 급 학교, 칼리지, 대학, 교육 관련 기관과 연계되어 있다. 한국에서도 유명한 미국판 대학입학 수능시험인 SAT 및 PSAT/NMSQT, CLEP, AP 등을 관장한다. 관련 웹사이트는 'www.collegeboard.com'이다.

Community College : 주로 지방 정부 등이 운영하는 2년제 대학으로, 인근 주민과 학생에게 기초 학문 과정, 기술 과정, 평생학습 과정을 제공한다. 학비가 저렴하고 입학이 쉽다. 최근에는 커뮤니티칼리지를 통해 4년제 대학으로 편입하는 학생들이 증가하고 있다. 미국 커뮤니티칼리지연합회(www.aacc.nche.edu)에 따르면 미국 내 커뮤니티칼리지는 1,200여 개로 미국 전체 대학의 46%에 달한다.

Credit : 교육 용어로는 '학점'을 말한다. 미국 대학에는 여러 학점의 과목이나 코스가 있지만, 보통 3학점이 일반적이다.

CSS/Financial Aid Profile : 'College Scholarship Service Profile'로서 학비 보조 신청서, 간단히 '프로파일'이라고도 부른다. 현재 미국의 600여 개에 달하는 대학에서는 학비 보조 신청을 할 때 연방정부가 정한 학비 보고 신청서인 FAFSA 신청서와 함께 'CSS/Financial Aid Profile'을 추가로 제출할 것을 요구한다. 이 양식은 칼리지보드에서 접수하는데, 매년 30만 명의 학생들이 이 서류를 통해 신청하고 있다.

Deferred Entrance/Deferred Enrollment : 대학에 합격은 했지만 외국에서 공부한다거나 일 또는 여행 등 여러 가지 사정으로 바로 등록할 수 없는 학생들을 위해 보통 1년 동안 등록을 연기할 수 있도록 한 제도다. 학교에 따라서는 2년까지 연기해 주기도 한다. 해당 대학에서는 그 신청서와 함께 약속한 기간 이후 등록할 것을 확약 받는 차원에서 해당 학생에게 보증금을 유치하도록 한다.

Dream Act : 불법체류자 자녀들의 대학 진학 문제를 근원적으로 해결하기 위한 법안이다. 이 법안은 불법체류 학생 중 ① 미국에서 6년 이상 지속적으로 거주하고 고등학교를 졸업했거나 ② 그와 동등한 학력을 가졌고, ③ 도덕적으로 품행이 바르며, ④ 신청 당시 21세 이하이고, ⑤ 적어도 미국에서 12세 이상 또는 고등교육을 제공하는 학원에 등록하여 지속적으로 학업을 수행하고 있는 경우에는 합법적인 이민 신분을 제공한다는 내용이다.

Dual Enrollment Program : 성적이 우수한 고교생들이 고등학교에 다니는 동안 대학에서 몇 과목의 수업을 들을 수 있도록 한 프로그램이다. 메릴랜드, 버지니아를 포함한 전국 21개 주에서 시행되고 있으며, 학생들은 프로그램을 통해 고교 학점과 대학 학점을 동시에 취득하는 것이 가능하다.

Early Action : 대학 입학 지원을 일반 전형보다 일찍 시작하고, 입학 허가 여부도 일찍 알 수 있게 한 제도이다. 보통 12학년 11월이 되면 지원하고, 그 해 12월 또는 이듬해 1~2월에 입학 여부를 통보받는다.

Early Decision : 조기 신청, 조기 결정이라는 측면에서 'Early Action'과 비슷하지만, 이 경우는 그 결과에 묶이게 된다는 차이가 있다. 즉 지원했던 대학에서 학생을 받아들이겠다는 의사를 통보하면, 그 학생은 반드시 그 대학에 진학해야만 한다. 따라서 'Early Decision'으로 대학에 진학할 때는 하나의 대학만 가능하다. 칼리지보드 웹사이트를 방문하면 Early Decision을 실시하는 대학 목록을 볼 수 있다.

Early Entrance : 영재들을 위한 대학 조기 입학 제도이다. 중학교 과정을 건너

뛰어 대학에 진학하는 프로그램에서부터 12학년을 건너뛰어 대학에 진학하는 프로그램까지 다양하다. 공통점은 정규 학제와 무관하게 영재들을 조기에 대학에 입학시킨다는 점이다.

Education Tax Credit : 대학생을 둔 가정에서 세금 보고를 할 때 대학 공부에 지출된 비용에 대해 세금 공제를 해 주는 것을 말한다.

EFC : 'Expected Family Contribution'으로서 학자금의 학부모 부담금을 말한다. 미국에서 대학생 학자금 보조를 결정할 때 필수적으로 사용되는 개념이다. 한 대학생의 교육 비용에 대해 학생과 학부모가 부담해야 할 액수를 나타내는 것으로, 연방정부 학자금 보조 신청서인 FAFSA에 기입된 정보에 따라 연방정부가 정한 공식에 의거해 정해진 후 '학자금 보조 보고서^{SAR}'를 통해 전달된다. 이 액수가 많게 나타나면 학생 및 학부모가 부담해야 할 액수가 늘어나고, 반대로 적게 나타나면 상대적으로 부담금이 적어진다.

ETS : 'Educational Testing Service'로서 미국에서 가장 큰 시험 전문 비영리 민간 기구이다. 600명의 박사를 포함한 2,300명의 직원이 각종 시험 문제의 개발, 시행, 시험 결과의 분석 업무를 수행한다. TOEFL, SAT, GRE, GMAT 등의 시험을 개발한 기관으로 잘 알려져 있다.

FAFSA : 미국 정부가 정한 대학생용 공식 학비 신청서로 연방정부로부터의 학비 보조(Grant, Work Study, Loan)를 신청할 때 사용되는 것은 물론, 대부분의 주정부 학비 보조, 대학에서의 학비 보조, 기타 민간 학비 보조를 신청할 때도 광범위하게 사용된다. 신청서는 매년 1월 초부터 7월 사이에 접수된다. 하지만 신청을 빨리하면 할수록 더 많은 기회가 있기 때문에 서두르는 것이 좋다.

Federal Work Study : 재정 보조가 필요한 학부 또는 대학원생에게 캠퍼스 안

밖에서 일을 하며 학비를 충당할 수 있도록 하는 재정 보조 프로그램이다. 학교 도서관이나 과 사무실 등 교내에서 학교 당국을 위해 시간제 업무를 하거나 학교 밖 비영리단체나 공공기관의 업무를 수행할 수 있다. 액수는 연방 최저임금을 기준으로 하여 월급 형식으로 매달 지급받는다.

Fellowship : 주로 대학원 학생 이상에게 지급되는 연구비를 가리킨다.

Financial Aid : 학생들의 학비를 돕기 위한 장학금, 융자, 보조금 등을 총괄하는 재정 보조를 말한다.

GED Test : 'General Educaion Development Test'로서 고등학교 졸업 학력 인정 검정고시이며, 미국교육위원회 American Council on Education에서 주관한다. 사정상 고등학교 졸업장이 없는 경우 이 시험을 통해 고등학교 졸업자와 같은 학력이 있는 것을 증명할 수 있다. 매년 미국 내 고등학교 졸업자 7명 중 1명은 GED 시험을 통해 졸업장을 받고 있으며, 대학 신입생 20명 중 1명이 이 시험을 통해 졸업장을 받은 학생일 정도로 적지 않은 학생들이 혜택을 보고 있다.

GPA : 'Grade Point Average'로서 학년별 평균 성적을 말한다. 기본적으로 고등학교 GPA는 과목별 성적 Grade의 합계를 과목 수로 나누어 구한다. 하지만 학교에 따라서 과목별 성적의 기준을 조금씩 달리할 뿐만 아니라 Honor 과목, AP 과목, IB 과목에 대해 가산점을 다르게 부여하고 있기 때문에 실제 GPA 계산법은 학교마다 차이가 있다. 따라서 학교 간 GPA를 비교하기 위해서는 먼저 이러한 과목 성적 기준과 가산점에 대한 이해가 필요하다. 과목별 성적을 계산하는 방식은 일반적으로 A~F로 성적을 구분하여 각각 4, 3, 2, 1, 0점을 부여한다. 미국의 많은 고등학교가 이 방법을 사용하고 있으며, 대학 입시에서는 거의 대부분 이 기준에 따라 GPA를 계산한다. AP와

IB 과목 등에 대해서는 일반 고교 교과목보다 가산점을 부여해서 계산한다. 이를 'Weighted GPA'라 부른다. 보다 높은 수준의 교과목을 이수한 것에 대해 일종의 보너스를 주는 것이다. 어떤 과목에 얼마의 가산점을 부여하고, 또 얼마의 가중치를 부여하는가는 학교에 따라 조금씩 차이가 난다. 일반적으로 AP 수업에 가장 많은 가산점을 부여하고, 다음으로 Honor 수업에 가산점을 부여한다. AP와 IB 과목은 대개 0.5점의 가산점을 부여하는데, 한 가지 염두에 둘 것은 이러한 가산점은 성적이 C 이상인 경우에 적용된다는 것이다.

Grant : 미국 교육에서 쓰일 때는 정부나 기타 단체에 의해 교육이나 연구 활동에 지급되는 보조금을 말한다. 미국 연방정부의 Pell Grant와 SEOG$^{\text{Supplemental Education Opportunity Grant}}$가 유명하다.

GRE : 'Graduate Record Exam'으로서 대학을 졸업하고 대학원에 진학하려는 학생들이 봐야 하는 필수 시험을 말한다.

High School : 고등학교를 말하는 것으로, 대개 9학년이나 10학년부터 12학년까지이다. Grade 9-freshman, Grade 10-Sophomore, Grade 11-Junior, Grade 12-Senior라고 부른다.

Honor Class : '아너^{Honor}'라는 말은 고등학교와 대학에서 동시에 쓰인다. 우수 학생들을 집중적으로 육성하기 위해 일반 수업보다 더 높은 수준을 가르치는 우수반을 의미한다.

Honor Code : '명예 서약'이라고 번역되며, 교육과 관련한 무감독 시험 제도를 시행하는 학교의 경우 학생들이 부정행위를 하지 않겠다는 서약을 한다. 이를 어겼을 경우 정학이나 낙제점 부과 등 처벌이 따른다. 프린스턴, 스탠퍼드, 미시간 등 일부 대학에서 이를 사용하고 있다.

IB : 'International Baccalaureate'로서 2년 과정의 디플로마 프로그램이다. 국제화 시대에 발맞춰 학생들에게 도전할 수 있는 기회와 세계적인 시각을 갖고 공부할 수 있는 환경을 제공한다. 고등학교 졸업 2년 마지막 기간에 영어, 외국어, 개인과 사회, 실험과학, 수학과 컴퓨터과학, 예술 등 여섯 가지 영역에서 제공되는 학과 과정으로 구성된다.

International Student Office : 외국 유학생을 담당하는 부서로서 유학생이 처음 학교에 가자마자 찾아가야 할 곳이며, 유학생의 학교 등록과 취업, 학교생활 등 전반적인 문제를 도와준다.

Ivy Leage : 미국 동부와 북부의 명문 대학 8곳을 가리킨다. 하버드, 예일, 코넬, 프린스턴, 다트머스, 컬럼비아, 유펜, 브라운이 이에 속한다.

Ivy Plus Leage : 아이비리그 대학에 MIT와 스탠퍼드를 더한 10개 대학을 일컫는다.

Legacy Adimission : 대학 지원자 중 부모나 조부모가 그 대학을 졸업했거나 거액의 기부자인 경우에 입학시켜 주는 특례입학 제도이다. 합격률은 들어가기가 매우 어려운 아이비리그 대학조차 30%를 훨씬 웃돈다.

Liberal Arts : 인문학, 사회과학, 자연과학, 어학 등의 교양 과목을 가리킨다.

Magnet School : 특화된 공립학교이다. 해당 지역에서 언어나 기술 등에 특화된 교육을 제공한다. 'Magnet'이란 이름이 붙은 것은 주소지에 관계없이 특정한 목적에 따라 여러 지역의 학생을 한데 모은 것에서 비롯되었다. 한국 사람들은 영재교육을 위해 영재 Magnet School에 관심이 많다.

MBA : 'Master of Business Adiministration'으로서 경영학 석사로 해석되지만, 학문적인 면만 추구하는 일반적인 경영학 석사와는 다르다. 한마디로 MBA는 경영 이론을 실제 상황에 적응시키는 훈련을 하는 실무 과정이다.

Midyear Admission : 미국의 학년은 9월에 시작되어 8월에 끝나는데, 그 중간인 1월에 대학에 입학하는 제도이다.

NACAC : 'The National Association for College Admission Counseling'으로 1937년에 설립되었다. 전 세계 1만 여 명의 대학 입학 전문가가 모여 있는 전국적 규모의 대학 입학 카운슬러협회이다. 미국 내 전역을 돌며 칼리지 페어를 개최하고 있으며, 각종 대학 입시 관련 조사 및 보고서를 작성하고 있다. 웹사이트는 'www.nacac.com'이다.

National Honor Society : 성적이 우수하고 봉사 활동에 꾸준히 참여하면서 리더십이 있는 학생들을 선발하여 회원증을 수여하는 기관이다. 전미고교교장협회가 1921년에 설립하였고, 거의 모든 고등학교에 지부가 설치되어 있다.

National Merit Scholarship : 매년 PSAT/NMSQ 테스트를 치러 상위 1%에 오른 우수 학생들에게 지급한다. 고교 졸업반 학생을 대상으로 세 가지 종류로 8천여 명에게 제공되는데, 그 종류는 메릿 장학회가 자체 기금으로 장학금을 주는 내셔널 메릿 2,500달러를 비롯해 기업과 단체에서 스폰서로 참여하는 기업 후원 메릿 장학금, 각 대학이 지원하는 대학 후원 메릿 장학금으로 나뉜다.

NCLB : 'No Child Left Behind'로 지난 2001년 부시 행정부가 들어서면서 미국 어린이들의 기초 학력이 너무 떨어지는 것을 우려하여 시행하게 된 강력한 교육 개혁 조치의 일환이다. 2002년부터 시행되었으며, 주 단위 학력평가 시험을 치러 학생들의 평균 성적이 '연례 적정 진척도(AYP : Adequate Yearly Progress)'라 불리는 평가 기준에 미치지 못할 경우, 교육부는 해당 학교에 불리한 제재를 가하도록 되어 있다.

Nomination : 미국 교육과 관련해 사용될 때는 사관학교 입학 사정 요건 중 하나인 추천 제도를 의미한다. 사관학교 지원자들은 대통령, 부통령, 연방의원으로부터 추천을 받아야 한다.

Pell Grant : 저소득층 학생들에게 연방 정부가 무상으로 일정액의 학비를 보조해 주는 프로그램이다. 지원 액수는 신청자의 재정 형편에 따라 다르고, 지급 규모는 대개 연 100달러에서 최고 4,050달러까지다. 부모의 소득이 5만 달러 이상이면 받을 수 없다.

PG : 'Post Graduate'로 12학년을 마친 후에 그 학교에서 수업을 또다시 들으면서 대입 시험 준비를 하는 경우다. 우리나라의 재수와 비슷한 개념일 수도 있고, 좀 더 수준 높은 과목을 이수해 좋은 학교에 입학하려는 학생이 활용하는 프로그램이다.

Preliminary Application Form : 예비 대학 입학 지원서로서, 일부 대학들은 이 지원서를 심사해 자격이 되는 학생에게 정식 지원서를 교부한다.

PSAT/NMSQT : SAT 응시에 앞서 자신의 실력을 평가받을 수 있는 모의 SAT다. 이 성적을 기준으로 내셔널 메릿 장학금 수혜가 결정된다.

Quarter : 4학기제를 말한다. 대부분의 대학은 Semester, 즉 1년에 2학기제로 운영하지만 일부 대학은 4학기제로 운영하기도 한다.

Regular Admission : 대입 일반 전형을 가리킨다. 12학년은 대개 12월 말까지 입학 지원서를 제출하고, 합격 여부를 이듬해 3~4월 초에 통보받는다.

Residential College : 교육 시설과 기숙사 시설을 함께 두고 학생들에게 교과 지도교수 외에도 기숙사 지도교수가 배정되는 대학 교육 형태로서 하버드, 프린스턴, 예일 등 아이비리그 대학에서 채택하고 있다.

Retention Rate : 대학 신입생이 이듬해 다시 등록하는 비율을 말한다. 이 수치가 높으면 신입생의 학교 만족도가 높은 것으로 보면 된다.

Rolling Admission : 입학 지원서 마감일이 정해져 있지 않은 수시 입학제를 말한다.

SAT : 'Scholastic Aptitude Test'로서 미국에서 가장 유명한 대입 시험이다. 칼리지보드에서 관장하며, 매년 300만 명 이상의 학생들이 응시한다. SAT는 추리력 시험인 SAT I(Reasoning Test)과 과목별 시험인 SAT II(Subject Test)로 나뉜다. SAT가 한국의 대입수능시험과 다른 점은 고교 과정 전반의 이해도를 측정하는 것이 아니라 대학 교육을 받기 위한 언어적 혹은 수리적 능력을 제대로 갖추고 있는지를 측정한다는 점이다.

Semester : 1년을 2학기로 나누었을 때의 한 학기를 말한다.

SEVIS : 9·11 테러 이후에 생긴 외국 유학생 등록 프로그램이다. 모든 외국 학생들이 이 제도에 따라 미국 내 활동이 추적되며, 미국의 치안 유지를 위한 유학생 감시의 목적이 있다.

Spelligng Bee : '스펠링 비'는 영어 철자 경시대회로서 1925년 켄터키 주 루이스빌의 「쿠리어 저널」이라는 지방신문이 시작했다. 학생들의 철자 공부를 장려하여 어휘를 늘리고, 단어 개념을 익혀 영어 표현을 발전시킬 수 있도록 지원하는 것이 목적이었다. '스펠링 비'라는 대회 명칭은 학생들이 힘을 모아 단어를 하나하나 공부하는 모습을, 힘을 합쳐 열심히 일하는 상징인 '벌^{Bee}'의 이미지에 견주어 만든 것이다. 이 대회에 참가할 수 있는 학년은 8학년까지이고, 결선 날짜에 맞추어 16세 생일이 지나지 않아야 한다. 구체적인 대회 요강은 웹사이트 'www.spelligngbee.com'을 참고하면 된다.

SSAT : 'Second School Admission Test'로 중·고등학교 입학시험이라는 뜻이지만, 현실적으로는 미국의 사립 중고등학교에 입학하기 위한 시험을 말한다. 경쟁이 치열하고, 수준이 높은 사립학교일수록 이 시험 성적을 요구하는 학교가 많기 때문에 좋은 사립학교에 지원하려는 학생들에게 필수적인 시험이라고 할 수 있다.

Star Test : 'California standardized Testing And Reporting Program'으로서 캘리포니아 표준학력고사를 말한다. 캘리포니아 공립학교 학생 중 2학년부터 11학년까지의 학생들이 매년 한 번씩 봄철에 보는 시험이다. 이 프로그램의 목적은 ① 캘리포니아 각 학생, 학교가 얼마나 캘리포니아의 교육 기준에 도달해 있는지, ② 캘리포니아의 각 학생, 학교가 미국 전역의 같은 학년과 비교할 때 어떤 수준에 도달해 있는지를 측정하기 위한 것이다.

목적이 두 가지이기 때문에 STAR Program은 두 가지 시험, 즉 California Standards Test(CST)와 California Achievement Test, the 6th Edition(CAT6)으로 구분된다. 성적표에도 두 가지 시험에 대한 성적이 기술되어 있다. 개인별 시험 성적은 7월 말에 집으로 우송된다.

State University : 주립대학 또는 공립대학이라고 불린다. 주정부의 보조를 받고 있어서 사립대학에 비해 학비가 저렴한 것이 특징이다.

Stduent Council : '학생회' 혹은 '학생위원회'라고 하며, 학생들이 선거로 선출한 학생들의 그룹이다. 고학년으로 올라갈수록 학교 운영 등에 관여하는 등 중요한 활동을 한다.

Student Loan : 정부나 대학, 은행에서 대학생에게 제공하는 학생 융자로 이자율이 비교적 낮다.

Transfer : 편입, 대학 간 전학으로 미국에서는 보편화 되어 있다. 가장 전형적인 것은 2년제 커뮤니티칼리지를 졸업하고 4년제 대학의 3학년으로 편입하는 것이다.

UC 계열 대학 : 캘리포니아 주에서 운영하는 공립대학을 말한다.

Virsity Team : 학교 대표팀을 말한다.

Wait List : '대기자 명단'으로 번역되며, 대학 입시에서 대학 측이 신입생 등록 부족 사태에 대비하여 미리 마련한 추가 입학 가능자 명단이다. 만약 이 명단에 이름이 올라가 있다고 통보받으면 대학 측에 과거 얼마나 많은 학생들이 명단에 올랐는지, 그 가운데 최종적으로 입학 허가를 받은 학생 수가 얼마나 되는지, 언제쯤 최종 결정을 전달받을 수 있는지 등을 문의해 보는 것이 좋다.

미국 주요 대학 리스트

본문 02

(* 가나다순)

노스웨스턴대학교 Northwestern University
노스이스턴대학교 Northeastern University
노트르담대학교 University of Notre Dame
뉴욕대학교 New York University, NYU

다트머스칼리지 Dartmouth College
데이비슨칼리지 Davidson College
듀크대학교 Duke University

라이스대학교 Rice University
래드클리프칼리지 Radcliffe College
레이크포리스트칼리지 Lake Forest College
렌슬러공대 Rensselaer Polytechnic Institute
로욜라 매리마운트대학교 Loyola Marymount University
로체스터공과대학 RIT Rochester Institute of Technology
로체스터대학교 University of Rochester
리드칼리지 Reed College
리하이대학교 Lehigh University

마운트 홀요크칼리지 Mount Holyoke College, MHC
마이애미대학교 University of Miami
매사추세츠공과대학 MIT : Massachusetts Institute of Technology
미들베리칼리지 Middlebury College
미시간대학교 University of Michigan

바사칼리지 Vassar College

바이올라대학교 Biola University

밴더빌트대학교 Vanderbilt University

버나드칼리지 Barnard College

버지니아텍 Virginia Tech, 버지니아공대

베이트칼리지 Bates College

보든칼리지 Bowdoin College

보스턴대학교 Boston University

보스턴칼리지 Boston College

브라운대학교 Brown University

브린머칼리지 Bryn Mawr College

빌라노바대학교 Villanova University

사라로렌스칼리지 Sarah Lawrence College

사우스다코다 광산기술대 SD School of Mines and Technology

산타모니카칼리지 Santa Monica College

센터칼리지 Centre College

서던캘리포니아대학교 University of Southern California, USC

세인트존스대학교 Saint John's University

스미스칼리지 Smith College

스와스모어칼리지 Swarthmore College

스크립스칼리지 Scripps College

스탠퍼드대학교 Stanford University

시러큐스대학교 Syracuse University

시카고대학교 University of Chicago

아이오와대학교 University of Iowa

애리조나대학교 University of Arizona

앰허스트칼리지 Amherst College

어메리칸칼리지 American College

에모리대학교 Emory University

엠브리리들 항공대 Embry Riddle Aeronautical University

예일대학교 Yale University

오번대학교 Auburn University

오벌린칼리지 Oberlin College

오하이오주립대학교 Ohio State University

옥시덴탈칼리지 Occidental College

올린공과대학 Olin College of Engineering

우드버리대학교 Woodbury University

우스터폴리테크닉대학 Worcester Polytechnic Institute

워싱턴대학교 University of Washington

웨슬리안칼리지 Wesleyan College

웰슬리칼리지 Wellesley College

위스콘신대학교 University of Wisconsin

윌리암 앤 메리칼리지 College of William & Mary

윌리엄스칼리지 Williams College

유펜 University of Pennsylvania, 펜실베이니아대학교

인디애나주립대학교-블루밍톤 Indiana State University-Bloomington

조지타운대학교 Georgetown University

존스홉킨스대학교 Johns Hopkins University

카네기멜론대학교 Carnegie Mellon University

캔자스주립대학교 Kansas State University

캘리포니아주립대-LA UCLA

캘리포니아주립대-데이비스 UC Davis

캘리포니아주립대-리버사이드 UC Riverside

캘리포니아주립대-머시드 UC Mersed

캘리포니아주립대-버클리 UC Berkeley

캘리포니아주립대-산타바버라 UC Santa Barbara

캘리포니아주립대-산타크루즈 UC Santa Cruz

캘리포니아주립대-샌디에이고 UC San Diego

캘리포니아주립대-어바인 UC Irvine

캘스테이트대학교-포모나 California State Polytechnic University at Pomona

캘텍 California Institute of Technology, 캘리포니아공과대학

컬럼비아대학교 Columbia University

케이스 웨스턴 리저브대학교 Case Western Reserve University

케터링대학교 Kettering University

코네티컷칼리지 Connecticut College

코넬대학교 Cornell University

콜게이트칼대학교 Colgate University

콜로라도대학교-콜로라도스프링스 University of Colorado at Colorado Springs

콜비칼리지 Colby College

퀴니피악칼리지 Quinnipiac College

클레어몬트칼리지 Claremont Colleges

터프츠대학교 Tufts University

부록 2 ≫ 미국 주요 대학 리스트 — 347

텍사스대학교University of Texas

템플대학교Temple University

트리니티칼리지Trinity College

파슨스Parsons

퍼듀대학교Purdue University

페퍼다인대학교Pepperdine University

펜실베이니아주립대Pennsylvania State University

포모나칼리지Pomona College

프린스턴대학교Princeton University

피처칼리지Pitzer College

하버드대학교Harvard University

하버포드칼리지Haverford College

하비머드칼리지Harvey Mudd College

해밀턴칼리지Hamilton College